Key in the Contemporary

當代之鑰

拚教養——
全球化、親職焦慮與不平等童年

藍佩嘉／著

STRUGGLING TO RAISE CHILDREN
Globalization, Parental Anxieties and Unequal Childhoods

目次

【序】

從孩子成爲父母

我是一九七〇年代出生、成長的孩子。彼時的臺灣在國際險浪中飄搖，只能靠著外貿經濟奮力攀爬生路。我的父親在國共內戰中被「抓伕」上船，輾轉來到臺灣，廣東老母親在他臨走前塞了兩顆元寶、一雙草鞋，此生沒能再見。靠著變賣那兩顆元寶，父親從金門到宜蘭再到臺北，幸運地考上軍醫訓練班，讓他免於像其他老鄉、困陷低階士兵的軍旅生涯。

母親生於臺北農家，家裡生了六個女兒，一位早夭、一位送養，只能用招贅的方式來彌補男丁的不足。排行老五的母親，每天走長長的鐵道去念初中，追求一個不同於姊姊的未來。她畢業後穿著洋裝、梳了包頭去國防部上班，在公務車上遇見了我的父親。兩人沒有機會說話，他用紙條夾在書裡表情意，就這樣開始含蓄又摩登的自由戀愛。結婚時，雙方都湊不出像樣的聘金或嫁妝，但那是一個充滿流動可能性的年代，他們開始打造一個新家庭。

家裡生了五個孩子，我排行老四，老么是獨子。小時候媽媽常常感嘆：「這個女兒功課好，如果是兒子就好了。」若給當今兒童心理學專家聽到，肯定要蹙眉指責這樣的直率話語，會給小小心靈烙下創傷，可當時的父母沒有聽過教養書這回事。當我告訴美國的朋友，我上小學後爸媽就沒有抱過我，也從來沒有說過「我愛你」之類的話，他們都用驚訝而同情的眼光看著我。但其實，臺灣父母表達情感的方式是截然不同的，是我在聯考壓力下苦讀到半夜時，媽媽端來一碗加蛋的生力麵，是在停電的颱風晚上，爸爸在客廳攤開草蓆，全家簇擁入睡的回憶。

家裡的經濟條件隨著爸爸軍醫退役、自營診所後逐漸改善。我們家是社區裡第一個買彩色電視的，鄰居會捧著飯碗來我家窗口吃。小學時，我也跟著當時中產階級的流行，開始叮叮咚咚學鋼琴。在那個年代，還沒有雙語幼稚園、身體律動班、國外夏令營，我一直到大學快畢業才第一次辦護照出國。

小時候學校戶口調查，我總是聽媽媽交代填了「小康」。直到去了一位小學同學家裡玩，我才驚覺家庭財力的落差。她的爸爸是建築師，住在山坡上的獨棟別墅，院子裡有私人游泳池，家裡的圖書室中，有一整套彩色世界名畫全集。我小心而嫉妒地翻著那些美麗的銅版印刷頁，心裡怨懟著爸媽為何沒聽過畢卡索。長大以後念了社會學，才知道，噢，原來那就是「文化資本」。

我念的小學裡，有許多同學的父母在鄰近的菜市場擺攤。當時的街道尚未存在綁架的風險，我們下課後排著路隊打打鬧鬧，沿著稻田與竹林走二十分鐘到家。有時我們會岔路去池塘抓蝌蚪，如今已變成警衛管理的高樓社區。班上有個男生最愛捉弄我，總在我進門後在巷口大喊：「藍佩嘉，王八蛋！」然後趕著去媽媽煮麵的攤子幫忙。我在家裡做功課，在格子裡一筆一畫抄寫，滿心羨慕在外面自由跑跳的同學。從小粗心的我（其實至今在生活上也還是如此），在小學第一次考試時把答案填反了，拿了紅字。被媽媽狠狠教訓後，我的學習路程中有許多力氣花在檢查、檢查、檢查，以避免犯錯。我無法確知的是，如果我在麵攤長大，如果我被更自由地放養，今日的我會成為怎樣的面貌？我是否有同樣的機會成就主流的功名？或許我抑制了創意與想像力的發揮？

與我同輩人是「發展紅利」的世代，在臺灣「拚經濟」的過程中，普遍有機會成就代間的向上流動。如今我輩晉身中壯年父母，「拚教養」變成人生重點，我們渴望擺脫體罰與聯考的陰影，成為與上一代大不相同的父母，同時，我們也希望下一代在全球化的時代裡，有能力與機會探索更廣闊的世界。儘管子女的人數大為減少、物質能力普遍提高，教養似乎變成一件日益艱鉅的任務。即便專家意見與文化資源比過去豐富許多，可以花大錢上親職課程，也容易取得免費的網路資訊，為何做父母這件事讓人益發焦慮，不時懷疑自己是否做太少、做太多、做不好、做不對？在教育改革後，年輕學子毋須擠進聯考的窄門，得以享有更多元的學習經驗與文化接觸，為何當代父母對下一代的未來反而更感到不安？

本書名為「拚教養」的另一個意義在於，不同社經地位家庭的教養策略與困境大不相同，拚貼出階級差異與不平等的社會圖像。本書以家庭生活為鏡，映現臺灣在全球化脈絡中面對的風險與挑戰，包括相對停滯的本地經濟與薪資、全球資本主義更緊密的連結與競爭，與此同時，科技與產業的變化帶來潛在的機會，也造成更多的不確定。在這樣的脈絡下，不同階級位置的父母，如何認知家庭當下與未來可能面對的機會、風險與不安全，從而影響其養兒育女的方式？

我沒有機會成為一位母親，但因緣際會開始了教養的研究。「怎麼會想要做養小孩的研究？」許多人閃爍著遲疑的眼神問我，也有人直白地說：「自己沒有小孩，做得好這個研究嗎？」社會學入行二十年，我做過許多不同的研究，坦白說，這個計畫讓我最為戒慎惶恐，擔心未能親身體驗，無法深入剖析教養兒女的立體經驗與複雜心情。但其實，我也沒有做過外傭、當過雇主、賣過化妝品，上述的工作經驗與生活處境，各有其複雜之處，外人也難以充分體會，但我在過去的研究經驗中，並不曾感受到類似的遲疑與惶恐。打開這個情緒黑盒子，我們藉此探問一個社會學的問題：為人父母的經驗具有怎樣的特殊性？

一方面，親職成為重要的社會身分與主要認同（master identity），意思是，為人父母是社會定位我們是誰的關鍵角色，對女人來說尤其如此。因此，我們是否生養子女、我們要成為怎樣的父母，不單只是個人的選擇，而受到社會規範的約束與影響。不生不養者因而受到指指點點（「你怎麼還不生？」），有生有養者也不時承受周遭人們不請自來的指導意見（「你怎麼這樣養小孩？」），遙望「理想親職」模範，如永遠追趕不上的車尾燈。

另一方面，親職被視為高度個人化的經驗，尤其對中產階級來說。不僅父母認為自己的孩子是獨一無二的，也視自己的親職態度與方式為個人生命經驗的投射與延伸。看著充滿無限可能的孩子，我們也試著彌補、療癒自己失落的童年，同時，透過選擇特定教養方式，展現自我的認同與價值。因此，我們有必要瞭解親職敘事如何形塑了教養偏好，也就是說：父母如何理解自己的過去（童年經驗、與原生父母的關係）、如何走到現在（自身的階級經驗），形塑了他們對孩子未來的想像與期待。

身為無子的研究者，我雖然缺乏親身的田野體驗，但較能維持情緒上的距離，來考察親職這個高度個人化的經驗，不致受到太多社會評價的牽絆，也相對容易面對中產階級教養內建的階級優勢。本書提供的不是教養策略指南，不是親職體悟反思，而是教養經驗與階級不平等的社會學全景。透過不同階級家庭的比較與對照，幫助讀者將自己的教養經驗放進更大的脈絡來思考，體察我們的焦慮與困頓其實不單純是個人的挫折與限制。

基於匿名保護的原則，我無法點名感謝協助課堂觀察的四所國小以及受訪的家長與老師。他們的慷慨與熱心，讓資料收集得以完成。但願本書的詮釋與呈現，讓你們感到有被理解、同理。親職經驗如此綿密深長，本書的分析焦點放在當代教養體制造成的不安全與焦慮，社會學分析所未能含蘊的，是你們與孩子相處時的單純歡愉、甜蜜滋養。

寫書雖是我一人之責，背後實有團隊的努力，我有幸得到許多優秀助理的協助。陳如涵、江河清、張慧慈在不同的學校中協助進行田野觀察、整理家長訪談資料，也不時與我分享他們自身的成長經驗。佘耕任、葉馥瑢協助過錄訪談資料，為家長經驗的詮釋提供重要洞見。親職論述的分析有賴莊韻親、江斐琪、蘇致亨、柯筑傑收集與整理報章雜誌的資料。李侑謙、謝宇修、林育萱、涂敬柔在寫作與完稿過程中協助整理書目及其他事宜。

本書得以完成尤其感謝科技部（前身為國家科學發展委員會）的補助，包括三年期研究計畫（NSC99-2410-H002-170-MY3）以及兩年期專書寫作計畫（NSC102-2410-H002-075-MY2）。

漫長的書寫過程中，許多同儕撥冗閱讀中英文版本的不同章節草稿，包括石易平、孫志硯、黃庭康、梁莉芳、黃于玲、曾凡慈、謝國雄，以及本書初稿的兩位匿名審查者。我也感謝臺大社會系的同仁，吳嘉苓、曾嬿芬、蘇國賢、林國明、林鶴玲、柯志哲、范雲、簡妤儒、黃克先、郭貞蘭提供重要的修改意見，尤其嘉苓提供書名建議。陳東升、劉華真給予情緒支持。我在國內外不同單位發表與本書相關的演講時，與會者也提供許多寶貴意見與啟發，恕我無法在此一一致謝。

本書部分內容已發表於我在二〇一八年史丹福大學出版的《養育全球家庭：臺灣與美國的教養、移民與階級》（*Raising Global Families*），以及《臺灣社會學》第三十七期。我也感謝在不同審查過程中的匿名評審、編輯委員會與編輯的修改建議。春山出版的莊瑞琳與夏君佩，提供了專業的修改意見與編輯協助，尤其是小瑞對編輯本土書的熱情，讓我深受感召，她冷靜的眼也協助點出初稿中的許多疏漏與不足。

最後，謝謝Jerry Lin在這段旅程中的陪伴與照顧，不時提醒我埋首書稿之際，要抬起頭來看看月亮與星空。也謝謝狗兒阿嘎，他對吃與玩的熱愛，教我活在當下；照顧一度病危的毛小孩，也讓我體會若干做父母的心情。

PART 1

問題與方法

【導論】

當代父母為何如此焦慮？

二〇一一年六月在古坑國中舉行了一場炮聲隆隆的公聽會。由於人口外流，該校學生只剩下四百人，雲林縣政府擬將其轉型為華德福實驗學校，但引發學校老師的激烈反彈，批評此舉是「滅校」。學校針對周邊家長進行意見調查，三百多份問卷一面倒地反對，他們深怕孩子失去「競爭力」，因為聽說主張「慢學」的華德福不教算數、寫字、電腦，只重音樂、美術與手工。在公聽會上，鄉長被罵哭、華德福代表被罵跑，需要人員保護才能安全離開現場。[1] 稍後校長請辭、提案擱置數年。直到二〇一四年，古坑才逐步轉型為華德福實驗高中，卻吸引了許多來自臺北等都會區的家庭移居偏鄉，追求一個減壓的教育桃花源，好讓孩子快樂、自然地長大。[2]

莉雅是一位打扮時尚的母親，也曾是上海商場的女強人。當她讀到雜誌上介紹另類學校的報導時，心中充滿嚮往。她想要保護孩子，免於承受自己少時痛恨的填鴨教育；嚴厲打罵的老師讓她心有餘悸，如今夜半還不時夢到試卷上一片空白的恐慌。她決定辭去上海的工作，帶著孩子搬到宜蘭就學，臺商朋友們紛紛勸告她：「妳瘋了嗎？大家都拚命往國外跑了，妳怎麼還把孩子送回鄉下去？」連住在鄉下的祖父母也質疑另類教育的成效：「孩子只會爬樹、做手工？沒有課本？沒有考試？二年級還不會寫字？」外界的雜音讓這些選擇實驗教育的父母處於一個「不斷跟自己對抗、拉扯的過程」，想要讓孩子自由奔跑，卻小心翼翼地劃定界線，試圖揚棄陳舊的教養傳統，卻得時時檢查是否不知不覺中又讓「長輩上身」。

二〇一七年冬日，有位母親騎車載著身穿無袖洋裝的女兒，被網友拍照、錄影後傳上網爆料。轉載的媒體用「讓女兒穿吊嘎凍到發抖」的字眼大加撻伐，網路肉搜如風，社工隨即登門向家長表達這可能涉及「兒童虐待」的關切。這位參加親子共學團體的母親在網路上發文，堅定說明她其實是尊重孩子的「身體自主權」：「當天出門我有詢問孩子天冷，要不要多穿衣服，但小孩喜歡那件衣服，堅持只要穿這件，在我的立場下，我尊重孩子有身體自主權，她選擇不穿外套出門。但為什麼報社要憑一個網路新聞就告知全世界，用來評論一位媽媽？」[3]

曾擔任管理職，現在專心家務的芸芸媽，同樣試圖在教養上尊重孩子的自主與自治。她總是蹲下來用孩子的高度跟她說話，給孩子選擇、而非指令。她的做法承受來自其他家庭成員的批評。忙於工作的先生認為她對小孩「太寵」、「有點超過」；公婆批評她教養不力：「妳這樣教不行啦！

不會對小孩兇，他們不聽大人的話、講話沒禮貌。」更令她擔心的是不確定的未來：採行西方理念引導下的教養方式，與孩子將來要面對的本地現實環境是否相容？另一位母親用遲疑的語氣描述主見超多的女兒：「我們給她太多自己決定的空間，可是職場上很多事情不是這樣的。我擔心有一天，她會回過頭來問：為什麼她不能自己決定？」

小布媽是來自中國大陸的婚姻移民，她面對的教養困境則相當不同。經濟不安全是家庭生活中最大的陰影：做鐵工的先生處於半失業狀態，只能靠她在社區工廠打雜提供家庭主要收入。她去學校時總覺得其他家長對她冷淡、漠視，不確定是由於她的新移民身分，或是因為小布在學校闖過幾次禍。擔心孩子的管教不足，她在公寓牆上掛了手寫的「家規」，也不時使用體罰，即便先生覺得她太過嚴厲。她的教養挫折感主要來自外界的否定與質疑，她常常掛在嘴上的是：「我教得很失敗，你們可以教我嗎？」

在上述的例子中，我們看到來自不同社經地位的家庭，對於教育、教養有著截然不同的看法：同樣的做法，有家長視之為扼殺下一代的競爭力，卻也有養育者認為是尊重適性發展的節奏。讓孩子作主，究竟是尊重孩子的自主性？還是父母責任的撤退？這些有關教養的爭議，以及照顧者的焦慮，不只呈現個別家庭的困擾，也反映出臺灣社會與文化的快速變遷，以及家庭處境與教養腳本的分化。同時，更多的國家制度介入，網路無所不在的監看，將個別家庭的教養實作放在放大鏡下檢視，強化了公共領域與私人生活之間的拉扯。

為了撰寫這本書，我在臺北、宜蘭訪談了近六十個臺灣家庭。這些父母的社經地位殊異，有醫師、工程師、老師、公務員，也有業務、建築工、漁工、計程車司機。有些住在臺北市寸金寸土的蛋黃區，有些住在宜蘭海邊的小漁村。有些父親在中國工作、形成兩岸分偶家庭，有些母親是來自東南亞或中國大陸的新移民。他們的孩子（多為小學年紀）就讀的學校也有所不同，從國際學校、私立學校，到公立學校、另類實驗學校，以及海邊小校。

人們經常以為教養只是個別父母的煩惱。本書呈現看不見的結構力量與社會界線，如何造成父母們的教養困境與情緒焦慮。親職也像是個經驗透鏡，折射出如萬花筒下的臺灣面貌，不論是壓縮的文化變遷，或是擴大的社會不平等。面對貌似不安全與不確定的未來，當代臺灣父母採取不同的教育與親職策略試圖保障下一代的安康，弔詭的是，這些保安策略卻經常讓我們感到更不安全。

做父母為何變得這麼難？

相對於上一個世代的父母，當今的家庭，不論社會階層或性別分野，其實都投入更多時間與資源來照顧孩子，然而，父母在教養過程中卻益發感到彷徨或不確定。為什麼做父母這件事似乎變得更加困難？讓人感到如此焦慮？我認為有以下四個主要原因：童年與兒童之社會定位的變化、親職成為個人選擇的親密關係、教養變成科學與國家監看的對象，以及全球化影響下壓縮發展的現代性。

專心長大與學習的童年

我們現在想到「童年」，腦中便浮現孩子的純真笑顏，以及無憂無慮的玩耍時光。然而，在其他的歷史時期與社會脈絡中，「童年」的意象未必如此，不同社會階層與族群也有不同的童年概念。用學者的話來說，兒童的不成熟固然是生理的事實，但社會與時代如何理解生理不成熟以及賦予何種意義，則是文化的事實。[4]

歷史學家阿里葉（Philippe Ariès）大膽地宣稱，「童年」的概念其實是現代的發明。他分析中世紀歐洲的肖像畫，發現兒童的穿著打扮與身體表情都只是成人的縮影，從事的休閒活動與工作大同小異，成人也會唸故事書給彼此聽，兒童也要參與勞動。直到文藝復興時期，我們現在習以為常的天使般的甜美面貌，才普遍出現在貴族兒童的肖像畫中。[5]十八世紀後的思想家進一步奠定了浪漫主義的童年觀與教育的啟蒙意義：洛克視兒童為白紙一張，後天教養能激發無限學習潛能；盧梭則強調兒童的純真狀態，應順其自然發揮天性。這兩個涇渭分明的兒童觀點，至今仍影響教育與教養的辯論。

「現代兒童」變得「經濟上無用、情感上無價」(economically useless but emotionally priceless)，社會學者齊力澤（Viviana Zelizer）這樣描述。兒童曾是家庭裡重要的勞動力，但僱用童工逐步被認為是不道德與不合法的制度。[6]童年變得「神聖化」，與世俗世界「隔離」開來，在這段天真、快樂、自由的時光裡，兒童應該專心長大與遊戲，遠離經濟責任與成人世界的汙染。童年為何變得神聖？齊力澤認為跟社會人口與家庭組成的變遷有關，包括嬰兒出生率與死亡率下降、家庭規模縮小，以及專職家庭主婦的增加，家庭生活因而被賦予更多文化意義與情感價值，親子間的情感互動變得重要。[7]

在中國歷史上，「童年」與「成年」的範疇也不像現在這樣壁壘分明。歷史學者熊秉真研究中國的幼教或「訓幼」文獻，發現不同朝代的士人家庭在教導重點上雖有不同，但普遍帶有功能論的色彩：兒童的存在目的是為了「學做人」，也就是養成符合社會規範的成人特質，以光宗耀祖、延續香火。要到二十世紀後的中國，才逐漸重視童年的非工具價值。[8]

在臺灣，兒童的社會定位在戰後數十年間有明顯的轉化，折射出臺灣社會壓縮快速的變遷（詳見附錄一）。在充斥反共宣傳與政治動員的年代，養育兒童旨在培養國家的戰備力與家庭的勞動力。在物質資源與衛生條件不佳的戰後初期，生太多與養不活都是家庭面對的直接威脅與風險。在美援的壓力與協助下，臺灣政府有組織地推動家庭計畫與改善公共衛生，有效地降低了嬰兒的出生率與死亡率。隨著經濟的起飛與政治的民主化，臺灣兒童逐步轉變為消費、教育、福利的主體。兒童的脆弱性逐漸被放大，「愛的教育」成為教養的新正統，社會菁英呼籲家長揚棄傳統管教窠臼，並要求國家改革教育體制，以保護孩子的快樂童年、自主權益。

基於童年意義的轉變，父母的責任相應擴大，不只要養，而且要分擔教育的任務，必須在童年期間，甚至是學齡前，接受專家的指導意見，以確保孩子獲得足夠的學習刺激與認知發展。類似「孩子的成長只有一次」、「童年不能重來」的論述，賦予父母神聖任務，要打造快樂、安全、豐富的童年經驗，好為孩子的幸福人生奠定良好地基。在過去，生養子女有助於家庭的經濟安全，不論是提供當下的勞動力，或未來的經濟支柱。對當代的父母來說，教養過程及其不確定的後果，反而成為不安全與焦慮的來源。

親職成為個人選擇與純粹關係

華人傳統觀念認為養兒育女是一種社會交換的代間契約。父母有傳宗接代的責任，也有照顧與栽培子女的義務，在孝親的道德規範下，子女（尤其是長子）被期待成年後奉養父母、報答親恩。換句話說，栽培子女是一種延遲的投資，子女的成就不僅能光宗耀祖，也將保障父母年邁時的福祉。

孝親傳統在當代臺灣社會仍然重要，但代間交換不再單純依靠法律規範或家父長權威等外部力量；無論是父母對子女的支持，或是子女對父母的回饋，都要植基在情感互惠的基礎上。[9]當代臺灣家庭的親子關係愈來愈接近社會學家紀登斯所說的「純粹關係」（pure relationship）[10]：父母之所以養育子女，主要是基於親子關係本身提供的情感滿足，而非寄寓未來可轉化為外部報酬（如養兒防老），或只是克盡外界強加的制度性責任。

生養子女變得更接近個人生活方式的**選擇**，而不單純是家族責任（傳宗接代）或國族（生產報國）的**義務**。臺灣的總生育率快速滑落並持續低迷，自二〇〇三年開始降到人口學家稱為「超低生育率」的一．三（平均每位育齡婦女一生只生育一．三個小孩），二〇一〇年（金融風暴後的虎年）更滑到〇．八九五，全球最低，二〇一八年仍在一．〇六的低谷[11]，與鄰近的南韓、港澳、新加坡不相上下。[12]晚婚或不婚是造成臺灣少子化的關鍵因素，以二〇一八年來說，全年僅不到十四萬對伴侶踏入禮堂，只有十八萬個嬰兒出生。[13]已婚伴侶中，不生、晚生的比例也相當顯著。一百對結婚的伴侶中，有超過六對無生育子女。[14]生育的年齡也偏晚，第一胎的平均年齡超過三十歲，八到九成的育齡女性都在三十至三十四歲生孩子，三十五歲以上的產婦比率也逐年升高。[15]

當人們「選擇」成為父母，並選擇在年紀較大、「準備好」的時候生養子女，往往意味著他們對此身分有更強的認同，並預期投入密集的情感勞動。年輕世代的臺灣父母積極透過各種互動來與孩子建立情感連結，包括透過口語（「我愛你！」）、肢體（擁抱、親吻）讓孩子感受到有形的愛，這是他們在原生家庭鮮少經歷的親子溝通、情感表達方式。

親子之間的親密關係，對父母來說也是一個療癒、覺醒的生命旅程。從懷孕、出生到長成，孩子踏出的每一步，父母透過超音波、部落格、臉書等媒介，鉅細彌遺地記錄與分享其中的感動與喜悅。面對幼小孩子全心全意的依賴，父母彷彿變得前所未有地堅強，伸出雙臂想保護他們免於俗世海洋的顛簸風浪。照護孩子的過程如鏡，映現父母內心裡脆弱的小孩，或內省自我的執著與遺憾，或與原生家庭嘗試和解。這段「迷惘而驚奇的旅程」[16]，即便偶而迷航，讓父母有機會彷彿「跟著孩子再長大一次」[17]，從他們清朗的眼中，重新認識這個世界。

親職經驗變得更加甜蜜滋養，卻也益發苦澀繁重。美國社會學家莎朗・海斯（Sharon Hays）提出「密集母職」(intensive mothering）的概念，來描述現今美國社會的教養文化腳本。當代的臺灣中產階級父母，尤其是母親，也實踐類似的理念。首先，以孩童為中心，母親無時無刻關注孩童，把瞭解他們的需求視為首要；其次，母職變得更加勞力密集，不論是體力上或情緒上都要求高度投入；第三，適當的孩童養育必須聽從專家建議；最後，孩童養育的經濟花費愈趨昂貴，尤其是各式課外活動的投資。[18]這樣的親子關係讓父母得到莫大的情感慰藉與意義感，卻也疲累不堪，可說是「滿心喜樂，卻一點都不好玩（All joy and no fun）」。[19]

教養變成科學與國家監看的對象

雖然親職似乎變得更接近個人化的選擇，在此同時，教養的品質與方式也受到更多公領域的介入與治理。在美國，十九世紀以來勃發的「科學母職」信念，認為母親不能只依賴直覺與經驗，而必須學習、遵從科學與醫學的知識。[20]二十世紀後，兒科醫學、發展心理學等知識生產，進一步從「發展」、「大腦認知」等角度來看待童年做為一個持續發展的生命階段，提供各種診斷與分類的技術來考核兒童的個別發展，並在異常時介入治理。[21]當「教養」變成一門學問，父母雖得到知識與資源的培力，但這項「可怕的發明」也讓他們衍生無止境的焦慮、內疚與沮喪。[22]

國家的監看、市場的宣傳進一步強化科學育兒的意識形態。市場發展出龐大的產業，召喚家長購買宣稱有助孩子認知發展、腦力開發、感覺統合、肢體協調的各項玩具、教具、課程、活動與服務。[23]自一九九〇年代末以來，臺灣政府引進「兒童成長曲線」、「發展評估量表」、「發展遲緩早期療育」等醫療化技術與計畫，以監看兒童的身心發展與家庭的照顧品質。國家藉由制度與論述的誘導，期待父母做為公民，有責任參考專家意見，透過理想的親職實作，來降低孩子在日常生活中可能面臨的風險。[24]

由於兒童開始被視為權利的主體，國家也有責任介入私領域的家庭生活，監看、規訓甚至移除「不適任父母」。親職教育原本是中產階級家長推動的民間活動，最近十多年來逐漸成為國家全面推動的政策。二〇〇三年正式施行《家庭教育法》，規定高中以下學校，每學年必須有四小時以上的家庭教育課程。除了透過親職教育進行輔導，國家也在二〇〇五年之後建立「高風險家庭」的監看網絡，以預防兒童虐待、忽略或不當管教的發生（詳見附錄一）。雖然兒少保護案件發生於不同社經地位的家庭，但公共體系的監看與輔導，較容易介入經濟與文化資源有限的弱勢家庭，或是針對單親、隔代教養、跨國婚姻等非典型家庭。這些立意良善的家父長式國家治理，雖然旨在保護弱勢兒童，卻可能將脆弱家庭貼上「問題家庭」的標籤。

全球化影響與壓縮現代性

臺灣戰後數十年間經歷了快速的工業化、民主化與人口轉型，也打造了年輕而活絡的公民社會，成為推動親職教育與教育改革的重要力量。尤其是經歷代間流動的新中產階級，熱切尋求專家指導與科學知識的指引，企圖與上一代的教養傳統進行斷裂。網路與交通科技的創新與進步，不僅讓全球生產與消費更容易整合、人群的跨國流動更加頻繁，也縮短了時間與空間距離，讓文化、知識、商品的流通變得更加便利。[25]西方（尤其是美國）傳播的教養與教育理念，成為臺灣解嚴後推動教育改革與親職教育的重要資源。[26]經歷了代間階級流動、甚至空間流動（留學、外派工作）的中產階級父母，在養育孩子的過程中積極運用跨國流動的資訊、資源與機會，渴望下一代能開展更全球化的未來。

教養腳本的改變與教育體制的改革，體現了全球化下的社會變遷，也反映此進程中全球與在地的摩擦。苅谷剛彥（Takehiko Kariya）從此角度研究日本的教改：明治時代開始，為了「追趕」（‘catch-up’）西方，日本推動全民教育、成功以日語傳布西方知識、並以嚴格考試來篩選菁英。到了「後追趕」（'post catch-up'）的晚近現代性，日本社會批評過往教育的窠臼，如過度競爭、死背、文憑主義、忽略外語學習等，造成下一代創造力、自主性、個體性的相對衰弱。因此，自一九八〇年代開始推動教育改革，包括大學多元入學、降低課業壓力、改革背誦學習等，二〇〇二年進一步削減學習時數與課綱內容，開放學生選課空間。但苅谷剛彥認為日本教改是失敗的，因為延續了「追趕現代性」的心態與慣習，徒然想要彌平過去的犧牲與缺憾，忽略了對在地現實的周全診斷；儘管想要找出日本的獨特道路，卻仍獨尊西方的教育模型。結果養成學力不扎實、個性脆弱的「寬鬆世代」，也強化了教育的不平等，學習動機衰退的情形在家庭社經地位低的子女身上尤為明顯。[27]

臺灣的社會發展與教育改革也經歷類似的進程，但時間更為壓縮。日本花了一世紀來追趕西方工業化，臺灣只用了三十年達成經濟起飛。「壓縮現代性」（compressed modernity）的概念描述像南韓、臺灣這樣的後進工業國，在壓縮的時間內經歷了大規模的經濟、政治與文化變遷，因而造成不同時期文化（如傳統、現代與後現代）的並置或重組，以及不同空間（殖民、後殖民、全球、在地）的異質元素交織互動。[28]

臺灣從一九九〇年代中期以來推動的教育改革帶動了一連串的制度鬆綁，改變大學入學的遊戲規則，也打開實驗教育、自學的另類空間（詳見附錄一）。本書將會呈現，臺灣社會「拚經濟」的慣習持續影響了如今「拚教養」的方式，追趕全球化（幾乎等同於西方）、彌補過去的失落童年、

「拚搏追趕」等新自由主義心態，形塑當代父母對於教育與教養的偏好，但也造成了許多盲點與非預期的後果。本書也會探討，在壓縮現代性的社會處境裡，臺灣的教養腳本內容存在許多不一致或矛盾，也經常與家庭現實（父母過勞、照顧外包）、制度脈絡（學校教育、職場文化）有所斷裂或衝突。

對出口導向的海島社會來說，全球化不僅帶來機會與資源，也蘊含更多的風險與競爭，因而讓當代臺灣父母對孩子的未來感到焦慮與不確定。下一代面對的就業市場，相對於過往變得更加彈性與不確定。技術與市場的快速變遷，讓產業結構與動態難以預測，教育與教養端需要培育哪些相應知識與技能？這個問題不再有固定的答案。全球經濟的整合，尤其是中國的崛起，強化了跨國的人才流動與競爭，讓臺灣父母擔心溫和、自由的「小確幸世代」，如何與充滿「狼性」的中國年輕人挑戰。[29]

雖然多元入學的管道，讓念大學不再是「窄門」，但這同時也帶來新的不確定性，促使中產階級父母投入更多資源為孩子提供多方位的學習，或尋求更國際化的菁英教育來鞏固其階級秀異。市場也提供多樣的教育投資，如短期遊學、國際學校、全美語幼稚園等，鼓吹家長增加孩子對外國語言、文化與生活方式的接觸，以培養「世界人」（cosmopolitan）的品味秉性。[30]

對經濟、文化或社會資本豐沛的家庭來說，全球化的浪潮便於他們進行更多樣的教育投資與地理移動。然而，對於資本不足的家庭，全球化可能是危險的海嘯，捲走他們的工作機會、經濟安全，甚至逼迫他們離鄉背井。臺灣自一九九〇年代以來大量發生的資本外移和外勞引進，影響勞工階級男性的工作機會與經濟安全，同時也讓他們在婚配市場上難受青睞，因而驅使許多人前往越南、中國等地覓偶。然而，新移民母親的跨國流動與多元文化資本，經常被國家機構與主流媒體視為負債而非資產。[31]本書將探討社會不平等如何限制人們進行遷移、或近用跨國資源的管道，從而不均等地分配全球化所帶來的紅利與虧損。[32]

階級如何影響家庭生活？

教養提供了一個經驗的透鏡，幫助我們考察臺灣社會的階級不平等。社會學者長期以來關注：階級如何形塑不同的親職態度與教養方式，又如何影響子女的成就與發展。本書要特別強調的是：不同社經地位的家庭在資源上的落差，不止於金錢、經濟資本的多寡，或是教育、文化資本的高低；階級經驗也形塑了人們的價值品味、生活方式、生命敘事，以及對於風險與不安全的情緒感受，從而衍生父母們在教養風格與實作上的差異。對於學術對話較無興趣的讀者，可以略過以下部分，直接閱讀下一章的田野分析。

教養是階級秉性的再生產

社會學文獻告訴我們，父母的教育或職業經驗所培養的社會價值或技能，高度影響其親職態度：例如，專業中產階級傾向重視孩子的獨特性與自主，但勞工階級父母更重視孩子的「聽話」與對權威的服從。[33] 父母的育兒風格，也可能源自原生家庭階級背景的影響。法國學者布爾迪厄（Pierre Bourdieu）強調具有階級優勢的家庭，擁有的不僅是較高的經濟資本，也擁有文化資本（如教育、品味、生活風格等）、社會資本（人脈）、象徵資本。[34] 這些資本的相互轉換與代間傳遞，在子女身上複製了階級特定的「慣習」（habitus），也就是說，由於子女在家庭生活中持續暴露、反覆操演食衣育樂各方面的實作，久而久之，在當事人未必意識到的狀況下，身體「自然」體現特定的品味、秉性與生活方式，也促成了階級優勢或劣勢的再生產。[35]

美國社會學家安妮特・拉蘿（Annette Lareau）的專著《不平等的童年》，深入觀察十二個美國家庭，生動描述育兒文化邏輯上的階級差異。[36] 專業中產階級父母採取「規劃栽培」（concerted cultivation）的育兒方式：他們細心規劃、協作安排各式休閒與學習活動，來培養小孩的才能、意見與技巧；父母運用「講道理」而非命令的方式與孩子溝通，並允許小孩反駁成人的意見。具備高學歷的父母，較有能力及正當性介入學校運作，不僅經常批評學校的政策，也訓練小孩採取類似的做法。這樣的教養方式讓小孩養成一種「權利感」（sense of entitlement），擅於運用語言能力爭取自己的權利與利益，有助於將來進入專業白領勞動市場。

勞工階級與貧窮家庭的父母的育兒風格則是「讓孩子自然長大」（accomplishment of natural growth）：小孩主要互動的對象不是成人，而是親戚小孩；父母多直接給小孩命令，不允許孩子挑戰父母權威。由於家長的教育程度與職業位階較低，其社會網絡中也少有教育工作者，他們對於老師與學校心生距離感或畏懼感。儘管未必同意專家的意見，在表面上卻多表現出順從、配合的態度，面對體制感到無力、挫折。這樣的教養方式讓孩子容易養成「局限感」（sense of constraint）、以服從或配合的態度面對體制，也形成一種符應體力或服務勞動的身體慣習。

研究親職與階級的臺灣社會學者，有類似但不盡相同的發現。吳明燁分析臺灣青少年教養的調查資料，發現勞工階級父母傾向「聽天由命」，專業白領則強調「人定勝天」。石易平的研究則發現，不分階級的臺灣家長都非常重視學校成績，差別在於勞動階級偏重智育、借重市場外包，而中產階級更強調「雜食學習」，包括才藝的發展與西方文化資本（如英文、遊學）的培養。[37]

階級經驗衍生反思親職

上述研究多從階級「秉性」（disposition，階級位置衍生的特定傾向）來解釋父母的教養風格，雖然提供了有力的解釋，但最大的問題就是過於簡化，以及具有決定論的色彩。如果階級的結構力量真的具有如此決定性，我們要如何解釋階級內部浮現歧異的親職價值與教養方式？拉蘿的書將中產階級、勞工階級看作兩個同質的群體、二元的範疇，忽略了階級內部的差異。「中產階級」尤其是一個籠統的分類[38]，其成員在親職價值與教育選擇具有一定異質性。戴安・瑞（Diane Reay）率領的研究團隊便發現，英國白人中產階級家長的教育選擇相當不同，有些人延續自己過去的經驗，選擇階級或種族同質的郊區學校，但也有家庭刻意將孩子送到都會區族群多元的公立學校。這顯示了階級認同其實相當彈性與動態：人們可能因應過往的局限，有意識地重新改造家庭傳承下來的慣習。[39]

本書將親職視為反思（reflexivity）的實作，也就是說，父母會把自己的生命經驗當成對象來看待與反省，從而定位自己的教養態度與實作，尤其當面臨結構脈絡與生命經驗的不連續或斷裂時，人們更傾向與自我的經驗進行對話。[40]像臺灣這樣的晚近工業化國家，代間與代內的階級流動快速且頻繁[41]，臺灣父母不僅面對外部環境（如教育體制、全球經濟）的不確定、主流教養論述的劇烈變化，許多也經歷代間流動等世代斷裂經驗，啟動他們反思自己的過去（童年、原生家庭教養、學校教育）與現在（工作經驗），來評價他們認為理想的教養策略或妥切的親職價值。[42]這樣的反思過程，解釋了為何享有類似階級位置與經驗的養育者，可能發展出截然不同的教養偏好與教育策略。

「親職敘事」指的是父母透過反思過去的生命經驗，定位現在的親職認同與教養方式，以及想像孩子的未來。[43]人們喜歡說故事，透過「因為怎樣、所以怎樣」的敘事性理解（narrative understanding），幫助我們理解過去的經驗、形塑現在的自己，進而指向未來應何去何從。中產階級的養成過程，重視晚近現代性所標榜的反身思考、不斷自我改造等慣習，受訪者因而更常使用親職敘事來強調自己反思的能動性。例如，我所訪問的中產階級家長，普遍使用「世代斷裂」與「失落童年」的敘事來描述強調自己渴望與嚴酷教養的傳統斷裂，或是在撫養自己孩子時，補償或療癒自己不快樂的童年。勞工階級雖然不如中產階級如此能言善道，我發現他們同樣會表達親職敘事，雖然沒那麼線性或因果，來描述自己的反思與改變。

索耶（Andrew Sayer）批評布爾迪厄將社會行動化約為利益的競逐或資本的積累，沒有留下太多空間討論道德的評價，因此提出益品（goods）有內部、外部的區分。[44]「教養益品」，也就是養育者所偏好追求的教養目標，同樣可以區分內外：有些父母偏重可轉化為工具利益的「外部益品」，如有利競爭或流動的成績、文憑、證照、技能等；也有些人強調符合價值理性的「內部益品」，如快樂童年、身心健康或道德品格。更進一步的，我批評教養與階級再生產的文獻過度強調「經濟安全」，忽略了「情緒安全」的教養益品；外部益品通常指向經濟安全的保障，當代父母們重視更多元的內部益品，也造成教養的矛盾與焦慮。

階級化的「保安策略」

本書將教養視為階級化的「保安策略」（security strategy），父母透過教育安排或教養方式，企圖保障下一代的安全。「安全」指設哪些不同的面向？除了保護孩子當下的人身安全與健康成長，也希望保障孩子未來的**經濟安全**。資源豐厚的中上階級，積極進行「彈性資本積累」，透過購買外國護照、出國留學等方式，鞏固其階級支配優勢。[45]資源相對匱乏的勞工階級家庭，許多也希望孩子向上流動，取得比上一代更穩固的經濟條件與社會地位。

狄歐普克（Matthias Doepke）和茲里波提（Fabrizio Zilibotti）這兩位經濟學家二〇一九年的新書，提供了一個典型的經濟安全解釋。他們認為「直升機父母」之所以變得普遍，是因應社會與產業的變化的理性經濟策略；由於高等教育的勞動市場報酬提升，以及經濟與教育機會分配日益不平等，父母對下一代教育投入更多資源與心力，有助於保障孩子未來的經濟安全。這樣的教養趨勢在美國尤其明顯，相對起來，在履行社會民主的北歐，由於專業白領與藍領勞工的稅後薪資與福利待遇相去不遠、教育機會分配平等，父母的教養風格就傾向寬鬆、自由。[46]

上述觀點雖然有其道理，但用來解釋臺灣父母不盡恰當。首先，相對於教改前的臺灣，高等教育機會其實擴充許多，學歷與市場報酬的對應也並不明確，教養風格的改變不盡然是理性的因應策略。其次，父母的行動處境更接近「有限理性」（bounded rationality），由於教養投入到養成結果的歷程很長，其中充滿變數與不確定，父母們不可能收集到充分的資訊進行判斷，更難以確認單一目標或有用策略。於是，他們多半只能四處打聽、模仿同儕、斷斷續續地嘗試不同的方式。尤其中產階級家庭，資源雖然寬裕，但遠不如菁英家庭豐厚，教養與其說是極大化利益的策略，更接近降低風險與不安全感的摸索過程。

更重要的是，上述文獻的討論多集中在經濟安全的面向，忽略了情緒安全在教養過程的重要性。尤其，人們對這兩種安全的感受經常不成正比。美國社會學家顧珀（Marianne Cooper）的研究呈現：資源愈豐裕的家庭反而愈傾向用放大鏡仔細檢視家庭生活潛藏的不安全比方說，即便他們已經有很多的資產與存款，卻還是擔心錢賺得不夠多，財富可能貶值或縮水。相反地，資源拮据的家庭，在柴米油鹽的日常拔河裡，傾向淡化看待經濟的不安全，因為這樣，他們才能活得下去。[47]

對許多父母來說，孩子與家庭的情緒安全是教養的重要益品。我所定義的情緒安全，不只限於依附理論所強調的心理面向，如穩定的親子連帶有助培養幼兒的安全感，更強調社會學的意涵。教養的保安策略可被視為一種情緒工作（emotional work），照顧者（尤其是母親）不僅試圖在孩子身上傳遞特定的情緒狀態、培養可欲的情緒秉性（emotional disposition），也在家庭生活的親子互動中，試圖管理自己的情緒，如耐心、焦慮與責任感。[48]絕大多數的父母都希望自己的孩子幸福、安康，但不同階級位置與經驗的父母，所認知到孩子成長環境裡的威脅與風險並不一樣，因而重視的情緒安全與秉性也不相同。

中產階級家長在自身教育與職涯的過程所經歷的挫折與限制，折射為他們對孩子情緒安全的認知與教養益品的偏好。有些父母擔心孩子像昔日的自己受到權威教養與背誦教育的壓抑，阻礙

自主性與創造力的發展；有些人曾因為英文口音不道地或沒有外國學歷在職場受挫，更渴望培養孩子**世界人**的親身體驗與悠遊自在；但也有些父母憂心過度競爭、影響心理健康，首重孩子的**快樂童年與自然成長**。

勞工階級父母，尤其來自非都會區者，他們所經歷的情緒不安全，與其弱勢社會身分密切相關。在過去教育、求職、婚配的歷程中，他們洞察階級界線與城鄉區分的階序，在優勢身分者的輕視與貶低下，感到匱乏與恥感，在心靈深處烙上「隱藏的階級傷痕」（the hidden injury of class）。[49]成為父母後，他們與國家、學校互動之際，新興教養腳本也讓他們感到不足與不安。例如，學校期待家長積極參與孩子學習，讓無力配合的父母顯得消極或失職；國家政策灌輸的理想家庭意識形態（如一夫一妻的核心家庭才「正常」、母親為孩子的最適照顧者），讓無法符應的非典型家庭顯得「有問題」。

勞工階級父母試圖保護孩子的情緒安全，即便有時他們的做法與中產階級家庭的保安策略大相逕庭。許多父母最在意孩子不聽話、變壞，因而頻繁使用國家與老師眼中近乎「不當管教」或「虐待」的體罰。有些父母不送孩子去安親班，希望讓孩子免於承受自己過去遭受的學習壓力；有些離鄉打拚的父母，安排孩子在鄉下給祖父母撫養，因為在他們眼中，城市不只是學習資源的沃壤，也是肉搏與歧視的煙瘴之地。

教養之所為成為再生產社會不平等的機制，不僅涉及資源的多寡與競逐，也蘊含道德價值、情緒安全的象徵鬥爭。主流教養腳本往往有著習焉不察的偏誤，如預設了中產階級、核心家庭、專職母親做為典型，忽略或排除了勞工階級、少數族裔、單親、隔代教養等差異處境。當某一種教養方式、家庭形式被視為正統、進步與理想，同時也意味著其他教養方式與家庭樣態被貶為異端、落後、不適任。這樣的評價系統，讓資源不足的養育者，經常陷在自我懷疑、困窘、焦慮、怨恨等情緒不安全，擔心自己永遠沒辦法「做對」。[50]

如何研究親職？

親職經驗盤根錯節，基於分析所需，我將之區分為三個層次：首先，「親職敘事」指的是父母透過敘事性理解，來解釋他們過去的生命經驗如何影響了現在的教養方式，以及對孩子未來的想像。其次，「教養腳本」指的是父母所認同的有關教養的規範性文化腳本，也就是他們認為適切、理想的教養方式。最後，「教養實作」則指父母在日常生活中的實際做法、教養行為與策略。

本書要回答的第一個問題是**階級如何形塑不同的保安策略**：父母們基於不同的親職敘事與階級經驗，如何指認出家庭生活中的風險與不安全，因而偏好特定的教養腳本與教育選擇，以保障他們所認為的經濟與情緒安全？

在親子互動與育兒過程中，父母會持續地定位、校正其教養方式，從生命經驗發展出來的親職敘事，引導他們對於特定教養腳本與實作的偏好。以下章節將探問：父母教養子女的方式是延續原生家庭的教養方式，或是透過反思的介入來進行世代的斷裂？父母的教育與職場經驗，如何形塑他們對於機會、風險、不安全的認知，同時影響他們對於孩子未來的想像，以採取特定的保安策略？

除了生命經驗的反思，階級空間的參照也形塑教養價值的偏好。雖然不同階級的家庭未必有實質的接觸與互動，因為他們往往就讀不同的學校、居住不同的社區，去不同的地方購物與休閒。但是，不同階級群體之間的相互關係，包括動員不同類型資本的教養策略、對於教養益品的偏好與品味，編織成一個看不見的社會空間。[51]父母們在定位自己的教養偏好時，有意或無意地以其他群體做為參照點：一方面，他們指認「我群」，做為認同、模仿的對象，另一方面，他們透過對照、區辨「他群」，強調與自身做法的差異與高下。

本書探討的第二組問題攸關**保安策略的矛盾與非預期後果**：父母所追求的教養益品呈現怎樣的拉扯與衝突？親職敘事、教養腳本與日常實作之間存在怎樣的矛盾？為何這些「保安策略」經常造成非意圖的效果，反而強化了養育者本身以及其他父母的焦慮與不安全感？

本研究聚焦在小學階段的孩子，由於課業壓力尚未直接擴大，家庭生活仍有一定餘裕來協商不同的教養目標，對孩子的未來尚充滿模糊的想像與期待。在聯考與戒嚴時代長大的父母，彼時的安全來自於服從權威與背誦標準答案，如今養育會考、民主的一代，面臨的是更為開放與多元的評價系統。因此，父母們經常面臨不同教養目標的拔河：只要孩子快樂長大、自由探索，還是希望他功成名就、翻轉階級？我們鼓勵孩子獨立自主、質疑權威、成為他自己，卻又暗暗期待他們聽話乖巧、自律規矩、為家庭著想。

小學階段也是私人教養與公共教育的銜接點，國家與學校都期待家長投入孩子的教育，卻也容易衍生父母和老師在教養意見與教育分工上的衝突。當職場與親職這兩個貪婪機構（greedy institution）都要求父母付出更多的時間投入，雙薪家庭難以維持兩者平衡，並兼顧父母的自我照護。在上述條件下，父母們所崇尚的教養價值觀念與實際的教養實作經常走向「弔詭的分叉路」（paradoxical pathways）[52]，結果往往產生非預期或非意圖的後果，這些保安策略反而讓父母們感到更加焦慮與不安全。

研究方法與資料

本書透過多重方式蒐集不同類型的資料。一是非結構性的深入訪談，也就是根據開放式的訪談大綱，與受訪者進行每次一到三小時不等的談話。二是參與觀察，包括學校課堂、校外教學、班親會、家庭生活、親職工作坊等不同活動空間的觀察，由我本人或助理參與並執行記錄。最後，我也蒐集報章雜誌、親子書籍等文本，透過數量統計或內容分析，來瞭解主流教養論述的轉變。

本書的主要資料蒐集，是在二〇〇九至二〇一一年、二〇一二至二〇一三年等三年期間，透過四所學校進行的家長訪問以及課堂與家庭生活的觀察。我們擇定臺灣北部地區的四所公立小學，做為研究的出發點，分別代表都會區中產階級（位於臺北市中心，化名天龍國小）、都會區勞工階級（位於新北市某舊社區，化名河岸國小）、非都會區勞工階級（位於宜蘭縣某漁村，化名海濱國小），以及非都會區另類學校的中產階級（位於宜蘭縣，化名田園國小）。[53]

臺灣的社區與學校並不像美國有著相當明確的階級區隔。以天龍國小與河岸國小所在的社區來說，雖然兩地的房地產平均價格目前差距將近一倍，但由於社區內新舊住宅皆有，加上有寄戶口越區就讀的現象，這兩所學校的家長內部仍存在若干的階級異質性。我們在選取個案時主要以該校的階級多數家長為目標，但也會選取階級少數的家長做為比較。

根據學校提供（研究進行該學年）的統計，天龍國小全校有一千五百位學生，低收入戶、隔代教養的家戶數都低於十個以內（〇．五％），單親比例為八％。新移民家庭有六十個左右（四％），詳細國籍分布並無統計，但在學校運動會時，我們看到不少白人父親、臺灣母親的組合。田園小學家長的中產階級、核心家庭的集中度更為明顯。[54]中小學合計五百多名學生，外籍或新住民、原住民家庭子女的比例約占三％，全校僅有四名學生來自低收入戶家庭，沒有隔代教養或單親的家庭。

新北市的河岸國小全校共一千名學生，其中有將近三十個家庭為低收入戶。宜蘭縣的海濱國小全校學生不到一百人，單親（一五％）與隔代教養（一二％）的比例偏高，低收入戶比例接近四％。這兩所學校的家長多為高中或以下學歷，職業以服務業勞工、藍領勞工、自營小生意者為多。這兩所學校也有相當比例的學生母親是來自越南、泰國、印尼或中國的新移民：河岸國小有七分之一，海濱國小更高達兩成。

在每個學校，我們進行三階段的資料蒐集。首先，在學校的安排下，我們選定一個小二班級進行一學期的課堂觀察。每週有兩個半天，由研究生助理坐在課堂後面觀察上課情形，以及觀察小朋友的下課活動。我則參與不定時舉辦的班親會、運動會、校外教學等活動，觀察學校與家長之間的互動。我們選擇低年級的原因在於，這階段的孩子課業壓力較少、上課時間較短，可以看到家庭課後活動的安排。家庭教養方式往往隨著孩子的年齡而產生變化。高年級孩子的課業壓力明顯增加，父母往往對智育更加重視，補習活動也占去孩子生活的更多時間，可能縮小孩童課後活動的跨階級差異。此外，相對於小一，小二父母已經累積了若干與學校老師的互動。

我們在學校與家長結識後，開始第二階段的資料蒐集，主要由我（少數由助理執行）進行家長的深度訪談。最理想的狀況是父母分別受訪，若祖父母為主要照顧者，也加入受訪對象；某些家庭只有父母一方有時間或意願受訪。訪談地點多在受訪者家中，也有少數配合當事人意願約在外面（中產階級多約在咖啡廳，勞工階級多約在公園）。在深入訪談中，當事人的敘事可能與經驗有所落差，並容易受到理想化的再現（呈現想要被看到的經驗），能言善道、熟悉主流價值的中產階級受訪者尤其如此。因此，我試圖透過多重資料來源（如家庭生活觀察、孩子的話語）來呈現較家庭生活的多重樣貌。

第三階段的資料蒐集則是親子互動的田野觀察。我們選定其中十二個家庭，每個家戶有至少兩個週間晚上、兩個週末半天的觀察時間。為了盡量不影響他們的生活作息，我請助理執行大部分的家庭觀察，以免有教授在現場讓他們覺得必要認真「招待」。我們與參與研究的家庭一起吃飯、看電視、做功課，或是出外逛街、踏青、看電影、用餐，我們分享到歡笑與輕鬆的日常時刻，也感受到他們要兼顧工作與家庭的忙碌與掙扎。

除了透過公立學校接觸家長，我也用滾雪球的方式訪問了十一位選擇就讀私立小學的家長（來自九個家庭），其子女就讀的私校涵括需要外國護照才能入學的國際學校、以出國留學為目標的私校國際班，以及本地升學為目標的一般私校。我在訪談結束後，會請受訪者填寫包括家庭收入的基本資料。即便臺灣民眾在填寫問卷時多有低估所得的傾向，私小家長在家庭收入上明顯高於公立學校家長。前者的年所得中位數超過三百萬，接近臺北市家庭所得分布的最高二〇%，職業多集中於醫師、律師、建築師、工程師、經理人等。後者的年所得中位數接近二百萬，略高於臺北市家庭所得分布的四〇%，職業分布較多元，包括一般上班族、公教人員等。[55]

透過上述多重管道，我們總共完成來自五十八個家庭中八十二位父母（母五十三人、父二十九人）及六位分擔照顧的祖父母（祖母五人、祖父一人）的深入訪談。本書附錄的表格摘要說明從這四間學校選取的受訪家長在性別、家戶型態、教育程度上的分布。我採取與其他研究類似的方式，根據兩個標準區分階級：一是工作現場的管理權；二是工作上的學歷要求。「中產階級」或「專業中產階級」指家中任一全職工作者在公司裡占有重要的管理權，或者此職位要求較高的教育程度，如大學畢業；勞工階級則指家中無人為中產階級位置，且任一全職工作者在工作場所擁有相對少的管理權，同時此職位並不要求較高的教育程度，此定義也包含低階白領階級。雙薪家庭中若父母雙方屬於不同階級位置時，以較高者為準。[56]

本研究的受訪父母年齡多介於三十到五十歲間，多數人的求學歷程發生在高教體系擴張之前，對於這個世代的臺灣人來說，高等教育仍是進入專業白領勞動市場的重要門檻。[57]大約有三分之二的受訪家庭，包括來自三十八個家庭的三十五位母親與二十位父親，落入「中產階級」或「專業中產階級」的範疇，也就是父母其中至少一人具有大學（含大專）學歷並從事專業職業。由於中產階級父母相對晚婚，受訪時年齡高於四十歲者較多。

約三分之一的受訪者落入勞工階級的範疇，包括來自二十個家庭的十八位母親與九位父親。所有受訪者的最終學歷都是高中職或國中，由於相對早婚，低於四十歲者（尤其母親）較常見。他們的職業多為事務性工作人員或體力工，如工廠操作員、建築工、計程車司機、廚師、服務員、銷售業務等。他們自填的年所得中位數約為六十萬，落在臺北市家庭所得分布的最低二〇%。海濱國小的家庭收入更為有限或不穩定，仍居住在宜蘭的父母多從事漁業相關工作，或到臨近城鎮擔任清潔工、廚師、小吃店服務員。

由於本研究旨在探討全球化對於教養與階級不平等的影響，基於理論抽樣的原則，我確保在研究個案中有一定的跨國通婚家庭。深入訪談的勞工階級母親中有八位是來自東南亞或中國的新移民，我也在二〇一五年時回去探視其中幾位家長。同年，我參與了臺北市某區針對新住民舉辦的一系列親職教育講座，並在課程結束後舉辦一場焦點座談，邀請八位參加這個講座的母親前來分享經驗。此外，為瞭解二〇一六年開始推動的新南向政策，我也參與了一些相關座談會，並蒐集與會的新二代大學生的意見與經驗。

我們在招募中產階級與勞工階級受訪者時，碰到的狀況相當不一樣。大部分中產階級家長（尤其是母親）都很樂意參與，甚至很有自信地假定自己是教養的成功範例，才會被邀請受訪。比方說，一位媽媽向我推薦另一位值得訪問的家長時說：「她也是一個很成功的媽媽喔。」許多受訪者熱切地向我闡釋他們對於新興教養或另類教育的理念，也樂意藉著訪談的機會，與一位大學教授交換對於多元入學或另類教育的看法。

我們招募勞工階級受訪者的經驗則全然不同。許多家長拒絕受訪，聽到訪問邀請的第一個反應是：「我的小孩在學校有什麼問題嗎？」這樣的反應呈現他們對於學校可能為他們的家庭貼上

「問題學生」或「不適任家長」標籤感到焦慮。儘管所有的受訪者都收到我的名片以及一封解釋本研究計畫的說明，許多家長仍然對於「教授」、「研究」的具體意涵不甚理解。比方說，其中一位在建築工地工作的母親，一直誤認我是一名研究生，即便我們已經訪談了她好幾次，她還是問我論文寫完了沒何時要畢業。

研究私領域的家庭，對於質性研究者來說是一個很大的挑戰。研究者的在場，無疑會影響家庭生活經驗的折射呈現。例如，我的家庭出身和職業位置都與中產階級有較高的親近性，勞工階級報導人面對我這位學校老師，可能傾向避免展現對中產階級價值的質疑。我們也應該對於研究過程中的權力關係有所省思，例如，不擅言辭的勞工階級可能較無防備地在研究者面前呈現了親子或配偶間的衝突。請各位讀者記得，社會研究不可能提供如空拍攝影、鳥瞰式的「客觀報導」，這本書是我近身觀察的紀錄與分析。我盡可能地反省自己在觀察與詮釋上的可能偏誤，包括透過與不同家庭背景的助理或同儕進行討論，以拼貼出更立體的樣貌。

此外，我也透過雜誌、報紙與親子書籍的分析來勾勒教養文化腳本的轉變。我們分析的歷史資料包括《中國時報》家庭版（一九八七年至一九九九年）與《聯合報》（聯合知識庫）（分析範圍一九五一年至二〇一二年）[58]，以及兩本流通廣泛、訴諸不同讀者群的舊雜誌，《豐年》（一九五一年至一九八九年）和《臺灣婦女》（一九六三年至一九八九年）。前者在美國新聞通訊社協助下創立，以「服務農民、提高農家所得、改善農家生活」為目的，後者則訴諸受教育的都會女性，並推廣婦女運動。59

當代親職論述的分析，則根據廣受中產階級歡迎的《親子天下》雜誌、《商業周刊》與教養相關的專題，以及網路書店暢銷的教養書籍。我與助理閱讀這些雜誌與報紙中有關親職與童年的文章，文本分析的方式大致遵循廣義的扎根理論，經由內容的過錄（coding），歸納出分析範疇，再將不同的文章內容綜合整理到同一範疇內，撰寫備忘錄（memo）。教養書籍的部分，由於內容繁多，主要以博客來暢銷排行榜資料進行數量分析。

所有的訪談均有錄音，並整理成逐字稿，然後在助理的協助下進行過錄分析（coding）。首先，我們先匯整每個個案的相關資料（家長訪談、學校觀察、家庭觀察），逐字逐行閱讀，進行意義詮釋，並指認其中重要的主題與豐富的內容。其次，我們使用電腦軟體進行資料分析，透過指認出的主題範疇，將不同個案的相關資料集中，以找出不同個案之間的共性與差異，建立類型與概念化。最後，我選擇其中較能代表某種理論類型的家庭進行個案式的書寫，以呈現家庭生活的整體樣貌，也幫助讀者感同身受。

本書章節安排

本書共分為四部。第一部的導論勾勒研究問題、理論背景與資料方法。有關戰後臺灣童年與教養文化腳本轉變的歷史與制度背景，請參見附錄一。第二部探討中產階級家庭的親職樣態。第一章說明經歷代間流動的中產階級父母，嚮往與傳統教養斷裂，但其擁抱的新興文化腳本內容不時相互抵觸，也與學校、職場等制度環境有所扞格。家庭成員的性別與世代之間經常存在意見的分歧，也經常衍生敘事與實作、理念與慣習之間的矛盾。

中產階級不是鐵板一塊，他們不同的教育選擇形成保安策略的光譜分布。第二、三、四章分別針對私立小學、公立國小（天龍國小），以及另類學校（田園國小）的父母，探討他們透過學習與家庭生活的安排，來折衝教養目標間的衝突。這些父母經常無奈地陷入兩難與矛盾，不論是憂心如何兼顧「快樂童年」與「競爭學習」，或是希望克盡「養家」與「陪伴」的父職責任。

第三部探討勞工階級的親職經驗與保安策略。第五章聚焦在跨國婚姻與新移民母親的個案，探討全球化對於勞工階級家庭的影響。除了資本外移與外勞引進撼動了臺灣勞工階級男性的經濟安全，文化全球化帶來的親職文化腳本的改變，包括體罰的禁止與親職教育的介入，也強化了弱勢家庭的不安全感。

第六章以一所城市邊緣學校（河岸國小）為個案，探討勞工階級父母所採取的不同保安策略。

有些家庭同樣重視競爭力，希望透過升學讓孩子達成代間向上流動，仰賴外包補習，或是中產階級背景的親戚、老師的協助。另外一些父母則採取「順其自然造化」的態度，期待小孩可以完成基本學歷，將繼續升學視為個人資質的自然發展，不需特別強求或培養。

第七章聚焦於一所偏鄉漁村學校（海濱國小），學生家戶組成多為隔代教養、跨國婚姻等，呈現野放式的自然成長。本章探討為何這些「非典型家庭」容易被「擠壓」在鄉鎮地區，階級與地區交織構成的多重弱勢，對於這些家庭的教養方式與小孩生活有何影響。

第四部的結論章，闡述親職社會學所能帶給我們的啟示，以及思考我們可以做些什麼。教養的社會學，幫助我們看見個人焦慮背後的結構脈絡，也讓我們理解不同家庭的差異處境、體察彼此的命運關聯。

PART 2

中產階級家庭

第一章
我們想成爲跟上一代不同的父母

有一天啊，我不知道對兒子做什麼的時候我就突然覺得：哇，我根本就是我媽的翻版，然後我就突然有點嚇了一跳，因為其實我沒有要自己成為那樣嚴厲的母親。其實我還蠻會自己（停頓）……會自省的一個媽媽啦，就是我對於孩子的一些做法，我會常常去思考說，如果有這樣狀況，我下次怎麼做會更好、怎麼樣去避開我媽媽曾經對我們的方式這樣。（藍：妳是說妳會有意識地不要去重複妳媽媽的方式？）嗯，不過常常有意識的時候是已經做下去了（笑），就只好提醒自己說：啊，下次知道不要再這樣。

小風媽是一位大學英文系畢業的母親，她跟曾經擔任廣告公司主管的爸爸都放棄原本的專業，選擇做保險，以有更多的彈性時間來照顧兩個孩子。她的原生父母經營小吃攤，她跟弟妹從小在市場旁長大，她還記得坐在小板凳上寫功課的困窘童年。小風媽說起她從書中讀到的教養新觀念時，眼神清澈發亮，但談到實作上的困境，又不免皺起眉頭、搖頭苦笑。由於長輩的教養方式不時「上身」，她只能透過閱讀書籍、時時反省來嘗試與原生家庭養成的自我進行斷裂。此外，她與小風爸也經常陷入教養實作的難題：應該累積更多經濟報酬，好提供孩子更豐裕的學習機會，還是選擇彈性的職涯，以換取更多時間來陪伴孩子？應該擁抱另類的教育體制，庇護孩子快樂的童年，還是培育下一代的競爭力，以確保他們在未來的環境裡能永保安康？

當代臺灣的中產階級父母，多強調不能再用「老一輩的方式」來教養孩子，比起上一代，他們擁有更豐沛的教養資源、跨國經驗，與對子女的殷切期待。然而，新興的理想教養腳本往往與制度環境、現實家庭生活有所衝突，照顧者在原生家庭或成長過程中養成的習性，也強化了教養過程中的種種文化矛盾，讓實現自我期許的理想教養變得更加困難。

我用「教養的文化矛盾」一詞來描述當代社會有關教養的意識形態或文化腳本中存在的結構性矛盾。丹尼爾．貝爾（Daniel Bell）曾提出「資本主義的文化矛盾」一詞，描述資本主義體制的內在矛盾，一方面要人們在文化領域放縱消費，又要在經濟領域勤奮勞動。莎朗．海斯（Sharon Hays）也指出當代母職意識形態的文化矛盾，既要女人成為感性、體貼的母親，又要在職場上扮演理性、有效率的專業者，讓女人進退維谷。[1]

本章將從四個方面來描述臺灣中產階級家庭所面對的「教養文化矛盾」：首先，中產階級父母普遍經歷代間流動的階級經驗，因而衍生親職敘事與教養實作、理念與慣習之間的矛盾（自我矛盾）；其次，我檢視教養腳本的內容，指出專家論述經常相互抵觸、教養目標也有所衝突（論述矛盾）；最後，家庭成員的性別與世代之間經常存在意見與做法上的衝突（家庭矛盾），教養腳本與學校、職場等制度環境有所扞格（制度矛盾）。

自我矛盾：世代斷裂vs.長輩上身

我所訪問的中產階級父母，絕大多數出生於一九六五至一九七五年間，也就是坊間所稱的「五年級」後段班或「六年級」前段班，這個世代體驗了臺灣快速的工業化與民主化，也普遍經歷代間的社會流動。由於臺灣的產業升級與教育擴張，他們得以享有前一代更高的教育與所得。他們通常是家族中的第一代大學生，其中不少人有機會出國留學。他們的父母很少有人讀過大學，絕大多數務農、務工或做小生意。家中經濟較為充裕的則是在臺灣經濟起飛的過程中，藉由中小企業累積財富，因而得以轉化為下一代的文化資本或是跨國流動的機會。[2]

然而，這些經歷向上流動的中產階級家長，普遍向我陳述「失落童年」的敘事。這些被主流社會歸為「勝利組」的父母，感嘆自己「沒有童年」，成長過程多浸淫在嚴酷的升學競爭與課業壓力中。由於休閒生活與課外活動受到智育學科的擠壓，導致成人後「不知道我本身到底有什麼樣的嗜好、到底喜歡什麼東西」。有些人來自經濟弱勢的家庭，少時欽羨家境好的同學有機會可以學才藝，感嘆「過去家裡沒有條件」，現在經歷代間流動、有經濟資本可以培育孩子，希望可以提供更全面的學習經驗。

許多人也將自己的失落童年歸咎於傳統的家父長權威或疏離的親子關係。父母或因忙於工作，沒有時間照顧或陪伴孩子，或受到文化框架的拘束，鮮有情感交流或親密接觸，甚至用體罰等嚴厲方式進行管教。當我詢問中產階級父母，他們的教養模式是否受到自己的父母所影響時，多數人肯定地說沒有，並加上這樣的說明：「我跟我老婆只有一個想法，不要延續前一輩的東西」、「我不要成為我媽那樣的媽媽」、「我父母對我的影響就是，我不想要變成他們那樣。」

中產階級父母傾向使用「世代斷裂」的親職敘事，來強調自己的養育方式有別於當年父母的權威形象或打罵教育。他們強調長輩意見的參考價值有限，因為上一代的方式被視為「過時的傳統」，難以適用於「現代的小孩」。教養書籍、甚至是小孩本身的意見，反而是重要的資訊來源。有位母親這樣回答：「我不會問長輩耶。我會自己去想耶，我會比較用自己判斷，看我的書啊……長輩那個方式不見得適合。因為他可能年代跟我們有點距離，其實我大部分還是會先問問小孩。」

雖然崇尚知識領導、小孩中心的密集親職，並且努力地跟前一世代的觀念與做法進行斷裂，但這些父母也承認在無意識的層次，其實有著許多原生家庭慣習的延續與體現。如許多受訪者說：「過去父母的那一套不知不覺就上身了」、「我就像是我媽的鏡子，怎麼跟她年輕時候一模一樣。」「父母上身」的生動比喻，呼應法國社會學家布爾迪厄所說的「慣習」，原生家庭的養成經驗，往往在我們身上銘刻了無意識的、自然化的慣習。[3]

原生家庭的教養方式，也在許多昔日的孩子，今日的父母身上，烙上情緒的傷痕。近兩三年來在臺灣書市火紅暢銷的「教養心靈書籍」，驅使讀者向內爬梳過去的成長經驗，有助反思當下的親子關係。[4]不論是回溯整理原生家庭親子關係的緊繃或疏離，或運用大眾心理學的概念工具，如「情緒勒索」、「依戀障礙」，來幫助自己跟過去的創傷和解、鬆綁自己的內在繫絆，成為「覺醒父母」。[5]藉由專家知識的介入，父母們試圖將原生家庭的慣習加以「去自然化」，得以成為被思考與反省的對象。一位長期參與家長課程的母親描述，原生家庭與成長背景許多「不自覺的影響」，透過閱讀教養書籍以及上課的經驗，於是「對我來說也都有自覺了」。

英國社會學家紀登斯所說的「反思性監控」（reflexive monitoring）[6]，可以用來描述中產階級父母親職的特色，他們透過反思與內在對話，在日常的親子互動中時時檢視、監控自己的行為。這樣的「自我親職檢查」，一方面要避免重複上一代的錯誤、對孩子造成傷害；另一方面謹慎地運用專家理論，並配合孩子的個性與需求加以調整、持續修正。一位父親描述他與媽媽的教養：「我們要用各種方式來驗證我們是不是對的。」

經歷代間流動與世代斷裂的中產階級父母，其教養實作有兩個重要目標，卻可能相互矛盾，其一，為了彌補過去的失落童年，補償心靈裡受創的內在小孩，他們視「快樂童年」為重要的教養益品，有助維護下一代孩子的情緒安全。其二，中產階級教養的另一個重要目標是保障孩子的經濟安全或階級優勢，父母試圖在日常教養實作中，將職場培養的階級技能或文化資本傳遞給下一代，儘管家庭物質資源豐富，也要象徵性地克制孩子的欲望。

情緒安全：打造快樂童年

相對於自身的失落童年，中產階級父母傾向抱持一種「純真童年」的正典觀點，認為父母有責任為孩子實現一個無憂無慮、開心快樂的「理想童年」。父母也清楚體認到，純真童年只是進入充滿壓力的青少年階段之前的一個短暫階段；在高等教育門檻大幅降低的年代，中產階級父母不只期待孩子考上大學，還要替孩子準備迎接未來的激烈人才競爭、邁入險峻的成人世界。這樣的觀點將成年與童年劃分為時間上斷裂的兩個範疇，而非人生現實中連續的生命階段，換言之，「純真童年」是人為隔離、建構出來的狀態。父母需要投入「劃界工作」來維持兩者的區隔，例如，父母試圖保護兒童免於接觸到成人世界與性或暴力有關的訊息與影像，以及避免讓小孩暴露於現實世界的經濟壓力。

相對於需要細心呵護的純真童年，體罰被認為是父母失職、傷害孩子身心的做法。中產階級父母在訪談中傾向用符合主流教養腳本的方式描述自己，多強調家裡不體罰，改以剝奪孩子的活動權限（如看電視、玩電腦遊戲、踢足球）做為懲罰。有趣的是，在一旁的孩子經常會爆料：「爸爸有打我」、「媽媽打我屁股」，但孩子的輕鬆反應也顯示了相對平等的親子關係。身體語言的使用上也展現對親子平權的重視：我們觀察到，當父母跟年紀較小的孩子說話時，通常會俯身或蹲下到與孩子平視的高度。

中產階級父母雖然在認知上將成年和童年區隔為兩個斷裂的生命時間，在空間上，中產階級兒童多與成人密集互動。這樣的現象在獨生子女的家庭裡尤為普遍，由於沒有兄弟姊妹陪伴遊戲，父母變成小孩主要互動的對象。父母基於照顧孩子的實際需要，以及維護純真童年的親職意圖，努力安排以孩子為中心的親子活動，如共讀繪本。

許多時候父母試圖跨越（成人與兒童的）界線來參與童年的想像，尤其是利用歐美或日本的卡通人物或神話傳說，來打造純真童年的圖像。我訪問的許多非基督徒的中產階級家庭都會慶祝耶誕節，告訴孩子耶誕老人會遠從北極送來禮物。有的父母在耶誕樹周遭地上撒麵粉，來偽造耶誕老人拜訪的足跡；有些父親特意扮成耶誕老人，彼此到朋友家裡送禮物。衷心相信這些神話的孩子，甚至每年耶誕節前還要爸媽準備蘋果、水給麋鹿吃喝。

在幼教產業、大眾媒體與消費市場的推波助瀾下，「純真童年」變得神聖而必要，增添了父母打造快樂童年的壓力。比方說，臺灣都會區的孩子現在幾乎都加入慶祝萬聖節等西方節日的行列，主要是因為標榜雙語學習的幼稚園，為了向父母呈現機構經營的用心，透過具體活動、照片紀錄，提供打造「快樂童年」的客觀憑證。父母雖然樂於看到孩子體驗多元活動，卻也苦於被要求參與節日慶祝的準備。百貨商家在商機驅使下大量生產、熱烈促銷，父母每年煩惱著萬聖節變裝該打扮成蝙蝠俠還是冰雪公主，想買穿過就丟也不可惜的便宜貨，又擔心有毒染料，或是孩子與他人尷尬撞衫。

在「後追趕」(post catch-up)的年代，臺灣社會試圖在教育、教養等領域補償過去的犧牲與空缺。在舉國「拚經濟」過程中成長的當代父母，企圖在下一代身上彌補自身失落的「快樂童年」，卻往往又延續「追趕」的心態與習性來「拚教養」。[7]例如，網路充斥類似以下標題的文章：「五十個童年必做的事」、「英國孩子十二歲前必做五十件事」，爬樹、看星星、野外露營、抓螃蟹、做木筏等自然探索活動，變成一份「快樂童年」的標準清單，彷彿家長沒有安排這些活動就是失職，不僅蹉跎了孩子稍縱即逝的童年，甚至影響成人後的情緒發展、幸福人生。

經濟安全：培養下一代的中產階級

持續的不安全感可以說是中產階級身分認同的特性，因為這個階級群體其實是一個模糊的中間範疇。他們不像資本家，有家族企業或大筆財富可以傳承給下一代，因此，他們需要擔心下一代是否會「從階級階梯上滑落」(falling off the class ladder)。[8]相對於勞工階級，中產階級的優勢是奠基在高等教育上的專業知識與人力資本。然而，面對變動不居的產業、跨國的人才競爭，以及高等教育的貶值，當代中產階級父母對下一代是否能維持階級優勢、經濟安全（或用受訪者的話：「過跟我們一樣舒適的生活」），有著比上一代父母更多的不確定與焦慮。

相對於承繼父母輩的教養慣習，普遍經歷代間流動的臺灣中產階級更傾向將職場經驗所累積的文化資本、專業技能，轉化為教養文化資源，幫助他們與孩子良好溝通，也傳遞給下一代若干身體化的慣習。日常家庭生活，包括飲食、消費、家事，乃至飼養寵物，都被視為重要的教養與學習過程，可以培養孩子的邏輯認知、獨立思考、語言表達，以及時間和金錢管理等，而這些都是成為下一代中產階級的重要能力與習性，可能可以增加孩子未來進入專業白領勞動市場中的機會。

一位在高科技公司擔任工程師的父親，苦惱於女兒不喜歡喝水。他不用強制的方式，而試圖把喝水問題當作一個WBS（工作分解結構，work breakdown structure）的project plan（計畫書），由父女一起討論、繪製出一張SOP（標準流程圖）。首先測量每天需要喝兩瓶水，上午一瓶下午一瓶，調查何時習慣喝水（上課不准喝、下課要盪秋千），然後進行實驗看要喝多少才能在上午的下課時間把一瓶水喝完，最後得出「每節下課聽到噹噹噹的時候，你要喝十九口水」的結論。爸爸還在水瓶裡放了蜂蜜來幫助監控，以確認女兒喝完家裡帶去的第一瓶蜂蜜水後，又在學校灌了第二瓶沒加蜂蜜的水。父親描述這樣的做法「其實跟我們工作上面是一模一樣的事情」，並希望透過這樣的親子討論與實驗，讓女兒「能夠透過『一起做』分析、『內化』喝水的習慣。」

中產階級父母普遍相信應該使用說理、協商的方式跟小孩溝通，許多並運用上職場上習得的溝通技巧。如一位在房地產仲介公司擔任主管的父親，在職場上接受有關心理學與溝通技巧的培訓課程，這樣的知識不僅幫助他與下屬或客戶互動，他也經常用來與女兒溝通。大多數家庭都有清楚的賞罰規則，孩子被鼓勵針對規則進行談判或協商，父母期許藉此可以達到讓孩子自律的效果，而非強迫遵守外加的規定。

我訪談的中產階級家長中，固然有些標榜提供給孩子食衣住行育樂方面的質量充裕，但也有許多人強調他們有意識地不給小孩買太多東西，以培養孩子理性消費或健康生活的態度。除了剝奪小孩獲得一些消費品，父母還會控制小孩接觸或使用物質商品的管道。最常見的例子是，雖然購買了各式新興的電子產品，父母們對於小孩接觸電視、電腦、電玩通常都有嚴格的時間規定；有的父母甚至會鎖上這些設備或設定密碼，以免孩子過度使用。雖然中產家庭享有舒適或富裕的物質條件，父母在孩子的相關消費上仍會進行所謂「象徵性的剝奪」，透過剝奪孩子特定的物品或經驗，來培養家庭生活道德上的節制，以及孩子「延遲性的滿足」的習性。[9]

論述矛盾：當代中產階級的教養腳本

市場上琳琅滿目的書籍與雜誌提供了專家意見，甚至具體的「教戰守則」給家長參考，呈現當代臺灣中產階級的理想教養腳本。教養的自我矛盾顯示了時間的張力（階級流動、世代斷裂），本節進一步探討空間的張力，包括當代教養腳本如何受到西方理念的影響，但在接收與轉譯的過程中，也因應本土脈絡重新詮釋與改寫。同時，教養腳本也指出當代環境的風險，試圖提出新的因應之道，儘管這些論述內部經常存在許多不確定或相互抵觸之處。《親子天下》雜誌是目前臺灣最具影響力的教養雜誌[10]，我以此為分析文本，加上相關親子叢書，歸納出三個當代親職腳本的主要論述矛盾。

平等說愛 vs. 管教規矩

當前的親職論述，多用合作、平等、信任等語言來描述理想的親子關係，權威、服從、管教等詞彙則被賦予負面的意涵。養育子女追求的益品，不再（只）是孩子的「聽話」、「乖」，而是孩子的認知與情緒的良好發展。建立代間的親密關係，對於父母來說也非常重要。如導論提到，親職成為個人選擇的情感關係，不單透過外部規範彼此的權利義務。從孩子身上得到的具體情感回饋，幫助父母在把屎把尿、睡眠失調的過程中仍「懂得享受育兒之樂」。此外，由於擔心進入青春期或成年的孩子逐漸疏遠，父母積極尋求建立與孩子的類友誼關係，希望透過從小儲存親子「愛的資本」[11]，以「延長自己在子女心目中的賞味期限」。[12]

然而，傳統華人文化框架下的親子關係，並不強調言語或肢體的情感表達。在原生家庭缺乏「說愛」經驗的狀況下，父母需要新的情緒與情感教育，對於父親來說尤為挑戰：「現在的男人沒有辦法跟自己的父親學習如何當爸爸。很多男人記憶中的父親是遙遠、模糊、權威的。」[13]「很多父親對『分享感覺』這件事感到彆扭不自在，落入『只會說教、不知傾聽』的傳統父親框架中。」[14]「許多爸爸不知道怎麼跟家人有情感的連結，甚至無法建立親密關係。表達情感、處理情緒，成為男人當爸爸之前，必修的一堂課。」[15]

如何與孩子溝通、對孩子表達情感成為一門重要的學問，需要父母持續學習、練習，才能「說出好關係」。專家鼓勵父母有意識地打破世代傳承的教養陋習，如發怒、吼叫、責罵、說教，透過尋求專業協助，並進行教養紀錄，如利用「戒吼察覺表」、「戒吼月曆」等工具，來幫助父母在日常生活中監控自己的情緒。[16]同時，父母透過用心的陪伴、開放的態度來關注孩子、引導孩子指認自己的情緒與感受：「讓孩子和他的『感覺』在一起」。[17]也可以透過跟孩子寫情書、寫紙條的方式，來搭建情感的橋梁。跟孩子溝通時必須注意：語調要平穩、指示要明確、適度讚美、避免負面語言，多跟孩子說「請」、「謝謝」，試著同理小孩的情緒，盡量用以「我」開頭的句子。肢體語言的改變也體現親子關係的平等化：「蹲下來，平視孩子眼睛」、「走到孩子身邊再開口講話，以及輕輕搭著孩子的肩膀等等，都有加分的效果。」[18]

然而，在強調親密關係民主化的同時，臺灣社會仍強調孩子的規矩、家教不可失，暢銷書如《每個孩子都能學好規矩》，強調管教孩子以符合社會規範的期待仍是父母的重要責任。[19] 教育部在二〇〇三年通過《家庭教育法》，這項號稱全球首創的法案也融合了全球與在地、現代與傳統、民主與威權等矛盾元素。[20] 值得注意的是，其內容並不強調教改團體所推廣的自由價值，如親子關係的民主化，反而比較推崇所謂的「溫暖威權」（warm and authoritative）模型，重視親子關係有明確界線。同時，教育部持續積極推廣孝親教育，強調孩子要尊敬父母與祖父母。[21] 許多學校與宗教團體，也持續舉辦「洗腳孝親」等儀式活動來弘揚孝道。

《親子天下》主張推行「愛的管教」，來化解平等說愛與管教規矩之間的矛盾衝突。[22] 不要孩子服從命令，避用「一定」、「必須」等字眼，而是透過與孩子討論，用鼓勵和問句來「引導」孩子設定目標，幫助孩子「調整認知」，提供自主選擇的空間：

> （父母應）升級為提供有效策略的顧問。父母要逐漸改掉過去直接下指令的教養方式，避免孩子只學到「跟隨指令」的低階能力；而要搭配孩子的學習強項，如聽覺型、視覺型、動手操作型等，在任務進行中給予各種感官的提示跟輔助……等孩子養成了習慣，父母的提示便可撤退。[23]

「引導」的親子互動腳本，強調孩子具有獨特的個性與專長，父母必須仔細觀察，同時，給孩子選擇的自由是重要的，方能培養孩子的「自我價值感」。[24] 引導孩子的過程中，家長必須動腦鋪梗、理性計算、善用工具跟策略來教方法，但不說教觀念，最終目標是孩子能逐步內化（養成習慣）來達成改變。這樣的孩子「自主」，背後有許多成人的規劃引導，父母的急切期待下也容易將「自主」混淆為「自律」，或是用「自主」的民主化語彙包裝「自律」的工具性目標，終究還是期望孩子聽話、守規矩，並培養學習的紀律。[25]《親子天下》便記載了一位母親的經驗，她曾「規定」孩子每天放學第一件事就是抱媽媽說：「我愛妳。」她重新省視自己才發現，不自覺地複製了母親的教養方式，其實只是要求孩子的服從。[26]

放手自主vs.管理風險

根據平等說愛的腳本，親職，特別是母職，變得前所未有地勞力密集，包括大量的情緒勞動。但是，盡心盡力的家長又被批評是「直昇機父母」，製造出依賴的「媽寶」、嬌寵的「草莓族」：「父母過多的讚美卻讓孩子面對挫折更顯脆弱……養出『推拖病』小孩，習慣怪罪他人、消極被動，日後難以獨立自主。」[27]

基於擔心孩子過於依賴父母的規畫，親職專家近來不斷呼籲培養孩子自主與獨立能力的重要性，「放手」成為親職雜誌與書籍中的熱門關鍵詞。「現代父母必修的放手學」，不是忽略或不關心孩子的需要，而是放下父母的焦慮與執著，方能享有「淡定的教養人生」：

如今談孩子的教養，比「該做些什麼」更迫切需要的，是「該放下什麼」……現代父母要學會放手，得先學會「斷」、「捨」、「離」三件事……「斷」絕對孩子不需要的幫助。「捨」棄對孩子多餘的安排。「離」開「不能沒有我」的執著。[28]

「剝奪」是另一個新興教養腳本中常出現的關鍵字，父母出於好意的「代勞」，可能「剝奪」了孩子「自主學習」、「探索」、「練習」、「面對挫折」的機會，甚至剝奪他們「獨立思考的權利」、「自然生存的本能」。[29]專家們也提醒家長，不要讓孩子被繁忙的課外活動壓到喘不過氣來，成為「被餵飽的飼料雞」[30]，「自由學習」、「自然成長」成為當代教養腳本追求的重要益品。具體的建議包括：讓孩子多親近大自然、到戶外運動，讓孩子多動手做，恢復「手感教育」，以培養觸覺與美感。[31]

換言之，父母照顧的目標，不（只）是以周全的羽翼保護孩子，也應該放手讓孩子養成自主管理、因應風險的能力。過去兒童面對的危險，比較多是外在、有形、物質性的，如衛生環境、交通安全、壞人綁架、不良場所等，可以透過國家介入、父母監護來避免。當今父母面對的兒童生活風險更為多元，而且幾乎無所不在，凸顯父母進行風險「管理」的必要。由於媒體論述與專家知識將許多舊的育兒實作問題化，例如「調皮」如今被視為「過動」的指標、「反應慢」可能是「發展遲緩」，面對新風險的無限增生，父母必須發展出一套評價知識與處理風險的應對策略。[32]

隨著飲食、健康、科技等生活面向的「風險化」，這些風險物不可能加以隔絕或排除，因為它們是生活中的必要內容，甚至是孩子發展或學習的媒介。科技產品與網路的使用就是很好的例子，凸顯風險與益品做為一體兩面，家長管理要在其中拿捏困難的平衡。一方面，讓孩子使用電腦可能造成對視力、學習表現的負面影響，網路成癮可能阻礙人際互動，社交網站也潛藏隱私外洩與交友不慎的風險。另一方面，網路科技也有助學習與生活，如透過遊戲激發想像力與策略思考、透過社交網站得到同儕認同、與世界連結等。

《親子天下》描述當今父母是「第一代要負起網路教養難題的父母」，網路如「馬路虎口」，必須教孩子「停看聽」。[33]與其全面禁止使用，專家與媒體建議父母透過陪伴、教育與隱形監控來管理孩子的網路使用。網路最好讓孩子「使用起來很不便利」，如將電腦放在公共空間或父母房間、父母設定密碼，或申請慢速網路。父母可以透過計時器的使用，來管理孩子上網或玩遊戲的時間，藉此建立孩子的理性管理的時間感。父母也可以利用科技做為工具來「監控但不侵犯孩子的網路世界」，例如將即時通訊軟體設成可儲存對話內容的模式，記錄孩子聊天的對象、時間與內容，必要時父母可以檢閱查看。[34]父母雖然表面上「放手」，但需要投入更多的時間與心力，也必須具備一定的網路識讀能力，例如家長需懂得操作軟體、瞭解網路世界，以篩選孩子可及資訊。

全人教育vs.全補教育

隨著「全人教育」成為後教改時代的普遍口號，專家呼籲教師和家長應該連結學習與樂趣，栽培孩子的範圍如今被擴大到各種面向。除了智育、外語、專業技能等被考試或證照認可的「顯性能力」，也日益重視範圍甚廣的「隱性能力」或「軟實力」，包括人格特質、溝通技巧、情緒管理或「情商」（EQ）、人際關係能力、思考彈性、創造力、好奇心、品格力、同理心、生活能力、文化包容力、運用資訊能力等。[35]然而，文憑主義與升學壓力仍籠罩著臺灣的教育環境以及家長本身，強化了價值理性（行為本身的價值與意義）與工具理性（行為所達成的功利目標）間的衝突。[36]

有鑒於過往的臺灣教育過度崇尚背誦學習，如何「教出創造力」是新興教養腳本關切的重點。創造力的重要性，不限於藝術等特定領域，而被看作一種「新的生存能力」，孩子需要這樣的裝備來面對科技日新月異、全球經濟整合的產業與勞動市場。同時，「玩出大能力」的說法不僅強調學習必須結合樂趣，才不至於扼殺孩子的動機，也強調「玩」、「遊戲」本身就應該被視為一種激發創造力的學習過程。[37]在這樣的論述裡，孩子的創造力不只是一種天賦能力，需要被保護、免於填鴨教育的「扼殺」；這更是後天發展的成果，有賴於父母打造一個充滿樂趣的學習環境。

「玩中學」的教養腳本，意味著父母要做的事情變得更多，因為日常生活無處不是教室，遊戲玩樂都在學習。父母的教育參與，不再只是選擇好的學校或安排適當的課外活動，或協助完成老師交代的功課，透過購買玩具（啟發各種能力）、布置家庭空間（如透過黑板漆打造創意空間）、讓孩子做家事（培養獨立自主）、給零用錢（內化理財習慣）、挑選飲食（成為有健康意識的消費者）、安排週末活動（寓教於樂）、規劃親子旅行（培養國際觀）等，都成為教育與教養的重要環節。換言之，與孩子相關的休閒與消費，父母需要蒐集資訊、理性規畫，已然變為知識密集的親職勞動。

《親子天下》也從西方移植「品格力」的說法，廣泛涵蓋生活教育、品德教育、道德教育等面向。該刊強調「現代家長愈來愈明白，孩子『好』比『聰明』更重要，品格力其實才是孩子最重要的競爭力」，因為在當前重視團隊合作的職場，情緒管理與社交能力已成為有助於孩子競爭與就業的能力。[38]教育部與企業界也呼應「品格力」的教養論述，頒定「品德教育」的促進方案與活動，數家企業基金會與明星高中聯名舉辦「品格青年國際高峰會」系列活動。[39]個人主義傾向的西方教育，推動「品格力」教育強調「領導力」的重要性，然而，移植來臺後的「品德教育」更重視對群體文化的認同與就業市場的對應，從而強調「團隊合作」的重要性，希望孩子成為學校的乖學生、職場的好雇員。

相對於學校功課或智育學習，創造力或品格力等「隱形能力」的定義模糊、難以測量。將品格物化為一種「能力」的說法，體現了教養過程中「價值理性」與「工具理性」的衝突。父母雖擁抱均衡發展、適性發展的教育理念，又往往希望這樣的全人教育能確切幫助孩子加分，透過學習成果的標準化測量，以利未來的學校申請或職涯發展。如一位母親描述，自己「每月條列整理兒子的德智體群美五育，反省哪裡不足，認真評估改進，希望朝全人教育方向前進」。[40] 換言之，當學習目的仍等同於升學或職場的競爭，「全人教育」可能變成「全補教育」，對孩子的壓力有增無減。

總而言之，親職論述一方面提供當代父母更多的資訊與工具，讓教養似乎具備科學依據或知識基礎，另一方面又經常讓父母感到無所適從，覺得自己永遠難以達到理想家長的標準。父母必須小心翼翼地在矛盾的論述間維持艱難的平衡，而這幾乎是不可能的任務。管教太嚴，擔心傷害孩子脆弱的自尊心，但「說愛」太多，又怕孩子過於依賴、變成「媽寶」。父母既有責任為孩子的身心創造豐盛、多元的啟蒙，又要避免加諸太多負擔或壓力，以免「剝奪」孩子的快樂童年或自然成長。「玩出大能力」的腳本既崇尚全人發展的價值理念，又要兼顧就業競爭的工具目標；「品格力」的鍛鍊，既要培養孩子的獨立自主，又希望他們服膺群體主義的華人文化，能夠規矩自律。父母的「規畫」與「引導」旨在設定有限範圍，讓孩子在其中探索、找到自己的出路，然而，範圍該多大、父母該何時「放手」或「收手」，方能兼顧孩子的安全、不至干涉過多？

家庭矛盾：性別分工與代間協作

雖然親職論述多是用「父母」做為全稱，但大多數的中產階級家庭裡，母親仍是孩子的主要照顧與教養者，也是家庭中吸收教養理念與改變教養實作的啟動者。她們透過看書、上課，睡前摘錄重點給爸爸聽，她們也透過與其他母親的人脈（透過當學校志工、家長臉書社團、母親網誌，甚至公園溜小孩時認識的人）來蒐集相關資訊、統籌規劃孩子的活動，以及在孩子學習的過程中扮演協助與督促的角色。日本以「教育媽媽」一詞來描述許多辭去工作、專心育兒的中產階級母親。根據主計處二〇一六年的統計，在二十五到四十九歲的臺灣女性中，有近三成沒有在外工作。其中大學學歷以上的女性族群，比例更達到三四．五％。[41]在薪資過低、房價過高的臺北市，單薪對多數家庭來說在財務上難以負擔，雙薪家庭的母親傾向選擇工時較為固定或彈性的工作，以兼顧照顧工作。《商業周刊》訪問的一位留美碩士的臺灣母親便這樣說：「教育孩子最貴的不是錢，是媽媽的時間、我的事業。」[42]

雖然新一代的中產階級父親，相對於前一世代，更願意投入孩子的照顧與教養。但由於中產階級教養實作的成本愈來愈昂貴，同時也變得愈來愈情緒與勞力密集，結果經常強化了父母間的性別分工，我們在下面幾章將會看到質化的案例。石易平與伊慶春分析量化資料也發現，在孩子的課外活動安排上，父親的勞動市場位置（職業）有重要的影響，但母親的職業影響並不顯著；

這是因為男高女低的婚姻坡度文化下，多數家庭以父親為主要所得提供者，其職業位置高低影響投入課外活動的經濟資源多寡。然而，母親的文化資本的高低（教育程度、文化活動的參與），對於孩子的課外活動則有顯著的影響。[43]

相對於母親負責較為瑣碎、綿長的日常陪伴與照顧，父親對於教養的投入，主要集中在教育決策、職場技能等學習相關方面，這些多是非常態進行的勞動。臺灣社會中固然存在父母平等分工或父親為主要照顧者的家庭，但整體來說，多數父親投入照顧與家務的時數遠不如母親。[44]但對照於傳統的父親形象，他們的付出更容易得到社會肯認，甚至博得「新好男人」的美名。

親子之間的情感溝通方式也出現若干性別分工。年輕一輩的臺灣父母（尤其是母親），有意識地學習使用語言（「媽媽很愛你」）或互動（擁抱、親吻）來向孩子展現情感。有的父母用中文對孩子說「我愛你」，更多人坦承用英文講「I love you」比較「自然」，顯示這樣的符號互動模式和在地文化有所距離，與西化的情感語言較為親近。有些父親仍覺得用口語直接表達情感有點尷尬，傾向與母親進行「愛的分工」。母親也會協助進行轉譯的工作，比方告訴孩子：「爸爸很愛你，可是他說不出來」，或是「爸爸忙著工作沒辦法陪你，他努力工作賺錢給你，就是愛你的表現」。

儘管當今的婚姻多屬於「同儕婚姻」，也就是雙方的教育、階級背景相近。父母雙方可能因為原生家庭階級背景的差異，衍生對金錢花費、教育投資等不同的價值與習性。[45]此外，對於花費時間學習新興教養觀念、崇尚另類教育的母親來說，以職場為重的丈夫未必能分享同樣的價值，或是配合進行家庭生活的改變，甚至成為教養實作上的「豬隊友」，干擾、破壞母親對於孩子的教育安排與生活管理。接下來三章的內容會更仔細地探討性別分工上的教養矛盾。

教育理念的落差更明顯地出現在不同世代之間。即便當代中產階級普遍認為與上一代的教養理念存在世代的鴻溝，多數家庭仍然依賴住在一起或附近的祖父母提供孩童照顧的協助。除了有全職家管的家庭，兒童照顧的外包或協作，其實是臺灣雙薪家庭生活的常態。尤其是學齡前的幼童，除了仰賴保母及托兒機構，有更多的家庭仰賴延展家庭成員，尤其是祖母與外婆的照顧。根據主計處調查，零到二歲的兒童托育方式，目前仍有將近九成為家庭照顧，但其中母親親自照顧的比例，已經從一九八〇年的八成多，降到二〇一三年的五成，隨之上升的則是親屬照顧，從一成半提升到將近四成。如果把母親按教育程度區分，大學以上學歷的母親在外工作者多，依賴親屬照顧的比例更高（四五％）。[46]在以下幾章中，我們將會看到，當世代斷裂的親職敘事遇上代間協作教養的現實，在日常家庭生活容易促發代間的緊張或衝突。

制度矛盾：職場與學校

中產階級父母面對更大的挑戰，來自家庭生活與制度環境的矛盾，尤其是職場與學校。首先，依循新興教養腳本的父母需要花費足夠的時間來與孩子溝通和陪伴，然而，臺灣的職場文化對家庭不夠友善、工作時數長，就業者平均每年工時超過兩千小時，比美國人、日本人一年多工作三百個小時，比德國人一年多工作七百小時。[47]即便是高薪的專業職場，在責任制的規範下也經常需要延長工時，安親班與才藝班成為忙碌父母外包照顧的常見安排。

我們在天龍國小進行研究時，耶誕節前夕，老師要求學生寫下他們的耶誕節願望，貼在教室外的公布欄上。許多願望很常見，例如「我希望快快長高」、「我想要好成績」、「我想要一支手機」，讓我驚訝的是，不少孩子寫著：「我希望爸爸可以早點回家」、「我想要爸爸回家吃晚餐」、「我希望爸爸媽媽不要過度操勞」、「希望爸媽工作可以少一點」、「我希望爸爸可以常常回臺灣（指父親在中國工作）」。幼小的孩子們也深刻感受到雙薪家庭或養家父職的無奈困境。

中產階級父母雖然在經濟資源上充裕，卻是時間的窮人。**時間資源的短缺**，限制了他們的注意力與自我控制[48]，導致與孩子互動時不免情緒失控。雖然受訪的中產階級家長多崇尚說理溝通，許多也標榜自己絕不體罰，但面對孩子的不聽話或不配合，在職場家庭兩頭燒的忙碌生活中容易失去耐心。天龍國小的老師在課堂上問小朋友：「被爸爸媽媽打過的請舉手？」全班的手都舉了起來。價值與實作的分歧（說一套、做一套），經常是家庭現實處境中的無奈結果，但也讓許多中產階級父母，對自己的情緒管理失靈深感挫折，自責為何無法晉身「淡定媽」的成功典範，只能含淚、帶氣，再三復習「戒吼」的教戰守則。

許多學校活動要求家長參與，甚至陪伴孩子上課或學才藝（有鋼琴班或英文班要求家長每次要陪同一起上課），這些期待都預設了家庭裡存在一個時間充裕而彈性的專職母親。職業婦女因而倍感壓力，當孩子出現課業落後或其他方面的問題，就算外界（老師、公婆）沒有依此歸因，母親自己也容易衍生「不適任母親」的自責：「有時候我會想如果我沒有上班，孩子的狀況會不會不一樣？是不是因為我的關係，讓他變成比較落後？」

其次，父母的教養風格經常跟教育體制或老師的做法有所衝突，因此造成親師衝突。「恐龍家長」或「怪獸家長」的說法被用來指稱過度保護孩子、無理干涉學校的家長，但親師之間的矛盾，也反應出父母與老師之間觀念的差異，以及傳統「尊師重道」與現代「家長參與」兩種價值模式間的衝突。高學歷的家長更容易質疑教師的專業，也有更多的文化與社會資本可以訴諸媒體爆料或公文投訴。

老師感到尤其為難之處在於，中產階級家長對於孩子的課業學習、行為管教經常懷抱相當不同的意見，因而難以拿捏共同的教學標準。比方說，在天龍國小，有的家長跟老師反映「教太少」、「太簡單」，批評浪費太多時間在排練運動會表演等課外活動。但也有家長認為學校「教太多」，不贊成背誦與抄寫（「我看了都煩！」），希望不要過早就給孩子過多的壓力，以免「他們做不到就會有挫折感」。甚至有家長認為「功課一點也不重要啊，玩比較重要」，不時請假帶孩子出國旅遊。對於老師的管教方式，有班上家長認為「小孩太混了，丟三落四，希望老師盯緊一點」，但也有媽媽抱怨老師讓學生自主管理的計點方式：「小朋友都亂管，管得太嚴，記來記去都沒有同理心啦。」

最後，父母也對採行西方理念引導下的教養方式的後果感到不確定，擔心與制度環境不相容。教改雖然放寬了進入高中、大學的門檻，但要擠進明星高中、頂尖大學的學業競爭依舊激烈。嚮往孩子自由發展、選擇另類教育的家長，仍不免感受到未來與體制教育接軌的焦慮。不論是臺灣的學校，或是多數的職場文化，仍延續群體主義的文化遺緒，偏重團體忠誠、服從權威等價值。儘管嚮往美式教養風格的父母，希望培養孩子積極爭取權益、自主發表意見等習性，由於私領域家庭與公領域制度之間無法「對齊」（alignment）[49]，也讓中產階級父母擔心自己的教養方式是否讓孩子將來成為老師、雇主眼中「麻煩」或「難搞」的學生、雇員。

中產階級教養的文化矛盾

中產階級的新興親職腳本，追求更多元的教養益品，包括孩子的全人發展與民主化的親密關係，但論述內部經常出現目標的矛盾與做法的不一致。想要與原生家庭傳統進行斷裂的父母們，也不時要對抗「長輩上身」的內在矛盾。這些文化腳本也預設照顧者有足夠的時間進行溝通互動，並有能力協助孩子設定目標、指認情緒。對於沒有時間或能力來「說理」、「交流」、「規劃」的家長，即便心嚮往之，卻力有未逮，或因為缺乏制度環境的配合，衍生家庭生活的困境與親師之間的衝突。

這些不同經驗面向的矛盾指向三個中產階級教養結構上的文化矛盾，讓達成理想親職變得更加困難或不可能。其一是**代間關係文化邏輯的矛盾**：一方面重視親密關係的民主化，標榜親子關係的平等、獨立（「你的孩子不是你的孩子」），另一方面，孝道傳統影響下的階層權威依然，孩子的未來仍被定位為父母的責任（「孩子的成功靠父母九九％的努力」）。其二是**教養目標的矛盾**：一方面持續用「工具理性」的指標衡量教養的成敗，也就是視教養為手段，旨在達成未來目標的最大功效，如孩子在學業與職場上的成就，另一方面，日益強調「價值理性」的益品，視親子情感、快樂童年本身為教養的目的。其三是**教養實作的矛盾**：教養變得愈來愈財務密集，需要養育者（尤其是父親）投入長期間的市場工作，同時，教養也變得愈來愈時間與勞動密集，期待照顧者（主要是母親）投入長時間的陪伴與教育。

身處於多重的教養文化矛盾，中產階級家長發展出不同的保安策略，來因應制度環境所提供的機會與限制，試圖化解「快樂童年」（情緒安全）與「永保安康」（經濟安全）之間的對立。以下三章，將討論中產階級家長不同的教育選擇，包括嚮往國際教育以培養下一代的全球競爭力，送讀公立學校、但積極組裝多元教養資源，以及選擇另類教育來規劃孩子的自然成長。我們也會看到，父母所崇尚的教養價值觀念與實際的教養實作，經常走向「弔詭的分叉路」[50]，也就是父母的教養實作往往產生了非預期的後果，與其相信的教養價值產生悖離。

第二章

留學與私校：為全球競爭鋪路

中正機場的迎機門打開，面貌清秀的年輕男子拖著行李箱，迎向等待接機的父母。他們的灰髮注記了年歲，但不減英俊文青（黑框眼鏡、小鬍子）、優雅名媛（中長捲髮、窄裙套裝）的氣質。全家坐上司機開的名牌車，兒子興奮地描述著海外留學的見聞，不時穿插了標準美式發音的英文單字，讓後座的父母欣慰地微笑點頭。返家路途經過了一所私立小學的美麗校園，畫面陸續切入兒子成長過程的回溯，包括在臺大念書的青春歲月、父子攜手登山的溫暖回憶。旁白是父親低沉而溫柔的聲音：「我對你的希望是：念臺大不要被當，找到自己的興趣最重要，現在哈佛畢業了，也不用賺大錢，有夢想最重要。」片尾是雄偉的建築，映上斗大的標題：「每一個爸爸的夢想，就是孩子的世界要比我大。」

臺北市一間私立小學附近推出新建案，聽說宣傳鎖定中上階級家長、房價也非常高貴[1]，基於研究上的好奇，我決定前去參觀預售屋。當我瞄到停車場並列的名牌房車，我下意識地拉緊運動外套，擔心自己穿得太過邋遢。打扮入時的售屋小姐請我先進入嶄新裝潢的放映廳，欣賞上述這支精心拍攝的廣告影片。螢幕上搭建的豪華樓宇，不只是價格高貴的房地產，更是父母對下一代幸福的夢想投射。購買「好學區」的房產消費，成為重要的親職工作。藉由細心規劃的居住與教育安排，父母期望「孩子的世界要比我大」：無論是成為跨國流動的世界公民，或是勇於逐夢的職涯人生。特別吸引我注意的是這部影片所傳遞的理想教養觀點：成功的目標不再單純用智育成績來評量，而是要追求個人興趣與夢想，儘管，就讀國內外名校仍被視為必經的管道。

「不要讓孩子輸在起跑點上」是坊間常聽到的說法，對於許多專業中產階級家長來說，當今的跑道已不限於國內競爭的尺度。全球化既為這些家庭帶來更寬闊的天空、更流動的資源與機會，也強化他們的焦慮與不安全感，因為「更大的世界」裡有更激烈的人才競爭與地位逐鹿。本章聚焦於社經地位較高的一群家長，他們基於個人的跨國流動經驗，積極投資教育來為孩子全球化的未來鋪路，但這些成本不菲的全球保安策略，也容易產生非預期的後果，讓父母更加焦慮與不安。

流動的父母、西化的教養

本章的家長是學者所謂的「跨國中產階級」(the transnational middle class)，跨國求學或工作的經驗幫助他們成就人力與文化資本，他們的職業生涯也多與資本主義的跨國生產網絡緊密扣連。全球化讓他們取得更多流動與發展的機會[2]，但他們通常是家族裡的「第一代留學生」，父母輩不僅沒有出國留學的經驗，也很少接受大學教育，多半靠著經營小生意、中小企業而累積財富，進而得以投資子女海外留學，返國後成為專業中產階級。這些受訪者經常使用「跨國流動」的親職敘事，來強調海外經驗如何讓他們視野大開、影響自己的為人父母之道，也因而期待下一代能享有比自己更為國際化的人生。

建築師Andrew的父親高中畢業、母親國中畢業，但透過家庭小企業的財富積累，Andrew得以在大學畢業後到美國念建築碩士。Andrew的太太也有類似的家庭背景與教育經驗。留學經驗讓他們看到臺灣教育的限制，進而選擇讓兩個女兒就讀一所標榜美式教育的私立小學，希望透過比較西化的教育方式培養孩子的自主思考與口才表達。Andrew這樣告訴我：

> 因為我們自己在美國讀了兩年研究所，你也曉得美國讀書不是給你一個課本，它給你一個書單而已，分組討論、上臺做presentation，雖然在臺灣的時候也要上臺做簡報，可是基本就是

讀書，分組討論幾乎是很少的。講難聽一點，我們就只是一個長得像人的鸚鵡而已嘛！對不對！因為你在學教科書，它說什麼你就講什麼，那根本就是在背答案。所以說，我在美國讀了書、上過課，覺得這樣子的方式非常好，與其將來讓她們讀大學進研究所才受這種訓練，從小做不是更好？為什麼在國外，他們讀書一般來講的話都不比我們好，為什麼這些人出了社會之後，表現都比我們好？因為社會是沒有標準答案的。

除了留學，海外工作也是一個提供專業中產階級對於教養進行反思的關鍵經驗。由於兩岸經貿近年來的快速擴張，受訪家庭中有不少父親，基於業務所需在兩岸頻繁移動，他們對臺灣經濟的相對停滯，以及臺灣年輕人將來需要跟充滿「狼性」的同輩中國人競爭尤其憂心。《商業周刊》採訪的一位臺商爸爸，因而幫孩子向學校請了十天假，透過「帶兒子遊中國」、「在上海感受全球化競爭」的旅程，藉此激勵孩子，讓他「自己找到了拚學業的動機」。[3] 全球化的未來不僅預示了日益激烈的跨國人才競爭，也因為產業市場的多變，造成競爭標準的高度不確定。有些父母相信，西化的教育、自由創意的發展，才是臺灣下一代能超過中國人才的優勢，Jessica引述經常往返兩岸的科技業主管先生的看法：

我老公有時候會跟我談這件事，他覺得臺灣的這一代競爭力相對比較弱，因為大陸現在的員工都比臺灣的員工更積極，更極力去爭取，可是他不太喜歡大陸的文化方式，然後他也覺得不用去focus說小孩一定要念什麼科系，他說他看到的是未來最棒的產業現在都還沒出現。他說你以前可以想像有google、有facebook這種東西嗎？那現在電子業也不像以前這麼好，不需要再叫小孩去念什麼double E（電子工程）啊什麼，就是你現在想的都不是之後的了，你可以想像現在醫學院最夯的是什麼整形美容跟牙醫嗎？他說你就是讓小孩去自由發展，就可以做到最好，我們一直是這麼想的。

此外，由於臺灣的產業密切鑲嵌在全球生產鏈之中，許多專業中產階級工作都涉及與跨國廠商或客戶的互動，在外商公司或是高科技產業任職的人，內部溝通也需要大量使用英文。這樣的工作經驗讓父母認知到英文做為全球語言的霸權地位，也希望孩子將來不要經歷自己曾有過的挫折。專業中產階級父母希望培養孩子的「國際競爭力」或「全球移動力」，不只是英文或其他外語能力，還包括對於西方文化方式與品味的瞭解，以及認同西方教育對於創意、自由、獨立思考的強調，如同一位母親所言：「我要他們學到的不只是語言，而是語言後面的文化。」

美國社會學家沙默斯・汗（Shamus Khan）描述當今美國私立學校重視培養的「菁英慣習」（elite habitus），關鍵在於對文化差異的「悠遊自在」（feeling at ease）。傳統的菁英教育是排他式的，只重視西方經典知識或小眾菁英文化的學習。當今的美國私校教育在標榜多元文化的氛圍下，轉而重視「雜食教養」，試圖讓來自富裕家庭的子女對非西方、非菁英的文化差異也能自在掌握，例如瞭解嘻哈文化、品味非西方菜餚、到第三世界當志工等。為了增加學生族群與階級背景的多元性，私立學校開始提供獎學金給少數族裔或低社經地位的孩子，即便這些「獎學金孩子」在學校經常感受到被邊緣化、格格不入。[4]

臺灣及其他亞洲國家的菁英家長與貴族學校也嚮往培養出孩子的「全球菁英慣習」（global elite habitus），也就是對跨國文化差異的「悠遊自在」。差別在於，這樣的「國際觀」或「全球移動」的想像往往有著特定方向，多指向學習西方上國的知識、生活方式、文化資本，很少關注非西方的文化差異。校方舉辦的獨特社團活動如騎馬、划獨木舟、玩風帆，暑期遊學的計畫不脫西歐、北美、澳洲。相對而言，地理距離較近、與臺灣社會有密切移居連帶的東南亞，其語言文化與生活方式鮮少被看重為值得深入學習的文化資源。換句話說，臺灣菁英家長嚮往培育「世界人」的視野與品味，以標榜與在地傳統模式的斷裂，也區隔自己不同於缺乏跨國經驗的中下層階級父母，但這樣的「世界觀」往往局限於西方的教養與教育典範，複製了地球村的權力階序，以及西方中心的偏誤認識論。

「全球教育軍備競賽」

以商業財經為主題的《商業周刊》，在二〇〇七年製作了名為「教育投資」的封面專題，用「全球軍備競賽」的戰事比喻來強調父母從全球尺度規劃「教育投資」的重要性與急迫性：「面對戰線延長，與面對來自全球競爭的戰場擴大……要規劃孩子的教育，必須『提高到戰略的層次來思考，要有謀略』。」[5]該刊的標的讀者是產業界的專業人員或管理階層，與本章所說的「跨國中產階級」有相當重疊，他們渴求的不僅是在全球市場中成功獲利的資訊與知識，同時也面臨在全球化時代為人父母的競爭焦慮。面對習於金融思考的刊物讀者，《商業周刊》使用投資、效益、報酬率等經濟學語彙來建議留意教育的時機、標的、成效評估：「投資孩子教育，就像投資基金一樣，要愈早愈好。」[6]

什麼樣的鉅觀環境轉變，讓跨國中產階級變得更加焦慮，需要為孩子的「教育投資」策略提前布局？其一是全球經濟、勞動市場的整合。臺灣資本外移到中國大陸與東南亞，擴大跨國生產鏈與銷售市場，都帶動了臺灣專業與管理階層勞動者的跨國流動，不論是常駐異地的外派，或「飛來飛去」的通勤式移動。近年來的全球金融風暴，以及臺灣在地經濟的成長停滯，不僅影響中低階層的就業機會，也撼動中產階級的經濟安全感。家長對下一代的未來感到焦慮，也渴望下一代能更成功地化身為「全球菁英」，以面對預期將會更加激烈的國際人才競爭。對這些中產階級父母來說，孩子的競爭力等同「全球移動力」，也就是「讓人能跨領域、跨地域發展的能力；在這個時代，你能橫向移動，才能向上移動」。[7]

其二是升學管道的改變。「多元入學」並沒有讓這些家長鬆口氣，反而感到「只有被迫將戰線拉長」。[8]十二年國教新制更強化了制度上的不確定與家長的焦慮，基於此，《商業周刊》在二〇一三年製作了「十二年國教攻略」，繪製「小一到大學通關路徑圖」，報導以圖示指出每個階段不同選擇的可能優劣勢與風險，並以QA方式解答家長對十二年國教可能會產生的主要疑惑。[9]提醒父母面對新的遊戲規則，需要投入的不（只）是經濟資本，還需要一定的文化知識與資訊，以配合調整教養的方式：

> 多元入學是資訊大戰，不是金錢大戰……用錢堆出來，同質性高還是被刷掉……「愈瞭解這個多元入學制度遊戲規則的家長，比不瞭解遊戲規則的家長，更容易讓小孩透過個人申請，進入好大學。」……已經有一群新父母看出制度的遊戲規則，對小孩的期待、教養方式正逐漸轉變。[10]

要在新的升學體制、國際化的競爭環境中出人頭地，孩子不只需要考試或證照認可的「顯性能力」，也要培養所謂「隱性能力」。《商業周刊》在報導裡指出「符合全球化之下競爭力的八大特質」，除了英語、第二外語、專業等三種「顯性能力」，還要培養五種「隱性能力」：文化包容力、溝通與合作（人際關係）、自信、資訊運用、學習力。下一代要成為「全球公民」，不只要會說英文，還要對外國文化敏感、增加思考彈性、聰明運用資訊科技、認同多元文化、融入不同社會環境，否則只能成為「看得懂英文的國際文盲」。[11]

中產父母依據其經濟、文化與社會資本的多寡，衍生不同的跨國教育策略，來進行所謂的「私人教改」，以超越本國教育體制的限制。[12] 美國學者艾利森．匹優（Allison Pugh）用「鋪路消費」（pathway consumption）的概念來描述父母透過教育機會與資源的消費，例如才藝班、搬到好學區，來為孩子的未來鋪路。[13] 專業中產階級父母，尤其是來自非世界核心的後進國家，會透過「全球鋪路消費」來替孩子累積經驗與能力，以因應孩子未來可能面對的國際競爭，而經濟與文化資本高低不同的父母，又會發展出不同方式的全球鋪路消費。以下我們看到三種不同的鋪路消費模式，其一是透過長期或短期的移民，其二是透過取得彈性公民身分，讓孩子在境內留學，其三是送讀標榜國際班或雙語教育的私立學校。

教育遷移：小留學生與跨國家庭

Melody的先生是外商公司主管，自己曾在銀行工作，生產後辭職在家。在老大小學六年級時，她用投資移民的管道帶兩個小孩到西雅圖念書。根據美國的ＥＢ５投資移民計畫，參與者投資美金五十萬後可以取得綠卡，兩年觀察期確認投資有效後，可以進入申請公民身分的程序。多數投資移民只有母親與小孩申請，父親因為稅務考量，不便取得美國公民，也需要留在母國打拚賺錢。Melody先生隻身在臺工作，只能成為「空中飛人」，兩三個月才赴美與家人團聚。因此，他們刻意選擇離臺灣較近的西岸定居，但避開了華人太多、課業競爭激烈的加州學校。

Melody跟先生是加拿大念碩士時結識戀愛，留學經驗影響他們對孩子的期待，希望透過不同的教育選擇，來彌補當年感到不足之處：「覺得我們跟美國人、加拿大人不一樣的地方，我們就會思考比較僵化一點，碰到權威的時候就有點退縮，我就不希望他們（孩子）這樣子，希望他們比較open一點，比較relax。」

除了西方教育風格的吸力，更重要的還是國內教育競爭的推力，讓他們決定「教育出走」，到美國尋求一個壓力較小的學習環境。Melody談起孩子在臺灣念私校時一個令她心酸的故事。念小學的女兒有次回來問她說：「媽媽，妳可不可以明天去買摩斯漢堡給我當早餐？」媽媽感到納悶，因為這個小孩平常不特別喜歡吃漢堡。女兒頭低低說：「因為我們老師說，他要請月考前三名的吃摩斯漢堡當早餐。」Melody心頭揪了起來，隨即抱著女兒說：「好，明天媽媽買摩斯給妳當早餐。」說到這件陳年舊事，她仍感到忿忿不平：「我好難過，我覺得老師這樣不應該，為什麼不請最有愛心的三個吃早餐、為什麼不請行為最勇敢的人、為什麼不請最孝順的人？」

在臺灣的主流教育體制裡，功課好壞是孩子學校表現的關鍵指標，也因而成為孩子成就感的主要來源，標榜「學習競爭」的私校尤其如此。這樣的壓力不只來自於老師個人，也往往源於學校為了招生，企圖滿足其他家長的期待。Melody回憶第一次參加家長會時，老師問說：「教育局是規定不可以公開排名，可是你們想不想知道你們的孩子在班上的什麼位置，想知道的舉手。」現場多數家長都舉手，沒有舉手的Melody苦笑說：「當時我就知道什麼叫作『大環境』。」她描述其他母親的「努力」給她帶來莫大壓力，更擔心自己不同於主流的教養觀，會造成孩子的課業相對落後與自信心危機：

> 很多媽媽都是一開學就把書店裡面，所有那些講義掃回家，譬如說數學五本，國語又另外五本……你如果不循著這個路走的孩子，你在班上成績就永遠在後面。這就是大環境箝制你，如果你是思考模式不一樣的家長，你的孩子當然成就感就很低……我的小孩功課上真的不太ＯＫ，因為我沒有像那樣去做啊，那孩子就非常辛苦啊。

金字塔頂端的家庭，或透過舉家移民的方式讓小孩到國外就學，或安排孩子單獨出國就讀費用甚高的私立寄宿學校，企圖提供孩子他們認為相對快樂的童年、比較理想的教育，以及更為流動的未來。學者王愛華用「彈性公民身分」(flexible citizenship)的概念，來描述財力豐厚的亞洲家長，藉由取得外國護照，來擴大孩子的教育資源與流動機會，這種「彈性資本積累」的策略，將父輩的經濟資本轉換為子代的文化資本，包括對於西方語言、生活方式、文化品味的熟悉與掌握。[14]有些母親帶著孩子移民北美，父親留在臺灣打拚賺錢，成為穿越太平洋的「空中飛人」，韓國社會稱這樣的家庭為「大雁家庭」或「野雁父親」。[15]

擔任大學教授、公立醫師的父母，或許沒有充分的經濟資本可以移民，但其專業身分可以取得一年或半年的出國研究機會，孩子同行遊學就能累積跨國文化資本。甚至也有一些專業身分的母親，以自己申請留學的方式來換取孩子在美國長期就學的機會。素芬的先生是臺灣執業的醫生，全家伴隨他到波士頓進修一年，當進修結束時，先生決定回去賺錢，素芬則為了當時十歲、三歲的孩子留下來。她放棄了在臺灣擔任兼課講師的工作，申請博士班，一念就是九年，直到老大升大學時才畢業。她的朋友裡，也不乏有母親暫時放棄臺灣的醫師工作，以申請就讀美國的社區大學，來取得孩子就學的身分。

《商業周刊》報導中稱這樣的短期移民是一種「文化投資」，可以換來無價的學習效果。受訪的大學教授母親吳毓瑩表示，雖然國外的房租、生活費高，但能「住最好的學區、念免費公立學校」、「換取高品質的義務教育，是非常值得的。」對孩子的影響不只是「打好英文底子」、「磨練適應環境的能力」，更重要的是，孩子對於外國環境感到熟悉與認同，「以後還要再回去」變成他們的願望，讓「他們的世界變大了」。[16]這些跟著專業父母移動在國外成長的經驗，幫助培植所謂

「第三種文化孩子」(third culture kids)的優勢，也就是成長過程中有機會暴露在不同於出生地、長期居住地的第三種語言文化環境。[17]

然而，教育移民也為這些母親帶來許多新的情緒不安全，不論基於文化拔根、種族歧視，或是親密關係的挑戰。Josephine是另一位透過投資移民帶孩子到美國念書的母親，從事律師的先生多年來仍留在臺灣工作。雖然Josephine大學讀的是英文系，沒有留學經驗的她到了美國還是感到手足無措。當初選校、買房都要依賴移民代辦提供資訊、打理各項事宜，孩子在美國的學習她也感覺完全幫不上忙。在臺灣是律師娘的她，也感到移民後的地位陡降。她笑笑說：「我一直嚮往出國，但到了美國就好像沉下去，看不到我了！」有限的英語能力、無形的種族藩籬都遏阻了她在美國的社交生活，只能待在小小的臺灣媽媽圈。她搬家時帶了滿皮箱的名牌衣服，到了打扮輕鬆隨意的美國郊區，她感覺都穿不上。最怕被誤認為是中國暴發戶的她，嘆了一口氣說：「反正妳在這怎麼穿名牌，人家還是覺得妳是亞洲人。」

為了教育逐美國而居的母親，必須獨力照顧孩子，不像在臺灣有更多親戚朋友的支持，其生活方式也可能顯得過渡與拼湊。素芬跟兩個孩子在一個好學區裡租貸一間兩房公寓，儘管租金不低，屋況卻相當簡樸。她自己睡在客廳，床墊鋪在地上。像許多年輕留學生的住宿一樣，公寓裡充滿了撿來的二手傢俱，加上下個月要搬回臺灣，屋裡推滿凌亂的紙箱。素芬不好意思地說：「因為不知道要待多久，都湊合著用就算了。」跟她一樣是醫生娘的臺灣朋友，正猶豫著是否要為了孩子留在美國，也感嘆在美國生活由奢入儉，不禁懷念起臺中家裡三層樓的大房子、設備完善的廚房、豪華的平臺鋼琴。她更擔心夫妻關係面臨挑戰，尤其是親密關係的疏遠。個性豪爽的素芬安慰朋友：「也好啦，我在這邊還可以少照顧一個人。」但她忍不住要加一句：「他如果有小三不要讓我知道，我很愛面子的，千萬不要讓別人告訴我。」

境內留學：彈性公民身分

由於教育移民要負擔夫妻或親子分離的代價，有愈來愈多的家庭選擇「境內留學」，透過在美國生產或投資移民的方式先讓孩子成為「外國人」，由於持外國護照便得以就讀臺灣的國際學校。有些家長從懷孕之際，就開始動員人脈與金脈，規劃為孩子取得「彈性公民身分」。

Jessica曾在美國念過兩年的會計碩士，哥哥也移民美國，她在懷孕六個月時，就飛到洛杉磯待產。由於美國公民身分採「屬地主義」，「到美國生孩子」可以讓新生兒取得美國護照，Jessica認為可以幫助孩子長大後「多一個機會」。兩個孩子目前就讀一所私立小學，每週兩天有英國籍家教來上課，除了練習英文對話，也用樂高玩具學習物理、數學、工程等科學概念。每年夏天，Jessica都帶著兩個小孩到加州參加夏令營。透過這些活動的綿密安排，她為孩子想像、鋪陳了一個國際化的未來：

> 我們兩個都希望他出國念大學，那其實我們現在沒有設限要去哪裡，因為我先生說其實去日本也不錯，新加坡也不錯。（藍：反正就是要國外就對了？）對，因為臺灣最好的叫臺大，臺大在世界排名也沒有很前面（笑），那不如香港中文大學還是新加坡大學。其實我們希望他是一個世界觀，因為現在的社會，或是以後你要找的工作，你不可能局限在臺灣，一定是很國際化的。也不是說一定啦，就是我們希望說比較這樣國際化的工作，他的人生會比較不一樣。

另外一種取得「彈性公民身分」的方式，是透過移民仲介購買小國護照，以取得在臺灣就讀國際學校的資格。David跟他的太太都是有美國法學學位的企業律師，如同許多在高科技產業或跨國公司工作的臺灣專業者，他們的工作經常需要用到英文與外國客戶溝通。目前在外商律師事務所工作的David解釋為什麼他要送女兒從小念全美語幼稚園：

> 因為你去走這條線（國際業務），你的語文馬上就碰到問題了，所以那是很痛苦的歷程，我剛進老外事務所的時候也是鴨子聽雷啊，不知在說什麼……我們臺灣人學英文學得再好，如

果你是長大再學都有一個問題，口音，口音是改不掉的，像我現在可以直接跟老外溝通，但其實人家還是聽得出來我不是native，那我就讓他去念其實是為了他的口音。

住在天母的David，將獨生女Monica送去全美語授課的幼稚園讀了兩年，這家幼稚園是臺北美國學校離職的員工所經營。為了準備未來接軌進入一所知名的私立小學，他們透過人際關係才卡位進附屬幼稚園念大班，但入學後卻不如他們的想像。其一，老師要求女兒背誦古文，爸爸說：「她很不習慣，她這輩子沒有背書的經驗」，其二，同學的英文程度很有限，讓爸媽決定「不能再念下去，否則前幾年的投資都付諸流水，那絕對會還回去的」。

David和媽媽打聽了臺北美國學校的狀況，發現排序複雜、管制嚴格，後來發現有個臺灣籍的幼稚園同學進入一家外僑學校就讀。這位父親告訴David：「很簡單啊，你去買個護照就可以了。」David投資臺幣一百二十萬，換得一家三口布吉納法索的護照。我問他去過這個國家沒有，他搖搖頭，輕鬆地笑著說：「他們（移民公司）只給我們看過一張照片，說是蓋到一半的商場，我們的錢就拿去蓋這個啊。後來也沒通知，就算有天收到通知，可能是告訴我們上個月被燒掉了。」持外國護照的女兒，註冊一家外僑學校就讀，學費一年近五十萬。班上同學有一半是孩子和父母都是臺灣裔的「純臺灣人」或「假外國人」，David笑笑說：「我猜布吉納法索應該是這家學校最大的國籍來源喔。」

David對於Monica感到驕傲，尤其是她典雅的英國口音以及對於歐洲文明與歷史的知識。去年他們全家去歐洲旅遊，女兒扮演他們博學的嚮導。坐在他的高樓層辦公室裡，看著窗外藍天裡聳立的一〇一大樓，David希望能為女兒準備好面對一個全球流動的未來：

> 我當然希望她變得跟人家不一樣，不一樣總是一個plus（加分），那語文是她一個differentiation（區隔）……我覺得將來的臺灣不會像是這樣的臺灣……不在臺灣自己玩的人永遠想得到下一步就是大陸啊，還可以講中文嘛。現在已經太少人覺得說，欸我應該去華爾街待個十年，或我到倫敦待個十年，我幾乎看不到這樣的年輕人，當然可能有我沒接觸到……很多人在講說什麼臺灣人力外流啊，我並不反對，你讓他去外面闖個十幾二十年，他終究會回來。所以我們的想法是讓他對這個土地有感情，可是你年輕的時候我給你一個語文能力，將來你要去哪裡混，沒關係，你就到哪裡工作，哪裡適合你你就去，我覺得以後世界是這個樣子。

不同於臺灣坊間對人才外流（brain drain）的可能感到憂心，David抱著樂觀的語氣描繪一個人才迴流（brain circulation）的未來。[18]在現今充滿不確定性與不安全的時代裡，他也認為不論是公領域（職業生涯）或私領域（人際關係）的發展都勢必變得愈來愈彈性。[19]然而，David也擔心這樣的教育安排，雖然可以幫助女兒取得跨國流動的能力，也將會讓女兒流失其他穩定的根基，例如在地人脈、中文語言，以及族群認同。兩相權衡下，一向說話充滿自信的他，也對女兒的未來感到不確定：「我跟（小孩的）媽媽有討論過，到底念外僑的學校跟念local（本地）的學校，將來哪個比較有發展？很難講。那些考十二年國教可憐的學生，將來是不是會比我女兒有出息，真的很難講。」真正讓他下定決定的，還是因為這條路可以保障女兒一個相對快樂的現在：「將來怎麼樣不是你走哪條路就能決定的，既然我們沒辦法決定，那我至少讓她快樂十幾年吧。」

選擇私校：鋪路消費與避險策略

另外一條「境內留學」的管道，則是就讀私立學校的國際班或雙語班。二〇〇六年後，以國外升學為目標的國際班紛紛成立，強調全美語教學、美式教學作風，學雜費約是私校普通班的兩倍。[20] 這些國際班透過與國外高中合作的方式，或申請國際學校認證[21]，希望藉由跨國課程銜接或學歷認證，幫助學生申請國外大學。公立明星高中也有不少資優生同時準備國外的申請，加上國外大學近來積極招生，臺灣高中應屆畢業生出國念大學的人數在近幾年來有明顯增加，二〇一七年後每年出國念大學的人數已超過一千五百人。[22]

雖然念私立小學的學生，在全國的比例不到三％，在平均所得最高的臺北市，比例則顯著提升，一百個學生中有八位以上就讀私校。[23]私校做為一種「鋪路消費」，在某個程度上象徵了家庭的社經地位，一位父親形容這樣的教育選擇有些虛榮的成分：「既然我能力許可，讓他們去念好的學校有什麼不對？」私立小學的學費不等，以臺北地區來說，一學期在六萬到十萬間最多，標榜英語授課或國際課程則可能高達二十萬。[24]家長願意投入較高成本就讀私立小學，希望孩子得到的益品是什麼？家長看待私小與公校的主要差異在哪裡？

首先，私小被認為提供了較豐富多元、國際化的教育資源。雖然私立小學的辦學風格存在內部差異，有的標榜美式教學，有的延續辦學傳統，但皆強調菁英課程、外語加強與多樣化學習。由於上課時數較長，私校除了加強智育、英文的學習，也安排了各式各樣的社團活動，並鼓勵孩子參加校內外的才藝競賽。一位母親描述她選擇私校，為了因應升學制度的改變：

> 你將來要申請學校啊，現在的免試入學不是什麼都要嗎？它要看你的各種證書啊，有沒有比賽啊，什麼全國賽啊什麼賽啊，不是都這個為主嗎？十二年國教不就是這樣嗎？（私立）學校會非常積極地要求你去比賽，它會辦各種比賽，他們甚至還會出新聞稿，如果你很棒的話……學校就是製造一個環境讓你知道很緊張（笑），爸媽就會知道說喔這些事情是學校重視的，就會努力去做。

由於私校會積極規劃孩子的課後學習，家長可退居配合的角色，這是有些職業婦女母親選擇私校的原因之一。本身學歷有限、做生意致富的家長，也願意投入較高的經濟資本讓孩子就讀私立學校，可以補足他們文化資本的局限。但來自學校的要求或家長之間的比較，也可能帶給母親或是這些向上流動的家長很大的壓力。[25]

其次，許多家長認為私校是風險比較小的安排。有些認為十二年國教等新制仍在實驗階段，不確定性相當高，相對而言，私校可以提供直升中學的機會、降低升學過程的風險。有些父母認為私校「老師比較嚴格、功課比較多」，可以減少孩子「變壞」、「學得不夠」的風險，希望「能夠讓他比較discipline、秩序會好一點、比較有規矩」，或是避免被同學霸凌的風險。一位母親轉述：

他（爸爸）要一個私立學校，也希望他的女兒可以安全一點。說什麼霸凌啊，女孩子嘛，爸爸的想法是盡量保護她，希望私立學校是不是老師security這方面會做得比較好，小孩管得比較好這樣，不會有些……比較你沒辦法預期的，像被欺負啦這種事情。

相對而言，公立學校的學生被認為比較「參差不齊」、「有點亂」，雖然父母多用婉轉的話語表達，主要指的還是家庭背景、社經地位的異質性。一位父親在訪談中，略帶猶豫地說出心中的考量：「會覺得說可能公立學校的老師，比較沒有那麼嚴格，可能比較容易會怕說……（停頓幾秒），可以老實講的話，比較怕有bad influence啦，附近有很多市場攤販的孩子。」

對這些父母來說，階級異質性不是值得接觸的文化多樣性，而是最好迴避的不確定與風險來源。學生同質性高的私校環境，被父母認為可以提供孩子保護的屏障，但這不意味著圍牆內沒有階級秀異的競逐。一位爸爸就無奈地說，女兒在班親會後跟他說：「去我們學校就可以看到全世界各種名牌跑車，什麼藍寶堅尼、法拉利啦。」中產階級受薪家庭的孩子，目睹上層富裕家庭同學的消費能力與家庭空間，也經常生出差別心，不時抱怨父母財力不夠雄厚：「我們家好小喔，可以換大一點的房子嗎？」、「為什麼他們都一天到晚出國玩，我們都沒有？」

另一個私小家長更常面對的矛盾是，父母既希望孩子擁有「快樂童年」，但又期待私小環境可以培養孩子「競爭卓越」。一位母親無奈地描述自己難以兼顧的多重希望：

當然我們也希望你功課好，這是一個父母的期望，但是我們也希望你輕鬆快樂學習，不要有壓力。【藍：可是這兩個很難兼顧啊（笑）？】對（笑），不要有這麼大的壓力，但有點壓力是一定要有的。你看他成績爛，你真的是看不下去，希望他好，可是又不想把他逼到那麼緊，又希望他能快快樂樂，譬如假日我們多出去走走，可是明明功課很多啊，你又希望他趕快做好。

菁英家長選擇私校、國際班，甚至外僑學校的教育安排，希望為孩子全球化的未來鋪路。雖然他們沒有選擇移民，這樣的「保安策略」，同樣地經常產生非預期的後果。以下三節將描述這些在臺灣就讀私校的家庭所面對的困境，包括讓孩子陷入文化秀異的排序競逐，讓肩負成敗重擔的母親感到彷徨，讓不少想要陪伴孩子的父親卻不得不離家工作。

文化資本的秀異競逐

四十多歲的李醫師和太太育有兩個女兒，就讀臺北市知名的私立貴族小學。李太太笑稱自己是學校裡有名的「虎媽」，學音樂的她對女兒的要求不只是功課，也對鋼琴的規律練習非常重視。從小在臺北市區長大的李太太，父母都是小學老師，幼時跟隨當時中產階級的新潮流，雜七雜八地學了鋼琴、芭蕾、珠算。雖然父母沒有特意安排，她在老師建議下考上了公立高中音樂班，一路念到音樂碩士。她描述自己「玩出來」的出師過程：「像我那樣也沒拜名師，也不是很聽話地在學，反正我就彈些亂七八糟的東西，就是玩出來的。」

李太太婚後兼職教音樂，花多數時間陪伴兩個女兒的學習。雖然她用輕鬆的語氣描述自己過往「玩音樂」的學習歷程，談到女兒練琴，她就眉頭皺起，因為這件事經常點燃母女之間的衝突。面對私小繁重的功課，李太太覺得這樣的時間控管、進度控制，是當今臺灣家庭無可奈何的生活節奏：

因為我覺得在臺灣現在這個環境下，這是唯一的方法。如果我今天在美國，我可以慢慢地等，因為時間很多，我不用還要再去做什麼什麼，學校功課也不是很多嘛，我就慢慢地等（小孩練琴）。臺灣的小孩相對功課比較多，我們的時間其實比較緊，我們上課的時間到四點嘛，美國很早就放學啦，假日也都真的是weekend啊，你可以慢慢享受你的時間，你可以慢慢地去感受一些東西，你的父母或你的老師可以跟你用談話的方式讓你進去（音樂）更多。可是在臺灣，老師沒時間跟你談話，父母沒時間跟你談話，我們四點下課，還要坐四十分鐘的車才回得到家，回到家累死了休息一下，等下還會有功課，所以一個小時的練習時間，我就必須這樣盯……妳必須要有什麼樣的進度，這個進度妳必須要做完。因為她也有很多的事情要做，私立學校，對啊。那（練琴）時間真的是擠出來，當有時間上的壓力的時候，我就會變得很焦慮，很暴躁，容易發脾氣。

事實上，美國中產階級家庭的生活並不如李太太想像地輕鬆愜意。我的另一本書《養育全球家庭：臺灣與美國的教養、移民與階級》便描繪了來自臺灣與中國的移民家長，面對菁英大學入學的激烈競爭，尤其感受到對於亞洲學生可能存在配額等制度上的不利，更加強調孩子勤奮、規訓的必要性，認為白人家庭的愛的教育是一種少數族裔無法負擔的種族特權。他們也不時用母國中產階級家庭做為參照組，強調亞洲繁重的課業壓力來激勵自己的孩子：「你知道中國的小孩在這個年紀，他們已經學了多難的數學嗎？」[26]

李醫師與太太來自不同的成長環境，也衍生他們不同的教養偏好。李醫師的爸爸從小在南部小鎮長大，母親對獨子極為保護，連騎腳踏車也不敢讓他嘗試，只要他專心課業。他為人父後，便希望與原生家庭的教養方式進行斷裂，傾向順其自然長大，讓孩子獨立摸索。他覺得媽媽對女兒的要求太過嚴厲：「我有時候看她在盯我女兒練琴，幾度都快翻臉了，幹嘛呢，不喜歡就不要練，我覺得好像隨便也會長大，對小孩的教育，我其實是沒什麼太多意見。」但媽媽在旁忍不住插話：「因為都是我在幫你管啊。」

在許多中產階級家庭裡，父母間教養風格的差異，相當程度反映出照顧工作的性別分工：父親的「自由放任」，往往是建立在母親的「規劃培養」基礎上。肩負主要照顧責任的李太太，面對快樂童年與學習壓力之間的教養目標衝突，採取「有成就感才會快樂」的折衷態度：

我會很想要讓他們經歷我小時候經歷過，愉快的那個經驗。因為我小時候也是參加很多比賽，就像我女兒現在參加的那些比賽，所以我也知道那樣的感覺，所以她現在走這條路的時候，我也可以陪她一起做……

在時間緊縮的條件下，規劃培養的教養方式也強化代間關係的文化矛盾——既要促進親子關係的民主化與情感連帶，又要鞏固家長權威以利執行學習安排。雖然有「虎媽」嚴厲的一面，李太太也致力與女兒談心、說愛，相對於醫務忙碌的父親，母親透過大量時間的陪伴來「補償」：「因為我跟小孩子相處的時間很長，我不用工作，所以她們可以看到我很嚴格、很兇的那面，但是也看到我對她們很好的那一面……我說妳在碰到任何的挫折，妳打電話給我，有需要我會去學校，就算看一眼、跟她抱一下，都好。」

由於女兒的學業、音樂表現都很傑出，私立小學的學習壓力其實沒有造成李家父母太大的負擔。讓他們困擾的反而是私小家長間階級排序的幽微競爭。在公立醫院工作的爸爸苦笑著說：「醫師是學校家長裡面（經濟地位）最low最low（低）的。」女兒參加同學在五星級飯店的生日宴會，帶回的伴手禮是手工客製、有國外授權證書的泰迪熊，讓他們慶幸女兒的生日在暑假期間，不需邀請同學慶祝。小學時，就有同學嘲笑李家女兒不認得眾多名牌的英文，有同學的午餐便當每天都從日本料理店新鮮配送，這樣的同儕比較、排擠，甚至霸凌所造成的身心壓力，讓女兒一度在上課時會肚子痛。

李醫師曾赴歐洲留學，他描述全家在歐洲生活的那幾年讓他們眼界大開，雖然沒有財力經常舉家回訪，但他們努力在家庭生活中持續注入歐洲文化的影響，試著「用這樣的態度過生活」。李太太認為，歐洲文化培養的人文素養，更甚於美國文化，他們的歐洲經驗與文化熟悉度，讓女兒有別於其他的私小同學：

她上網通通都是看英文的影片、英文的書，然後她甚至還會法文、德文……我覺得有沒有回去（歐洲），當然那會有影響，但是很重要的事情是，你有沒有在用這樣的態度過生活，我覺得是比較重要。譬如說讓她多接觸歐洲的文化啊，常跟她談、讓她看那樣的書啊……再來就是，她從小聽很多歐洲的音樂，用德文唱的、用法文唱的、用義大利文唱的。美國的文化，我覺得……嗯，不用全部，聽一部分就好了，它畢竟很欠缺某些元素在裡面。對我們來講，我覺得歐洲經驗是有加分的作用，因為我的很多價值觀不會跟著美國走，我覺得歐洲是比較人本的啦。學校很多家長都有美國經驗，可是他們幾乎沒有歐洲經驗，他們可以說很漂亮的美語，但是他們對其他的語言就不行。所以在這個地方我覺得我們的自信是建立在那兒，我不用跟著你走，我看到很多美國文化之外的，我覺得對我的孩子也很有幫助，在這個部分小孩子的信心也會建立起來。

面對經濟資本雄厚的上層階級，專業中產階級的教養方式做為一種階級劃界策略，只能標榜文化資本的優勢，或是進行更為細緻的秀異區分（歐洲高於美國）。該所私校的暑假作業要求孩子製作出國旅遊活動的海報，同學往往飛去紐約、巴黎，甚至有人搭遊輪環遊世界。李家只能標榜他們都是自助旅行、「從來不跟團」，旅行方式是「享受當地的生活，去超級市場買東西，跟當地人做交流」。家長訓練女兒事前上網找旅遊資訊、建立「尋找的樂趣」，在旅遊地鍛鍊孩子的語言能力、嘗試異文化的探索，希望藉此培養出以「文化自信」，而非財富優勢，來進行全球流動的下一代中產階級。

進退維谷的母職處境

四十出頭的秀真和先生是大學同學，雖然兩人學業成績接近，家庭背景卻殊異。秀真父母小學畢業、務農，從小不過問五個孩子的課業，聯絡簿、成績單都是小孩自己拿印章來蓋。秀真的公婆則畢業自臺灣頂尖大學，分別在小學、高中任教，從小提點孩子成績、安排各項才藝學習。秀真笑說：「結果還不是跟我考上一樣的私立大學！」但是，秀真誇讚先生的「文化素養確實比較好」，家庭旅遊時去澳洲音樂廳，她鴨子聽雷、如坐針氈，但先生專心聆聽、還能評論好壞，因此，秀真從幼稚園時開始就安排孩子學樂器，希望能夠培養「一個音樂的耳朵」。秀真也提到另一個夫妻間的差別：「我長大以後比他快樂很多。」我問：「那現在養孩子不是應該多用一點妳家裡的方式？」她點頭，又隨即搖頭：

> 對，可是我後來發現我家裡的方式，現在這個時代並不適用啊。因為這個時代已經不是以前

的，你的機會不見了，就像王永慶不讀書，現在已經沒有機會了，因為時代在變。所以我後來想想，這個時代應該是讀私立小學的時代了……如果用我爸媽的方式，不可能念到這麼好的（學校），你知道現在有多少東西是錢累積出來的？十二年國教不是有九大類三大重點嗎？我先生如果現在跟我擺在一起，他就會得到叮咚叮咚（得分）這樣。我在田裡面，我什麼都沒有。

體認到「時代的不同」，尤其是升學遊戲規則的改變，秀真決定送兩個女兒就讀私立小學。她經常陷入這樣的兩難：一方面，她強調自己「唯一的志向」就是「讓我們家小孩做幸福的小孩」，所以課後盡量不安排補習，另一方面，她又經常感受到來自學校以及母親同儕的壓力，必須安排孩子參加各式競賽、檢定，她皺著眉頭說：「學校一學期發一個單子給你，你的獎狀請交上來，要影本、有認證，有參加什麼比賽嗎？」、「我都被其他媽媽罵。就說要努力地去補各種的習啊。」面對工具理性與價值理性等教養目標的衝突，她採取以下折衷態度：「優秀」是達到「幸福」的必要前提，除非有「出走」的條件，家長有責任導引孩子順應社會規則，不論合理程度：

我後來發現幸福還是在於你必須要優秀，不是說到很優秀，不是說到第一名喔，我是說要過不錯的人生，我還是覺得功課好很重要，除非我把她們帶出國【藍：帶出國功課就不用好啊？】嗯……可以不用耶，因為世界好大，你就活在你那個地方就好了。可是我不喜歡國外，我喜歡臺灣，我這輩子就是要住在臺灣，也希望小孩子以後住在臺灣。你既然要在這邊過日子，你還是要順著這個社會走，雖然不合理，但大家都在這裡，你還是要順著它的路去走。

秀真大學畢業後當過國際航班的空服員，也曾到英國短期進修，這些國外經歷讓她想像一個自由的廣闊世界，但她仍強調孩子要遵從臺灣的社會常規。她告訴現在念小學六年級的老大，將中學階段看成人生暫時失去自由的過渡階段，此時的「沒有選擇」可以幫助她在未來職涯上享有較多的選擇，才能贏得真正的「自由」：

我跟她們說：國中妳就是拚命地讀三年，這一輩子都會因為這三年而有所改變，所以我現在就慢慢跟她們說，國中三年不要跟我講什麼自由不自由，妳就是放棄妳這三年的人生……所謂的自由是我可以選擇工作的話，我就有自由，可是今天如果我只有一條路，我只能開計程車，那就比較沒有自由和快樂。所以我希望妳以後比較有餘裕去「選擇」而不是「被選擇」過妳的人生。

秀真目前是一家美容產業的經理，由於先生工作繁忙，家庭晚餐「一直都只是我跟兩個孩子」。秀真一度向公司提出辭職，希望能有更多時間陪伴孩子，由於老闆非常器重她，通融讓她提早下班，暑假甚至允許她在家工作。秀真認為當今的孩子面對時間緊湊的童年，母親的陪伴更為重要：

> 我覺得如果你花時間跟你的小孩在一起，你就會知道什麼事情他會開心，什麼事情他會不喜歡，或是你們可以一起做共同的事情……當初我小時候的記憶是我放學我一定要看到我媽媽，這個記憶對我來說是重要的，就是這個社會再辛苦或再不好的事情，只要你是一個幸福有安全感的人，你就可以安然度過這個難關。我覺得我的安全感是來自於媽媽有在旁邊，雖然她沒有做任何事情。所以我現在就是希望小孩放學會看到我。

秀真認為孩子的快樂與安全感，關鍵在於母親的陪伴，透過在家庭小窩打造快樂童年，她希望藉此對抗日益混亂、艱困的外在世界。換言之，家長對於公領域競爭日益殘酷的想像，往往伴隨著對私領域家庭生活的浪漫化，同時增強母職的道德使命。她希望延續母親當年的家庭主婦角色，讓孩子「放學可以看到她」，但不同於昔日母親「沒有做任何事情」，當今的母親必須肩負更多難以兼顧的責任，除了分攤養家責任，又要投入時間進行日常陪伴。當代的「密集母職」呈現公私領域間的文化矛盾，職場與家庭這兩個「貪婪機構」都要求女性要全心投入，讓母親陷入進退維谷的處境。[27]再者，教育母職的角色也進一步強化公私領域的文化矛盾，母親既要細心營造親子連帶、保護孩子柔軟內心的情緒安全，又要規劃孩子的多元學習、甚至扮演嚴厲的虎媽角色，好為他們打造迎接未來戰場的盔甲。

「海馬爸爸」或「空中飛人」？

《親子天下》的臉書粉絲網頁刊登了一篇名為「海馬爸爸」的報導，這個詞借用公海馬撫育海馬寶寶的習性，描述一位主管級的父親，支持身為高階經理人的太太工作，自己幾度停職、辭職照顧孩子。雖然有網友表達支持或羨慕，但也有許多留言尖銳地批評該文有性別的偏見，或無視階級不平等，尤其是物質栽培與精神陪伴間的衝突：

「男人這樣就稀奇，女人這樣就應該？」

「講的這些都是有錢人的例子！很多普通父母親也想多花時間陪小孩成長啊！但沒有雙薪……怎麼存活？」

「有多少人想暫停事業陪小朋友成長，但陪了小朋友成長可能暫停小朋友的物質栽培！屁文！」

在我的研究中，確實有些中產階級父親積極地投入孩子的教養與學習，雖不是全職的「海馬爸爸」，也算所謂的「新好男人」。相對於勞工階級父親，中產階級男性的工作具有較大的時間彈性（如休假較多或非固定工時），容許打破傳統的性別化照顧分工。[28]

然而，當父親就任的事業、生產鏈或市場變得跨越多重國度，專業職涯與家庭生活愈難以兼顧，兩種不同的陽剛氣質也容易衍生衝突，一方面，中產階級男性的公領域角色日益建立在「空中飛人」或「世界人陽剛氣質」（cosmopolitan masculinity）[29]之上，頻繁出差、甚至駐派外地，被認為是擴展事業與視野的必要之途；另一方面，他們被配偶期望、或自許扮演的父職角色，與上一個世代的「養家嚴父」有所斷裂，需要與孩子實質的相處與陪伴。一位父親描述他為了陪伴女兒，放棄工作上一個重要的機會：

公司叫我去管一個事業區，在深圳，我老婆說沒關係，你就去三個星期、回來一個星期啊，我知道後來會變成三個月、回來一個星期。我覺得我人生沒有必要這樣子，我願意拚事業，可是我的想法是說，我女兒接下來就是要出國（念高中），她可能在臺灣、在我身邊就是這五六年的時間，那我不要放棄這經驗。如果我現在在大陸，兩個月看到她一次，我覺得我會後悔一輩子。

許多父親面臨類似的抉擇，該為事業而遠征，還是因家庭而留下，但不是每個人都有選擇的機會。天龍國小有位父親在傳統產業擔任小主管，就因為不願意被調派到中國工廠而遭資遣，由於他的年紀已近五十，很難再找到理想的工作，只能改開計程車。為了負擔中產階級孩子的高額教育花費，尤其是準備國際學校、私立學校，乃至出國留學的經費，父親需要投入更多的精力與時間來克盡「養家」父職，包括較為高薪的派駐海外工作。家庭生活的時間與空間的界線都受到職場力量的入侵：不僅跨國資本迫使父親離家工作，勞動的彈性化與電子科技（網路、手機）等媒介也導致工作時間的無形延長。一位父親描述他連洗澡的時候，手機都還要放在旁邊，深怕漏接重要的電話。

跨國父職（transnational fatherhood）成為許多臺灣中產階級家庭的日常生活。離家工作的母親，往往負擔「拋夫棄子」的責難，需要透過更多努力來遂行跨國母職[30]；相對之下，父親的跨國工作並未挑戰傳統家庭的性別分工。如一位丈夫是派駐中國的工程師的受訪媽媽所言：「他到大陸去其實對孩子的影響不大，反正他沒去大陸，小孩的事九五%都是我。」但也有一些父親，努力透過科技的媒介，來兼顧「養家」與「陪伴」的父職角色。

小易父親在中國大陸的臺商企業擔任管理幹部，大約一個月回臺灣一次。他無奈地說：「我對孩子生活的瞭解非常有限，只能靠小孩子口述，只能稍微想像一下。」他提到當時念幼稚園的孩子曾這樣跟他說：「爸爸你為什麼一定要上這個班？我們可以賣紅豆湯就好了？」他嘆口氣說：「聽到心很酸啊，小孩子要的很簡單，希望你跟他在一起，多陪他，唉，我連這個都做不到。」

他每天藉著網路視訊、電話與簡訊在孩子生活中維持虛擬的現身。在小易四歲時，為了「給孩子一點幻想」，爸爸會在電話裡假裝自己是兒子最愛的日本卡通人物「鹹蛋超人」。現在，他每天上午起床、晚上睡覺前會用簡訊跟兩個兒子問好：「早點睡晚安，大家加油，爸爸要上班」、「要出門上學喔，小朋友們早」、「明天不要叫不起來，起床之後跟爸爸用簡訊說早安，這樣我就知道你是否賴床。」

有些父親比較拙於言辭，則透過視訊進行單純的陪伴，或是看著孩子寫功課。帶著兩個孩子在美國念書的Melody，與先生每天用手機視訊聯絡，儘管兩地有時差，雙方也不見得聊天，但藉此維持生活的同步、虛擬的共處，Melody這樣描述：「他早上起來七點，我這邊三點嘛，我常常在街上接他的face time，有時不講話擺著，他在那裡看報紙，我在外面買菜、或我在家裡做菜啊，那也好啊。盡量爭取這種時間啦。就開著，就好像還在一起。現在就是除了摸不到以外，那其他都還是可以在一起這樣。」

全球鋪路消費的不安全後果

本章的中上階級父母是全球化的得利組，他們透過跨國遷移進行求學、工作、經商，不僅取得學歷、外語等跨國文化資本，也將這些文化資本轉化為職涯發展與財富積累。儘管享有經濟上的安逸，這些父母在養育子女時所感受的情緒不安全經常更甚於其他家庭。一方面，他們的階級經驗與位置，讓他們對全球化的人才競爭有親身接觸，因此擔憂下一代是否能繼續保有經濟安全。另一方面，他們的不安全感來自內在；失落童年的經驗，讓他們對本地的體制教育失去信心，傾向投入更多的經濟資本，來追求他們想像中更能保有快樂童年，且兼具競爭優勢的西方教育。

透過留學或私校做為保安策略，也可能為這些家庭帶來非預期的不安全後果。當他們追求跨國菁英生活方式的品味與自在感，往往不自覺地鞏固了西方霸權，在留學的經驗中難以逃脫種族歧視，同時也可能流失與母國文化或社會關係的連結。當就讀私校的孩子被富裕家庭所環繞，經濟資本不夠雄厚的專業中產階級父母，面臨如何躋身上流社會的焦慮，或被迫進行更為細緻的文化秀異區分。

國際教育的保安策略凸顯了教養實作的文化矛盾——要求父母投入大量金錢成本，又需要密集情緒勞動——結果往往強化了教養的性別分工。一方面，「教育母職」的使命讓母親進退維谷，她們既要細心營造親子連帶、保護孩子的快樂童年，又要規劃多元學習，好替孩子準備迎向未來世界的殘酷競爭。另一方面，為了提供培育孩子全球競爭力的經濟資本，父親必須投入更多時間賺錢養家，反而導致「陪伴」的父職角色的時間擠壓，甚至是空間分離。

第三章

公立學校：協作組裝教養資源

天龍國小舉辦班親會的傍晚，人聲沸騰的校門口站滿了宣傳人員。他們恭敬鞠躬、懇切微笑，發送傳單給剛從公司趕來、行色匆忙的家長，也不忘贈送免費的益智玩具、文具給隨行的孩子。這些人來自附近的補習班、安親班、才藝班，提供的課程除了英文、數學、科學、作文等學科補習，還有音樂、繪畫、舞蹈（肢體律動）、圍棋、游泳等才藝或運動課程。這些機構的名稱通常聽起來像英文翻譯，比方說「波士頓美語」、「安娜貝兒才藝班」，或讓你聯想到知名的西方學術機構，如「小哈佛」、「牛津數學」、「茱莉亞藝術學校」。許多課程標榜菁英學習，如提供給小五、小六生的「醫學預科」生物課程，甚至有幼稚園小朋友參加的「國際數學檢定」。許多廣告傳單引用坊間常聽到的「別讓你的孩子輸在起跑點上」，也有人加碼「我們保證讓你的孩子一路領先」。

為了滿足家長對於「快樂童年」與「國際競爭力」的矛盾需求，這些廣告也不忘在文中點綴「樂趣」、「玩」、「啟發」、「創造力」等字眼。

送孩子出國念書或「境內留學」的家長，限於少數財力充足的中上階級家長。絕大多數的中產父母仍選擇公立學校與體制教育，並積極透過消費市場所提供的課後活動、輔助學習，來為孩子安排更豐富與多元的學習經驗。選擇公立學校的家庭，不用像上一章的家庭負擔高額的教育成本，但家長（主要是母親）需投入大量時間與心力，來規劃學校、安親班、才藝班等不同學習場域的協作，我稱之為「協作勞動」。[1] 不像私立學校或國際學校提供套裝的多元學習，公立學校家長需要自行規劃、組裝資源，來達成全人學習的教養目標。

本章以位於臺北市中心天龍國小（化名）的家長為研究對象，儘管均為中產階級背景，也選擇了公立體制教育，但由於他們不同的階級經驗與反思過程，偏好的教育與教養方式其實並不相同，也運用不同方式來組織課外活動與家庭生活。這些家長有意識地避免過於嚴格或競爭的私立學校，但在安排多元學習的協作勞動中，他們同樣面臨第一章所提到的教養文化矛盾：在教養目標上，如何在學歷、功課與快樂童年取得平衡？在代間關係上，如何兼顧孩子的自主與家長的權威？透過安排不同課外活動的優先順序、調整家庭生活的時間節奏，家長們試圖折衝不同的教養目標、協商親子關係。同時，做為主要教養者的母親，也必須跟其他照顧者進行協作，包括父親或祖父母，以化解彼此在教養理念上的差異。

天龍國小：學校文化的改變

天龍國小座落於臺北市的市中心，雖然它並不是擠破頭的雙語或滿額學校，但也是房仲業口中的明星學區。我們在學校的觀察可以輕易指認班上學生相對優渥的物質條件：教室後面的公布欄貼滿了學生作業，暑假遊記裡記載著許多出國的遊歷，並附上彩色列印照片，明顯可以看出家長協作的痕跡。孩子們的消費能力普遍不低，多數有可支配的零用金。男生玩的是正版的遊戲卡，女生穿的是有牌子的衣服，下課時分享許多進口零食，手中拿的是名牌智慧型手機。爸媽往往在icash卡裡儲值一、兩百塊，讓他們自行到超商買點心。放學途中弄髒了書包，他們輕鬆地說：「反正我書包也該換了。」

跟我們觀察的其他學校相比，天龍國小學生在口語表達的能力上明顯好很多，較習慣與成人互動。雖然只是小學二年級，他們對於學歷等文化資本的價值相當有概念，有人告訴我：「我媽媽是念北一女的，我將來也要念那裡。」老師也在我第一次參觀時告訴所有同學：「這位是臺灣大學的教授，你們知道臺大在哪裡嗎？」小朋友們紛紛點頭，老師勉勵地說：「你們將來也要去念臺大喔。」

相對於我一九八〇年代在臺北就讀的公立國小，以及本研究計畫中其他公立學校，天龍國小的環境確實有許多不同之處。首先，在多元學習的目標下，非學業性的社團活動琳琅滿目，包括：

小提琴、拼布、畫畫、跆拳道、鋼琴、籃球、游泳、桌球、弦樂團、直排輪、肚皮舞、武術、珠算等。晨光時間家長參與或協助安排的活動也比其他學校活潑許多，如兒童瑜珈、體適能韻律課。校外教學的次數與內容也明顯比其他學校豐富，由於家長有能力也願意支付較多的交通或門票費用，他們得以安排遊覽車，參訪路程較遠的博物館，或是門票超過五百元以上的職業體驗城。

其次，處罰方式相對於過去有明顯的不同。天龍國小的老師告訴我：「這區的小孩不能打啊不能打，如果能打的話，很多事情就不用這麼麻煩呢。」在中產階級家長的監看下，老師不敢使用體罰，處罰的方式都相當軟性，例如遲到的同學，罰帶糖果請班上同學吃。黑板上如果被記點，老師通常給予補正的機會：「誰把桌子收乾淨就可以擦掉」，或用較間接的方式提醒孩子的錯誤：「給你機會，你自己回去想一想。」罰寫考卷是老師最常使用的處罰方法，但也有家長在聯絡簿坦承：「小孩寫不完，所以家長幫忙抄寫，不好意思！」

第三，呼應主流文化腳本對正向教養、兒童自主權利的重視，天龍國小特別標榜民主、平等的價值，並透過「人人有獎」的方式鼓勵孩子。班長等職務不是用選舉的方式產生，而是讓小朋友志願擔任。「好兒童」雖然由全班普選，沒當選過的人會優先列為候選人。由於中產階級家長積極參與學校生活與孩子教育，老師也感受到壓力，傾向用較齊頭的方式分配獎賞。當家長詢問張貼在公布欄的作業，老師有點緊張地解釋：「這是輪流放的，不是特別好才放。」不僅處罰變得軟性，口頭與制度性的獎勵也變得更具體。老師透過獎勵卡、榮譽獎章來換取小禮物、小點心等方式來鼓勵同學表現。每當老師上課問問題時，小朋友們都瘋狂地舉起手來，後來我才知道為了鼓勵發言，老師規定一定要舉手，否則扣十分。發言的人可以替自己的小組加分，超過積分可以換榮譽獎章，十個獎章可以換禮物。

天龍國小讓我印象最深刻的是組織化、緊湊的時間感。在正式的上課鈴前，學校會先打一聲預備鈴（我們在新北市、宜蘭觀察的學校都沒有這樣的安排），還在盪鞦韆、玩球的孩子會整整衣服說：「我要預先回去教室了。」相對我們在其他學校觀察的同齡孩子，天龍國小的學生更加感受到學校與家庭生活中時間的壓力。我們常聽到稚齡孩子間出現這樣的對話：「我真的好忙喔！」、「我快累死了」、「我都沒有時間」、「趕快，我要來不及（去上安親班或才藝班）了！」矛盾的是，我們也最常聽到天龍國小的孩子抱怨「我好無聊」。因為生活中充滿了成人安排的組織性休閒與學習活動，讓他們感到「有趣」的門檻變得愈來愈高：因為已經玩過六福村、小人國、甚至迪士尼，校外教學去的兒童樂園讓他們覺得很無聊。課程內容，尤其是英文課，在安親班教的進度早就已經超前，上課變得很無趣，讓他們頻頻回頭看時鐘。

相對於其他學校，天龍國小的家長高度參與校園裡的各項活動，尤其是全職家管的母親。她們送孩子進班，蹲在地上一面催促孩子完成作業，一面餵著還沒吃完的早餐。她們擔任學校裡的各項志工，協助老師安排晨光活動、協助社團運作，檢查校園環境是否安全。老師這樣描述校外教學的景象：「我們二十個小朋友出去，十個家長來幫忙。」有一回我伴隨著班級去校外教學，隨行的媽媽都非常忙碌地拍照、專心地記錄博物館提供的資料，倒是旁邊的孩子好整以暇地放空，隨口問一句：「媽媽妳在忙什麼？」媽媽大抽一口氣說：「爸爸媽媽要幫你們做學習單啊！」

家長的高度參與，雖然在某些方面能為老師分擔工作，卻也可能強化了親師關係的潛在緊張關係。「家長都說什麼壞話，說我怎麼虐待他們喔？」天龍國小的導師半開玩笑地探詢家長在訪談時對她的意見。她在私下訪談中，批評家長抱著「消費者心態」，尤其此學區的家長「多是博士碩士、看不起老師」，所以「很多動不動告老師」。老師的描述或許放大了「恐龍家長」的身影，但我在天龍國小觀察到的親師關係確實顯得緊繃或疏離。儘管許多母親積極參與學校活動，或用Line等網路媒介與老師密切聯繫，但雙方都小心翼翼維持有點距離的關係，老師擔心家長向上級舉告，家長擔心被老師貼上標籤會影響孩子。在缺乏足夠信任的狀況下，一旦孩子出現問題，多傾向把責任歸咎於對方。例如，當孩子學習狀況不良時，母親怪罪老師不會教。當小孩出現行為問題，老師歸諸於「家庭教育不良」或「去安親班學出來的」。

整體來說，像天龍國小這樣的市中心明星學校，其課堂氛圍與學校文化相對於過去確實有不少的改變，不僅反映教育改革由上而下的政策，也受到中產階級家長群體由下而上的壓力。透過協作勞動，家長規劃孩子全方面的學習，除了積極參與學校的活動，也透過市場消費安排各式各樣的課後活動與才藝學習。

販賣渴望與焦慮的產業

《商業周刊》曾以「教改賞飯吃，補習班九年竟多兩倍」為題，發現教改為補教產業帶來多元商機。在新興教育論述影響下，教育投資的重點從課業表現擴充到「多元智能」的鋪路消費。父母關切的學習目標隨著孩子不同的成長階段有所差異，尤其在尚未進入學業繁重的中學前，父母更希望孩子有機會接觸到形式活潑、內容多樣的學習活動。大幅成長的課後學習產業，販賣給家長的是怎樣的訊息與符號？動員出家長怎樣的情緒狀態？

首先，孩童的「認知發展」被視為需要照顧者時時關注、處處介入的過程。針對學齡前孩童、標榜「遊戲中學習」的非典型課程在近年來受到中產階級家庭的歡迎，如「全腦開發」、「感覺統合」等早期教育課程，或各種聲稱能優化或開發兒童大腦潛能的玩具、遊戲、圖卡、繪本、有聲書等。雖然缺乏足夠的科學證據支持，這些課程標榜在兒童發展的黃金時刻提供各方面的刺激、啟發。此外，專家與國家共同推動的科學育兒典範，包括臺灣政府從一九九六年開始全面實施早期療育政策，透過醫療與幼托人員對嬰幼兒發展進行例行的篩檢，同時也督促父母盡職觀察孩子的身心發展，若有問題應盡早接受導正與治療。[2]

其次，每個孩子都有獨特的天賦，只要父母可以辨識出來，並給予適當的栽培。主流教養論述與才藝產業都鼓勵父母找到孩子的「專才力」來發揮，取代以功課做為唯一能力的評量標準。

過去孩子成績不好，父母往往送補習班加強學習，但根據《商業周刊》的調查，當在校成績不理想時，有近四成的父母會「鼓勵孩子朝擅長的科目發展」，比找補習班的比率多出十二個百分點。[3]才藝學習被標榜為必要的「適性教育」，中產階級家長的責任在於協助孩子「找性向」。學才藝變成一個「嘗試錯誤」的過程，父母花錢安排各項學習，「不適合就停止」。[4]

第三，各項課外活動最好被轉換為學習憑證、能力檢定或競賽優勝，以成為制度性的文化資本。《商業周刊》強調「精準建立孩子的學習履歷」是必要的「教育投資」：「就像求職的人，需要拿出漂亮的履歷打動老闆，有系統、花心思建立孩子的學習履歷，打動甄試或申請審核委員，是非常實際的投資。」[5]積極的父母從孩子三歲開始透過國際競賽、能力檢定、學涯顧問、科系營隊等方式開始「集點」，以打造一本「黃金履歷」，補足孩子「教室外的成績單」。[6]父母之間的比較，衍生出更多的集體壓力與個別焦慮。一位母親這樣描述她從其他媽媽感受到的壓力：

我最近一直叫他們（孩子）去比賽，說拜託啦去比一下嘛。我們有學鋼琴、中提琴啊、長笛什麼的，都可以去比，但他們從來沒去，別人媽媽都比得很厲害，一場一場的比。乒乓球啊，還有游泳，我們家游泳已經全過了，仰式、蛙式什麼式，我讓孩子當初學游泳是因為我喜歡運動，學完之後我忍不住跟教練說我要一張證書（笑），教練說：「要證書幹嘛啊～～」我說：「哪知啊！教育部就說要證書啊！」六年級畢業很多人獎狀就有一疊，然後媽媽們就會有壓力。現在大家在比啊，大家在問說最近有什麼比賽，大家就去比啊。

在補教產業與學校的鼓勵下，許多父母把孩子的各項憑證與學習紀錄收成一個資料夾，想像孩子未來申請大學甄試或其他時，可以提供「多元學習」、「全人發展」的客觀紀錄。產業的介入固然減少父母規劃活動的煩惱，但也造成童年的體制化與商業化。例如，現在的孩子連學騎單車都可以報名參加營隊，結業後會取得一紙證書；原本親子之間的教騎互動，轉變為講究「有效學習」、「正確技巧」的商業外包活動。

最後，培養「國際競爭力」或「全球移動力」，對於有足夠財力送孩子出國的中上階級家長來說，是一種具體的教育策略與發展路徑；對於財力較有限的中產父母來說，則是一種渴望（aspiration）：想像下一代可以飛向更寬廣的世界。他們選擇不那麼昂貴的方式來履行全球化的渴望。無法負擔國外留學或國際學校，他們送孩子去讀臺灣的全美語幼稚園，或在寒暑假期間出國參加夏令營、寄宿外國家庭短期遊學。如果歐美澳遊學過於昂貴，他們選擇費用折半的新加坡、菲律賓做為替代地點。

參加在臺灣舉辦的全美語營隊，提供更平價的「國際體驗」。有些家長自身的海外經驗或外語能力有限，難以判斷營隊的效果，對於這些鋪路消費是否值得感到彷徨。有些受訪母親焦慮地問我：「要不要送我兒子去菲律賓遊學，他英文很爛，這樣有用嗎？」、「國際觀真的要從小培養嗎？是不是從小學就要開始？」當他們發現孩子在號稱全美語的營隊裡經常講中文，深感失望，一位媽媽迷惘地問我：「好像也沒有學到什麼，美國小孩就是這樣玩嗎？」

天龍國小的孩子絕大多數都有參加安親班或才藝班等課外活動，受訪的父母也普遍表達對「多元學習」的認同，強調送安親班不會選「只寫功課」、「重複抄寫」的那種，偏好有才藝、運動、外師英語教學等內容。然而，他們協作多元學習的考量其實還是相當不同，源於其不同的階級經驗以及親職敘事。以下以四個家庭為例，呈現父母們指認何者為重要的教養益品、何者是孩子生活中的威脅與風險，以及探討他們的保安策略，面對怎樣的教養文化矛盾，又如何衍生非預期的效果。

家長權威下的多元補習

戴著眼鏡、身軀微圓的小光是個安靜的孩子。下課時，同學爭相跑到遊戲場嬉鬧，他總是默默坐在教室，有時趴著睡覺，有時跟旁邊同學交換遊戲卡。放學後，小光背著沉重的書包走向校門口，各個安親班、才藝班的老師分據不同角落，準備接孩子前往下一個教室。小光在安親班吃完午餐後，每天有兩小時的英文課，之後，週一他會去數學教室寫習題，週三和週五則上珠心算課程，五點半下課後，爸爸來接他，回家匆匆吃飯、洗澡後，八點到十點是做功課的時間，週五晚上不趕著寫功課，則有老師來家裡上三個小時的圍棋課。

小光媽的原生家庭經商，兄弟姐妹都出國留學，她也不例外，在美國念了兩個碩士，返臺後為求安穩，考上公務員。在長輩介紹下，她與小光爸爸認識結婚。我向小光媽媽提出訪談請求時，她請我聯絡爸爸，因為「他比較有空」。爸爸跟兒子長得很像，只是髮際透露了中年的風霜，顯得性情更加溫良。訪談當時他已辭去工程師的工作，在某大學就讀博士班，因為時間較有彈性，分擔了接送孩子等照顧工作。

與姻親家相比，小光爸的原生家庭在文化資本與經濟能力相對有限。父親職校畢業後在郵局工作，母親只有小學學歷、在家照顧孩子，但他們省吃儉用地讓兩個兒子補習，也想辦法讓他們學習珠算、作文、畫畫等課外活動。小光爸從小感受到眾人期待他透過教育成就向上攀爬，自嘲自己是個「沒主見的人」，總是隨波逐流：「我老媽希望我怎樣、我老婆希望我怎樣，我大概就會follow。」他考大學原本想念大氣科學，媽媽把他填的志願單撕了，後來只好遵從媽媽意見填了一個「比較容易找到工作」的科系。結婚幾年後，他又按照太太希望念博士班。「她想說姊夫、哥哥都有博士，自己老公沒念PhD還蠻丟臉的，然後有個學歷，想說收入比較高啦。」他搔搔頭，不好意思地說。

基於個性、經歷以及家庭背景的差異，小光爸媽對孩子的期待與教育方式略有不同。爸爸認為小學是一生學習過程中難得可以放輕鬆的短暫時光，但媽媽希望孩子將來「念的學歷愈高愈好」，並且覺得小孩應該「從小就讓他學習競爭」，父母有責任要「靠關係把孩子未來的路打通」。基本上，家裡以較為強勢的媽媽意見為主，她會透過人脈和網路蒐集資料，然後告知爸爸，得到形式上的認可。小光爸描述太太其實很節儉，但「在教育這一塊，她就是毫不猶豫就會花」。媽媽覺得沒有必要上安親班，作業在家做、媽媽指導就可以，因應多元學習的目標，「希望多上一些其他的課程」。然而，為小光安排的課程（英文、珠算、數學、圍棋），基本上仍偏向有工具價值的智能鍛鍊，如上圍棋被認為可以培養專注與定力。

在這樣的家庭生活中，時間管理成為重要的原則，負責接送的大人與參與活動的兒童都必須在繁忙行程中協調多種活動。過多、爆滿的外包學習與課外活動，可能讓孩子疲於奔命，反而減少親子共處的時間。有次下課，我們聽到一位女生嘟著嘴說：「我都不在家，都在安親班，在家就只有吃飯睡覺。」小光也無奈地點點頭：「我也是，都是我爸媽逼我去的。」

小光的父母覺得「學校功課的量稍微少了一些」，於是介入提供額外的學習。例如，老師規定寫日記，爸爸加碼要求至少寫五面，並且要用一個成語。媽媽也把握各種機會與資源，讓孩子浸淫在學習的環境中，車上聽的是兒童科學雜誌的光碟，全家有五張圖書館證件（加上祖父母、還在念幼稚園的弟弟），但借的全是兩個小孩看的書。

如同許多的臺灣中產階級家庭，父母雖然嚮往與上一代的教養方式進行斷裂，但孩子的日常照顧還是非常依賴祖父母的協助，也經常引發教養觀念上的拉扯衝突。小光在上小學前，都是由住在樓下的祖父母照顧，但小光爸媽都覺得長輩太過寵愛，縱容孩子看電視，沒辦法讓小孩培養生活與學習上的紀律。勞工階級出身的祖父母也困惑為什麼小學生要念這麼辛苦，尤其爸爸念博士班後家庭收入短少，為何要花那麼多錢上一些有的沒有的課。小光爸感到難以跟長輩溝通，只好「少一點讓孩子下去找他們」，造成祖孫關係的疏遠。

當我們聊到教改時，爸爸嘆了一口氣：「家長的心態不變，小孩不可能有輕鬆下來的一天。」我問爸爸這些課程是家長還是孩子決定的，爸爸有點不好意思地說：「其實是我們決定的啦，小光就只能被迫接受」，但孩子有時會抗拒或排斥，鋼琴便因為他不願練習而停止。爸爸無奈地說：「小光最近會講說：我每天為什麼功課這麼多，寫都寫不完，學這個有什麼用？」媽媽用「未來的領先」來鼓勵孩子說：「你現在趕快學，你學得愈多，你就可以在前面」，爸爸則用「延遲的痛苦」來安慰他：「加油，你專心一點，趕快算，不然拖得愈久，浪費愈多時間。」

小光最開心的就是打電動，但經常「排不出行程來玩」。加上媽不准孩子打電動、看電視，使用電腦只能上網玩圍棋。爸爸會趁媽媽先睡、洗澡的時候，拿平板電腦或手機給他們玩一下，或者，爸爸載老二去接哥哥時，小光會迫不及待地在車上玩十分鐘。週末在爸爸的堅持下，沒有安排課程，他希望出去看看郊外的風景，對孩子的視力比較好。但小光經常不太領情，寧可待在家玩電動。

在類似小光的許多家庭裡，課外活動的安排並非依據小孩的喜好，尤其是英文、數學、鋼琴等娛樂效果有限的學習課程，往往是父母強制的安排。雖然這些教養方式在一定程度上與父母自己的成長經驗有所斷裂，強調更多元、國際化的學習，然而，在入學競爭壓力沒有明顯降低的情況下，他們首重的仍是學習的工具性價值，在一定程度上延續了「嚴教」、「磨練」等傳統教養腳本。

這樣的「規劃栽培」並不會讓孩子衍生出拉蘿在美國中產階級家庭中所觀察到的「權利感」（見導論），反而強化了孩子對父母的順從與對權威的尊敬。[7]天龍國小的老師也重複類似的文化腳本，比方在期末同樂會時，老師對表演才藝的同學說：「大家要感謝爸媽讓你學才藝。」某天指責某位學生不聽話時，老師也唸他：「你懂不懂大人的辛苦，讓你來念書，還是你要不要考慮在家裡自學，自己教自己就好，不要來學校？」

當今的中產階級父母雖普遍重視親子之間的溝通互動，但當孩子的自主決定違背家長的偏好時，親子間的情感連帶有可能被家長用來強化「軟性權威」，對孩子變成某種無形的「情感控制」。如此狀況隨著孩子進入中學階段、面對增強的課業壓力時尤為明顯。我在訪談中不敢開口問小光爸爸：他自己的人生選擇總是遵從母親或太太的意見，是否會感到遺憾？小光似乎也正走上同樣的道路，他又有什麼想法？

務實學習的新富家庭

蓓琪是班上幾位越區就讀的孩子之一。住家位於新北市都更後新落成的大樓社區，相對於周遭的老舊公寓，這所巴洛克風格的華麗建築、門禁森嚴的保全社區顯得有點突兀。媽媽每天帶著他跟哥哥坐捷運轉公車到天龍國小，約要四十五分鐘車程。蓓琪每天進班時都帶著還沒吃完的早餐，或是麥當勞漢堡、薯餅，或是美而美蛋餅、奶茶。蓓琪媽跟我解釋為何選擇越區就讀：「因為我們對臺北縣的學校沒有什麼信心。你說師資資源真的有差，再來就是，嗯，說實在的，那個要怎麼講？氣質。學生的氣質還是有差。」

蓓琪的父親是社會學所說的「代內向上流動」或「新富階級」的個案，指的是雖然沒有接受高等教育，但職業生涯內成功向上流動、達成中產階級的社會地位與經濟成就。四十歲出頭、個子精瘦的他，是外省第二代，小時住在中華路還沒改建前的眷村，簡陋的家裡只有「一個大床四個人睡」。父親在軍隊、榮工處工作，在子女的成長過程中大半缺席。母親是養女，沒機會讀書，由於丈夫軍旅薪水有限，她做水泥小工補貼家計，照顧兒子的工作就轉到女兒身上。蓓琪爸回憶姊姊才六、七歲就要煮飯洗衣服，有時他們也跟著媽媽到工地。他跟姊姊從小半工半讀，因為「我看這種環境她這樣很辛苦地做，我就覺得說……我們也不願意去讓她花那麼多錢或精力在我們身上，想減輕她的一些痛苦」。

他在國中念的是所謂「放牛班」，他無奈地回憶被學校放棄的狀況：「所有的科目都不見了。上英打、珠算，其他數學理化都不見了。學校不教你，你說我們考得上嗎？」每天上半天，下午就去打撞球，少年組常來抓。他高職電子科畢業後，只能在生產線上做技術員。想要逃離工廠「打鐘就休息、打鐘又上班」的生活，他在退伍後改做服務業，在KTV從服務生做起，逐步升為管理經理，也因而結識高中畢業後也在當服務生的蓓琪媽。後來他就讀二專夜間部，又轉到證券公司，最後在土地開發公司爬升到管理職，負責推動都更建設，目前薪資相當優渥。他回憶求學與工作經歷雖然很坎坷，但也有意料之外的收穫：「像土地開發這樣比較複雜的環境，一般大學畢業是做不來的！」

蓓琪爸在訪談反覆重複「失落童年」的親職敘事，強調他們試圖進行「世代斷裂」，包括避免體罰：「我跟我老婆只有一個想法，不延續前一輩子的東西……我們會盡量克制，有時候我們會生氣到一個……就是想動手，像我們幾乎不動手，（強調）幾乎不動手，因為我們覺得以前就是動手打大的嘛。」他也希望能和小孩建立類似朋友的關係，不要複製過去跟原生父母的疏離關係：

小時候，以前回到家，就想說喔發生的事情想跟父親（說），訴苦也好啦，可是他不在家，媽媽又比較忙。我也希望說以後他們長大，我們互相的溝通也好，當然現在小，那以後當然是朋友這樣，你才知道他在幹嘛。

由於自己失落的教育經驗，他相當重視孩子的教育，強調一定要進普通高中、一定要讀大學。他用自嘲的語氣說：「因為我沒有讀過啊！沒有啦，哈哈哈哈！」除了認為當今社會中大學學歷已變成「基本學歷」，他也強調念大學才能擴展人際關係、累積社會資本。當我假設性地問他：「如果孩子跟你說，我不想念大學，我想要……比方說做麵包呢？」他愣了幾秒後這樣回答：

我就會（跟他）深談，為什麼。好，要弄麵包，那你就去法國學。我不會讓他在臺灣學。我說你去法國啊，你要去讀個大學嘛，餐飲大學嘛，去找個人家教授級的，然後你要學就學頂尖的東西嘛，你不要給我學那種……隨便的麵包嘛，你要學一個所謂的糕點、西點，你要做就做跟人家不一樣的。

懷抱著對於社會流動與全球化的渴望，蓓琪爸最重視的教育益品是英文技能。兩個小孩從小就念全美語的幼稚園，持續至今，每個月都花一萬元學費上外師教學的美語班（週一到週五，下午四點半到六點半）。爸爸描述自己在職場過程中，因為英文說不好，失去許多機會或遭遇地位挫折，因此他最重視英語的教育投資：

我只有一個觀念，他成績比人家差一點（沒關係），但英文不能比人家差。因為你知道社會是很現實的，我本身知道我國中被放棄的那一段的東西，那我覺得說我現在有能力培育他們的時候，我讓他盡量讀呀讀，就是說至少跟得上進度。

相對起來，他們對於才藝班的看法，比較接近本書勞工階級家長的觀點。爸媽都認為才藝「沒有用」，因為不符合工具價值。妹妹想上肚皮舞課，媽媽覺得還好，因為可以減肥。哥哥想上高爾夫課，媽媽要求他要達到一個考試成績的標準才能學，也就是把才藝當作獎賞功課成就的獎品。「剛好都沒達到（成績），還好。」得以免去才藝班的負擔，媽媽彷彿鬆了一口氣地說。

由於父母本身缺乏跨國文化資本，蓓琪並不像天龍國小班上的其他孩子經常出國旅行。當我訪問爸爸時，她在旁邊嘟著嘴巴抱怨：「完全沒有出國過！」爸爸則向我解釋他們未曾帶孩子出國，同樣從工具理性的角度，強調目前因為小孩記憶能力有限，目前出國對語言幫助不大：

因為他們還小，他們還小。現在大家出去他們沒有記憶，你如果太小帶他出去他沒有記憶，記憶不是那麼明確……我也想過 try try 看他們的語言（英文），這個年紀剛好看他們去敢不敢說。我有跟媽媽講，就是看這一兩年要把他們帶去英語系國家，讓他 try 一下。我們有問過啊，暑期小留學那種。

在學校的選擇上，蓓琪爸媽曾考慮過私校，因為管理比較嚴格，並能提供家長沒有的文化資源，例如出國遊學等安排。但他們最後決定不去私校，因為覺得自己的家庭階級地位不夠高：「我的思考第一個是可以送，但我另一個聲音是跟我講，你送去你會害了他……因為我們背景不是像人家這麼得顯赫，或是說經濟能力那麼好。」他們認為公立學校可以讓孩子接觸「形形色色的家庭」，對孩子成長比較好。但他們仍偏好臺北市的明星學校，所謂「氣質」的說法，指涉了中產階級的習性，換言之，父母雖然認為「學生多元性」是個重要的益品，但仍希望控制在中產階級的範圍之內。

不同於其他天龍國小的家長，積極參與班級事務與活動，蓓琪爸媽都沒有參加班親會，他們強調「對老師很信任」，有事情私下溝通就可以。對於老師的教學，他們基本上都很支持，爸爸這樣描述：「我覺得你會做到這個職位（教師）的話，一定有你的智慧或什麼的。」由於本身文化資本的限制，他們不曾像其他家長，對老師的教學內容或方式提出直接或間接的意見。媽媽反而對老師的管教不足有點抱怨：「老師人太好」、「太溫柔」。整體來說，雖然蓓琪家在經濟所得與職業地位上會被劃分到中產階級的範疇，他們偏好的教育益品、與老師的互動關係，受到階級養成習性或慣習的影響，還是比較接近本書的勞工階級家庭。

協作母職與時間管理

芸芸家的小公寓位於寸土寸金的大安區，雖然坪數有限，透過陽臺外推、頂樓加蓋盡可能地擴張了家居空間，透過設計師的巧手，還是搭出了兩臥室一書房的格局。當我們晚上去拜訪時，芸芸媽輕聲說：「我們家很簡單，兩個人。」家庭其實還有另一位成員，擔任房地產業務主管的爸爸經常不在家，每天晚上都要到十點以後才能到家，每週只休一天，週六還要去上EMBA。

芸芸媽的原生家庭開西裝裁縫店，經濟無虞，讓她跟姊姊念私校，但父母工作忙碌，兩姊妹從小跟奶奶住。她描述父母「很愛工作，因為這樣才有錢，出去玩的機會很少」，讓她覺得「心裡面有一塊是沒有被彌補的」。因此，她成為母親後最重視的就是給予孩子充分的陪伴：「像現在啊，芸芸所有任何的活動，我都會盡量去參加。因為我從小學到大學，我所有的畢業典禮，我媽只參加過大學的。」

經常穿著一身粉紅的芸芸是家裡的獨生女，當長輩碎唸說要不要再生個兒子時，芸芸爸媽堅決地說不要，只要「盡量栽培一個」，除了考慮金錢上的成本，更關鍵的是付出的時間。在芸芸上小學前，媽媽在資訊公司做業務，大半時間還是交給婆婆帶，後來她決定辭去全職工作，兼職做健康食品的傳銷，希望能將上一代的影響「趕快修正過來」。她觀察到女兒不會主動跟人打招呼、個性畏縮不積極。她尤其擔心女兒過度依賴「電視褓姆」：「她一回家就是開電視坐在那邊，眼神就呆滯了。那阿嬤也不知道怎麼跟她相處，阿嬤也不能陪她玩，而且阿嬤要去煮飯，煮好讓她吃，可能她眼神還是盯著電視。」

芸芸媽不僅不依賴長輩知識，也積極希望與上一代的做法進行斷裂。她閱讀許多親子雜誌與書籍，不時跟我分享網路上讀到的親子專家的文章或論點，也報名參加著名教養作家舉辦的營隊活動。她在訪談中屢次強調孩子是個獨立主體，希望培養孩子的自信、勇氣與獨立的觀點。對於孩子的未來，她跟先生除了希望孩子找到自己的生存利基、「不要回來拖累」父母，也強調父母應該存好老本，才不需要給小孩養老的負擔。

芸芸爸的成長背景略有不同，父母曾是成衣工廠小頭家，但後來經商失敗，爸爸去當大樓管理員、媽媽做家庭代工貼補家計。儘管經濟拮据，爸媽還是讓四個小孩念私校，不得不靠借錢來繳納學費，他記得幾回在校遲交學費的窘境。經濟拮据的不堪回憶，讓他「賺錢動機比較強」，大學機械系畢業後，他決定改做房地產業務，也順利地搭上近十年來不動產市場的狂飆列車。

雖然爸爸也強調陪伴孩子的重要，但他坦承自己分擔的照顧工作大概只有兩成。根據我們在芸芸家的觀察，這比例顯然還是高估了。芸芸爸透過許多象徵性的儀式來強調親子相處的「品質時間」(quality time)。比方說，每天晚上回家一進門，他會對熱切迎接他的女兒說：「來來來，給你老爸抱一下。」即便已經上了小學二年級，有空時他會陪女兒一起洗澡，趁著在浴缸裡一起泡澡的時光聊聊白天在學校的種種。

父母兩人念的雖然都是當時前三名的明星高中，但大學聯考成果並不算順利，只上了私立學校，後來的工作也跟當初的科系沒有直接關係。這樣的階級經驗讓他們對於學歷的工具價值較為保留，爸爸強調：「我們這一行跟學歷沒有直接的關係，人格特質、企圖心比較重要。」因而，他們更強調多元發展與學習的重要，也不偏好自己成長時就讀的嚴格私校，希望讓孩子接觸更為多元的教育環境。

雖然媽媽有較多的時間陪伴照顧，芸芸放學後還是有上加強英文的安親班，媽媽強調是因為她喜歡去跟同學一起做功課。芸芸自幼稚園起嘗試過各種才藝學習，包括畫畫、拼布、心算、圍棋、小提琴、腦力訓練等，媽媽都強調是徵求孩子意見後做的安排。週末期間，媽媽經常帶她去社區的圖書館或各地的博物館看展覽。學期中便提早蒐集資料，規劃寒暑假要參加的各式課程或營隊，曾經參加過的如小廚師、體適能、昆蟲營、多元智能等。由於芸芸對戶外活動較無興趣，媽媽也特地幫她報名腳踏車營，希望透過專業指導來培養她對運動的信心。

為了提供女兒生活中無微不至的陪伴，芸芸母親付出大量的協作勞動，尤其是透過表格、電子科技等方式，來管理協調家庭生活的時間節奏。比方說，芸芸家的冰箱上貼著一張晚間活動時間表：六點半回家、六點半到七點吃飯，七點到七點半寫功課，七點半到八點拉小提琴、八點玩電腦五十分鐘（如果成績退步，縮短為三十分鐘），九點洗澡，九點半上床睡覺。母親並借用機器的輔助來進行時間管理，如電腦設定五十分鐘後會自動關掉，或要求芸芸玩電腦時戴著可以設定時間的護眼裝置（時間到會嗶嗶叫），也用手機設定不同的鈴聲，來提醒芸芸起床、爸爸起床（較晚），以及芸芸晚上該去洗澡的時間。

母親對家庭生活的微管理（micro-management），可能會對家庭生活與孩子習性衍生非預期的效果。因為他們習慣於成人安排的大量組織性活動，反而「不會自己玩」，也就是不知道如何自主安排活動時間。芸芸在家裡便常常做完母親規定的一件事後，問說：「那等一下要幹嘛呢？」、「媽媽，再來我要做什麼？」

此外，由於母親避免使用權威強制，這些時間規劃在實作中未必有所成效。比方說，冰箱上的另一張早晨時間表寫著：七點起床、七點到七點二十分吃早餐、七點二十分到七點三十分刷牙洗臉，七點三十分到七點三十五分換衣服，七點三十五分走路去學校。然而，媽媽苦笑著描述實際上的早晨生活：

媽：其實後來是這樣子的。早上先幫她叫起床，「寶貝起來了」，然後我要幫她把衣服穿好。她在床上啊，其實已經醒來了，就是不想起來。我都是從襪子開始，然後就褲子啊，然後再把衣服套上去，她還會把手伸出來。

藍：她從頭到尾都一直躺著嗎？

媽：對，她就躺著，我就幫她把衣服套好，手還會出來，然後還會顛一下，她其實都知道你在幹嘛。然後我就給她吃早餐，我們早餐都是喝營養奶昔，泡好，在那邊喝完。全部在房間床上完成。喝完了之後，我就跟她說，我們出門吧。好，她就會跟我說：「媽媽背背」，我就說：「好啦，趕快來，噗噗車要開走了，妳再不來的話，我就要開到別的地方去了。」她站起來，我就會背她到廁所，她才去刷牙洗臉。

芸芸母親嚮往符合平等與民主原則的親子關係：「因為我覺得我就是把妳當同等的，我可以蹲下來跟妳講話，告訴妳我的想法。我不會因為她是小孩，所以會跟她講兒童的話語，我會把她當成是已經可以獨立的。」然而，她也發現經常衍生非預期的後果是，女兒傾向把媽媽當「玩伴」，甚至是指示做東做西的「女傭」。[8]這樣的做法也引發不同世代與性別照顧者間的意見衝突：芸芸爸覺得媽媽對女兒「太寵」、「有點超過」；婆婆也批評她的教養方式造成女兒「沒大沒小」。芸芸媽仍堅持用她相信的原則來對待女兒，選擇用更間接的方式來讓女兒自發性地感受到父母的恩惠：

但是我們也不能要求她說，妳不能給我這樣。我只能用其他的方式告訴她說：妳這樣我很難過、我很傷心、我覺得沒有受到尊重。像我昨天才跟她講說：「妳每天回家做作業啊，妳就告訴我五件妳想要感恩的事或物。」她說：「五件？那我要想一想。」我說：「那有什麼好想的，

> 我現在可以講一百件給妳。」她說：「妳怎麼可能那麼厲害？」我就開始說：「我如果是妳啊，感謝媽媽叫我起床，感謝我有那麼好的地方讓我睡覺，感謝爸爸、感謝造房子的人啊，感謝旁邊的路樹這麼漂亮啊。」我這樣唸一唸，她笑笑說：「妳這樣講講到睡覺都講不完。」我是這樣子在教啦，因為會比較迂迴、比較婉轉，不知道有沒有效，可是我覺得那是我想要做的方法。

跟其他家庭比較不同是的是，芸芸跟媽媽主動爭取要上安親班，主要因為獨生女希望可以在安親班跟同學一起玩。芸芸媽雖然是全職母親，也贊同將監督寫功課的勞動外包出去，因為「我實在也不知道怎麼用權威去壓她，我也怕說她回來先玩都不寫功課」。換言之，教育外包提供了制度框架，幫助孩子培養在家反而不容易做到的規律作息。

像芸芸媽這樣的父母，不再強調孝親做為社會規範約束的道德契約責任，更重視子女發自內心的情感回饋。親職或母職的協作勞動，需要投入相當部分的情緒勞動，甚至透過補習班等外力的協助，來兼顧親密關係的民主化與家長的管教責任。在下一個個案中，小米家的保安策略更朝向光譜的另一端移動，強調保護孩子的快樂童年與平等自主，認為學業與職涯的成功只是其次。

課外活動是送給孩子的「禮物」

經常綁著辮子的小米，是遊戲場上活躍的少數女生。雖然家就在學校旁邊，她卻經常遲到，只能趁著早自習，睡眼惺忪地咬著來不及在家吃完的早餐。祖母每天幫她準備三份不同種類的蔬菜水果，細心切成小塊，裝在塑膠袋裡方便孫女入口。說話溫柔、長相甜美的小米媽，有空時會陪著孩子進教室，一面盯著她寫前晚未完成的功課，一面不忘餵她水果，輕聲念著：「妳要自動自發啊。」

小米爸爸是位四十出頭的工程師，在高科技業工作將近二十年，現為小主管，年收入可達三、四百萬。小米爸雖然同樣投入兩個女兒的教養，但像許多臺灣的雙薪家庭，母親在職涯的選擇與安排上，放棄工時過長的專業工作，以兼顧孩子的日常照顧。年齡相近的小米媽原為工程師，生了老二後辭職，現擔任研究行政助理，薪資不到原本一半、但能準時下班，讓她有更多時間與女兒相處。

平日，米爸隻身在新竹工作，小米媽與兩個女兒則在臺北，住在公婆樓上的頂樓加蓋。

週末是小家庭在新竹相聚的時光。不同於臺北的老舊公寓，新竹的大樓房子購屋時就打掉隔間、重新裝潢，展現了父母以孩子為家庭生活中心的想像。例如，書房和客廳的隔間是透明玻璃，因為爸爸「希望在書房時，可以看到小孩在客廳玩」，書房裡放了一張尺寸很大的書桌，希望「讓全家人都可以一起在書房裡看書」。小米的房間則充滿粉紅色的公主風，天花板頂燈也是一隻粉紅色的 Hello Kitty，這是設計師與媽媽的巧思，我問小米很喜歡 Hello Kitty 嗎，她聳了聳肩說：「還好，沒有很喜歡。」

小米爸用義大利咖啡機沖了杯奶泡滑順的拿鐵咖啡給我。「我希望她們不要太成功。」他啜了一口咖啡，這樣告訴我。他溫柔地看著兩個女兒在客廳搭起的帳篷裡享受「在家露營」的樂趣：「我覺得讓小孩自己去做她喜歡做的事情，然後不要那麼出類拔萃，當然這個對整個人類社會是不太好的，可是我希望她們可以活得比較快樂一點。」雖然他是人們眼中的「科技新貴」，他覺得這個工作壓力實在太大。此外，從小在嚴厲的外省公務員父親督促下成長，他感嘆自己沒有童年、與父親情感疏離，也不知道自己的興趣是什麼。如今，透過他燒肝加班所累積的財富，足以確保下一代永保安康。

小米爸有信心地說：「即使小米沒有找到好的工作，沒有關係，爸爸錢都幫妳存好了。」他期望女兒將來可以當公務員，甚至做足功課、去查閱高普考考試，發現：「這些試題其實跟國小國中高中念的東西基本上是一模一樣啊，你也不用太辛苦去讀其他有的沒的。因為公務員好像……每個人都要考好幾次，就是一個熟練度的訓練，而不是知識廣度或者深度的訓練。我覺得如果從小就開始讓她熟悉這方面的知識，她之後應該還蠻容易考上公務員的。」

小米爸爸買了許多粉紅色蓬蓬裙，喜歡把兩個女兒打扮成小公主的模樣。當我們聊到他的公務員養成計畫時，我問他：「今天如果你生的是兒子，你覺得你的態度還會一樣嗎？」他愣了一下後回答：「我覺得可能會不太一樣，因為也是要考慮到說……可能不會那麼要求啦，因為女生喔，講這樣也不太對啦，應該女生妳只要……就是……不要太離譜，都有人可以嫁這樣，男生基本上就挑得很啊。」當代臺灣中產階級由於經濟資源充裕、子女人數減少，對於兒子、女兒的教育投資已經不常出現性別化的差別待遇。[9]不過在教育期待上，因為是女兒，有些父母更放心地朝向「規劃自然成長」的方向，相對較不擔心國際競爭等外部風險對孩子未來經濟安全的威脅。

小米爸發揮工程師的精神，精心打造女兒快樂的童年。他週間一人住在新竹，下班沒事就是上網找資料、籌劃安排週末的活動。他討厭孩子從事靜態活動，批評兒童臺「內容低俗」：「我很討厭她們去什麼打電動啦，看電視啊……看那種……浪費生命。」他希望能讓孩子接觸大自然，而且必須對身心「有益」（要有好處、有目的，不能單純出來「玩」）。「身」的方面，讓孩子望遠可以預防近視，並吸收「芬多精」；「心」的方面，遊玩兼具教育目的，比方說，有一次我伴隨小米家一起去郊遊，爸爸特地查好步道旁種有哪些果樹，所以「可以讓小孩知道她們吃的水果是哪裡來的」。然而，爸爸坦承自己討厭戶外活動：「我們婚前週末都是去逛百貨公司、吹冷氣啊。我一個人才不會想要去爬山，累得要死，也不會喜歡去曬太陽，芬多精是給小孩吸的。」

小米家的個案也顯示，父母雖然分享類似的教育程度與職業位置，原生家庭背景的差異，也可能形成不同的教養理念或做法。雖然同樣念工程，小米媽的個性被老公批評為是家裡「鬆散」、

「迷糊」第一名。她的原生家庭養育風格也截然不同，娘家是經營貿易公司的本省家庭，不僅資本所得帶來物質豐裕，她的父母也受到西方文化影響，慣於用擁抱、親吻、說愛等方式來表達情感，在上一代的臺灣父母中相當罕見。小米爸養成於公務員家庭、又受到工程師訓練，在教養孩子的方式上體現「有目的地玩」、事先規劃等專業中產階級慣習。相對而言，小米媽出身經濟資本高的資產階級，對於這種「什麼事情都要plan」、「製表化」的習慣反而覺得很煩。

小米媽做為媳婦，甫嫁進一個「禁止溝通」、「不會說愛」的威權夫家時，深深感到隔閡：「我剛嫁進去的時候，覺得好拘束喔，就好像很多繩子綁住我這樣子，很多看不見的家規。」同住臺北的週間，公婆會規範小米媽帶小孩出門與回家的時間，如果有違規定，公公會大聲起來「吼」媳婦。儘管祖父母在有了孫女後，對兩個孫女非常「溺愛」，但也因此強化了對媳婦照顧方式的干預。小米媽提到以前幫年紀還小的女兒剪指甲時，因此自己「比較粗枝大葉」，不小心剪到她的肉，當下血流如注，眼看那個傷口短期內不會好，擔心受到公婆的指責，她立刻跟雇主請了幾天假，帶小米回娘家「避難」。節儉的公公也看不慣媳婦買太貴的用品，小米媽想要外包家務，還得偷偷地找清潔工進來打掃。這些階級慣習的差異，被轉化為公婆對媳婦履行妻子或母親責任的批評。

小米的祖父在八年抗戰期間跟著國民黨軍隊漂泊離鄉，在戰亂中度過童年；孩子們在郊外空地上課，看到燈籠升起的空襲警報，就一同躲進防空洞。來到臺灣後，他靠著苦讀成為公務員，儘管瞭解自己的嚴肅自律，讓兒子在成長過程倍感壓力，他也無奈地說：「雖然物質條件不是很好，但是童年……在我看起來，那是比我好得太多了，我簡直沒童年啊！他自己感覺起來不是這樣，我們也很委屈啊！是不是？」

在六十多歲成為祖父後，他卻熱衷參與打造孫女的快樂童年，例如在聖誕節的時候，主動在客廳掛了裝禮物的襪子。公婆對孫女的寵愛有時讓媳婦感到壓力，但其實他們在協力育兒的過程也小心翼翼。小米祖父描述自己的心情：「生長的環境不一樣了，各代的想法不一樣，我們只是把她們的生活照顧好，不要讓她受到傷害，其他沒辦法管啊！她在家裡我眼睛不敢離開她，萬一她碰到了、磕到了，雖然他們（小米爸媽）不講話，我們心裡也受不了嘛。」

基於補償自己的失落童年，小米爸積極與威權父職進行「斷裂」，相反的，小米媽想要「延續」原生家庭的教養風格，援用當今的教養腳本，嚮往保護孩子的自由發展。小米媽對女兒講話十分溫柔，也不時親親抱抱。她從小學鋼琴，也希望女兒像她一樣喜愛音樂，但她很有意識地避免自己替孩子做決定，希望女兒能「自然」地開口要求學習：

我想要送她一個禮物，我想讓她有一個她喜歡的興趣，我不會去強迫她。像學鋼琴，不是我叫她去學的，我一直在等她開口跟我說她想要學鋼琴。那我怎麼去達到我這個目的？我從她還很小的時候，每個月，比如說中正紀念堂那裡，可以同時拿到全臺北市的表演資料，那我就會幫她安排，就是對她的一個投資，讓她去看一些表演，各式各樣的，只要小孩子可以看的，盡量都去看。然後我覺得在無形中她就會……反正我就是等她開口，那後來有一次我們去看郎朗。她就是看了郎朗之後，回頭跟我說：「媽咪，我想要學鋼琴。」

在訪談過程中，小米媽不斷地重複使用「禮物」這個譬喻，來描述她對孩子的母職貢獻，不論是她的情感付出，或課外活動的安排。「禮物」的譬喻強調以接受者（孩子）的利益為優先，讓她得以跟傳統華人家長主導子女生活的權威形象區隔開來。小米媽也強調，在課外活動的安排上，父母應該給孩子「選擇」而非「安排」，即便他們需要在背景中進行許多看不見的規範，來引導這樣的「選擇」。她認為，才藝學習的目的不是直接轉換為有利升學的外部益品，而是有助於發展長期的內部益品（「培養孩子度過人生低潮的能力」）。我在其他中產階級的訪談中也經常聽到類似的說法，把情緒視為經營管理的對象，強調培養「情商」做為一種能力或習性，是勞動階級家長鮮少採取的論述。

媽媽在一次週末活動中，邀請了小米的幼稚園同學全家一起出外踏青（以小孩為中心的社交網絡）。吃完中飯後小米爸安排到溪邊玩水，他強調「我有研究過的，是水源地，水比較乾淨，其他的溪，不知道是什麼水」。小米爸準備好橡皮艇、兒童救生衣，還有撈魚網。雖然溪水很淺，小米跟同學坐上橡皮艇很興奮一直叫，爸爸站在溪裡抓著繩子守護，不一會還送上紙杯裝的水、解凍後的養樂多給小孩喝，旁邊家長笑著說：「真是六星級的服務。」但小孩坐船沒多久就膩了，改去撈魚。爸爸只好一個人坐在船上，有種失落的表情。

這樣的大自然活動其實並不「自然」。父母過多的規畫與介入，往往造成孩子依賴父母規劃、「不會自己玩」的非預期後果。[10]在後來的訪談裡，小米爸也對他這樣的規畫感到遲疑與兩難：

> 不過我……我也不曉得這樣到底好不好啦。譬如說他們自己不會玩，就一定要問「爸爸要去哪裡玩」，這樣好像也……也怪怪的，所以我們常常在矛盾中。他們一睜開眼睛他就跟你說：「爸爸今天要去哪裡玩？帶我出去玩！」讓我覺得就是要……要有那種plan這樣。

小米家的親子互動也呈現中產階級家長強調跟小孩平等互動、讓孩子有議價協商的空間。當我們一伙大人要轉去看溼地時，小米跟同學頭也不回地往停車場方向走。媽媽一直喊小米也沒有回應，後來只好提高聲調喊：「我要用『馬上做』金牌喔！」小米才轉頭跟過來。回程車上，小米同學很直接地問小米爸爸：「你有沒有生氣？」小米爸不帶任何怒氣地回說：「我沒生氣，我抓狂了。」車上我問媽媽這金牌是怎麼回事，媽媽解釋說，有次她下班帶小米去公園玩，後來才知道她功課都還沒做，非常生氣，媽媽沒有馬上處罰，跟小米說，妳自己想想要怎麼辦，小米說：「那我給妳一百五十面『馬上做金牌』，以後妳用金牌我就馬上做。」我問媽媽有用嗎？媽媽說有吧，她還是要有信用，她用過好幾次，沒注意還剩下幾面金牌。

像天龍國小的許多中產階級孩子，小米展現與成人溝通上的自信與自在。第一次見到我時，她正把握短短的下課時間、連跑帶跳下樓梯衝去操場，但她仍好奇地主動攀談：「妳是誰？妳在這裡做什麼？」我說來觀察小朋友上課，她追問：「那也算老師嗎？」我說是啊。甫到操場，她便火速衝去玩鞦韆，才想起我還在後面，回頭微笑問：「妳要一起玩嗎？」

中產階級家庭雖然在教養價值上重視孩子的自主與自治，但父母也對採行西方理念引導下的教養方式感到不確定，擔心與孩子將來要面對的現實環境未必相容。小米媽媽便用遲疑與略帶擔心的語氣說：「妳看小米是個很有主見的孩子，我們給她太多自己決定的空間，但長大了很多事情是她不能決定的，她就會回過頭來問她為什麼她不能自己決定，小米就這樣問過我。」父母擔心隨著孩子年齡的增長，家庭教養腳本與職場、學校間磨合的制度矛盾，將衍生更多非預期的不安全與風險。

加重時間貧窮的協作勞動

中產階級其實是一個具有高度異質性的群體，選擇將孩子送到公立體制學校的家長尤其如此。本章中的父母，基於階級與職場經驗的差異，衍生對特定教養目標或益品的重視，比方說，其職涯發展與學歷或證照有直接相關者，如公教人員、法律醫學等領域的專業人員，較重視下一代成就學歷等制度性的文化資本；相對而言，從事商業的父母，更強調溝通等軟性能力，或是培養人脈等社會資本。當父母的工作與全球化經貿緊密扣連時，他們更傾向用國際競爭的尺度來衡量下一代的機會與風險（第二章）；職業與文化創意相關的父母，相對容易視僵化的體制教育本身為風險來源，因而被彈性的實驗教育所吸引（第四章）。

讓孩子就讀公立學校的中產階級家長，需要花費更多的心力來安排孩子的課後活動，透過自行規劃、組裝資源，來實現他們對全人學習的嚮往。我稱這樣的親職投入為「協作勞動」。父母可能在這樣的協作勞動中，跟孩子共同探索學習，重新體驗成長的可能，但更多的照顧者感到此任務的密集或繁重。教養的協作勞動為何令人焦慮？因為父母們面對市場的召喚、學校的期待，需要折衝不同的教養益品，又得同時滿足職場與家庭在時間上的貪婪希求。

本章的中產階級家庭懷抱對不同教養益品的偏好，並採取不同的協作策略。在光譜一端的家長，首重的課外活動是具備工具價值或「有用」的學習，營利導向的教育產業，也不時提醒他們，最好能將各種活動轉換為客觀的學習履歷，或宣稱能衍生耐心、毅力等無形的「學習力」，做為成功的踏腳石。在光譜另一端的家長，偏好用「嘗試」、「接觸」、「敲門」等字眼，強調才藝的非實用價值（「禮物」），市場也提供了愈來愈多元的學習資源與活動，來幫助這些父母培養孩子的品味、心性與嗜好。

當然，更多的家長都試圖在這兩端中取得平衡，也隨著孩子的發展歷程，不斷調整教養益品相互轉換的方程式。比方說，父母企圖透過才藝學習，幫助孩子「摸索」找到自己的潛能跟興趣，想像未來更多元的職涯發展；對於課業不那麼理想的孩子，父母也希望透過才藝的學習，幫助孩子建立自信心，或是在多元入學的管道中透過術科表現找到一條生路。

中產階級家長之所以外包教育，與勞工階級家長的原因大不相同。後者主要是因為缺乏文化資本、無能教導孩子學習，前者則透過外包教育來化解教養文化矛盾，利用「易子而教」的方式來協商親子關係。比方說，有些母親偏好民主化的親子關係，難以建立家長的權威，所以索性送孩子到安親班給老師教。或者，父母藉由外包教育、不用強迫孩子做功課，得以迴避親子之間的衝突，保留親子時間進行更休閒、有品質的互動。

協作勞動需要花費大量的心力，本章中的許多母親，因而辭去工作專心照顧孩子，或是轉換職業跑道、自願降級降薪，以減少工時得以兼顧家庭。雙薪的中產階級家庭雖然得以享有較充裕的經濟資源，卻不得不成為時間的窮人。不僅父母面臨時間的短缺，孩子也是時間的窮人。透過科技、表格等輔具，中產階級小孩逐步內化一種組織化的時間感。臺灣學校的生活安排，包括緊湊的上下課時間、學習進度的控管，也強化類似的時間管理。

在高工時的職場與多面向的教養協作之間，緊湊的時間節奏是當代中產階級家庭生活的普遍節奏。如果只是要求父母「淡定」或「戒吼」，徒然將教養困境化約為個別家庭的情緒障礙或能力不足，往往讓已經疲於奔命的父母承受更多心理壓力或道德負擔。如果只是訓練孩子學習的效率與自律，我們可能壓縮了自主思考與自由創意的空間，造成「時間貧窮」的代間生產。

第四章

另類學校：規劃自然成長

田園小學是一所座落在宜蘭縣的實驗學校，鄰近可見鄉野阡陌的水稻田，但不遠處的水泥廠也隱約傳來化學臭味。雖然當地人口外流、老化，公辦民營的田園小學近年來卻成為熱門的滿額學校，許多家長在孩子出生不久後就搶先入籍排隊。這個校園沒有一般學校常見的水泥圍牆、塑膠溜滑梯或PU跑道，取而代之的是木頭、竹子、繩索等有機材料做成的鞦韆、樹屋等遊戲器材。校園一側有稻田、工坊，是孩子上農作、木工課的空間。教室垂掛著手染的漸層粉色布簾，孩子穿著家長親手縫製的室內鞋，在實木地板上或坐或跑。學校裡沒有教科書、考試，老師在大黑板上畫著神話故事，有些孩子入神聆聽，也有一些發呆放空或逕自聊天。

臺灣的教育改革打開另類教育發展的制度空間，透過「實驗教育三法」的修法，父母得以自由選擇適合孩子的教育方式，包括在家自學。實驗學校近年來在各地如雨後春筍般快速成長（詳見附錄一），有愈來愈多的臺灣中產階級家長，從體制學校出走，追求我稱之為「規劃自然成長」（orchestrating natural growth）的教養風格。田園國小的家長有許多是來自都會區的中產階級，這些父母為何「島內移民」？這樣的教育選擇將面臨怎樣的挑戰與他人的質疑，父母又如何克服選擇另類教育的焦慮？為了打造以孩子為中心的有機家庭生活，對於親職的性別分工產生怎樣的影響？最後，田園國小家長雖然細心規劃讓孩子自然發展的溫室空間，但不可能與外界環境隔離開來，這樣的保安策略存在怎樣的潛在矛盾，或產生怎樣的非意圖後果？

田園國小：慢學與自然長大

田園小學推崇的教育與教養方式和體制學校相當不同。田園小學反對使用教科書、考試、抄寫等傳統學習與評量方式，批評強迫學習、競爭壓力對於孩子的發展有害無益。田園學校發展出一套心智發展理論，崇尚慢學、全人教育，順應孩子自然的學習節奏。為了發展創造力、想像力與美感，學校重視手工藝、音樂、舞蹈、烘培、農作等課程。

田園國小鼓勵孩子親近大自然與土地，也特別重視四季的節令慶典。孩子應該享有大塊的自由玩耍的時間，過多競技性或思考性的遊戲有害無益。該校的體育課也不以團體性或競技性的運動為主。低年級學生只有「散步課」，全班到學校附近進行踏青與生態觀察。學校舉辦的運動會路跑也風格獨特，大家按照自己的節奏跑完，沒有競爭或排名。

為了實踐田園小學的理念，家長需要配合努力，共同營造一個自然、有機的成長環境。家長應避免賦予孩子學習壓力，家庭生活也需要改變，最好讓孩子玩原木等天然素材製成的玩具，原則上不使用塑膠玩具、商業遊戲、電腦電視等三C產品。家庭生活作息應盡量規律，尤其是完整的睡眠與休息的時間，好讓孩子專心長大。學校午餐一律提供有機素食，家庭飲食也偏好在家烹調有機、新鮮食材，盡量減少外食、避免零食。孩子的衣服，最好是棉、麻等非化學質料，不宜有卡通等商業圖案。

我在訪談過程中經常聽到田園國小家長提到類似「自然成長」的說法，這個模糊的概念指涉了多重意義，對立的是被認為「不自然」、對孩子有害的幾種外部介入。其一，孩子應享有自由玩樂的時間，強迫學習對孩子的發展有害無益。其二，家長應該學習「放手」，以避免過多干預影響孩子獨立自主的培育。最後，家庭生活應盡量追求有機飲食、親近自然，以保護孩子免於商業、化學等負面因子的汙染。

表面上看起來，中產階級家庭的「規劃自然成長」，似乎接近「讓孩子自然長大」的勞工階級教養風格。[1]然而，前者有賴家長的精心策畫與隱形努力，包括空間設計、資訊篩選、溝通引導等方式，來「規劃」孩子的「自然成長」，引導孩子走向父母所期望的「選擇」。許多選擇體制學校的中產階級父母，也對孩子的適性發展與自然成長有所渴望，不論他們在現實環境中能實現多少（如第三章的小米家）。為孩子選擇實驗學校、自學等方式的家長，可以說是此教養理念的堅定信仰者與代表群體。

這樣的趨勢也呼應西方社會日益風行的中產階級親職論述，包括培育「有機孩童」（the organic child）的意識形態：家長應小心看顧食衣住行各方面的家庭細節，以打造一個安全、無汙染、低風險的家園，而這樣的生活微管理往往落在母親肩上。[2]「自然母職」（natural mothering）成為一種密集母職的生活實踐，這些母親志願性地追求簡單生活，透過在家生產、延長餵母乳的時間、在家自學、另類醫療等實作，來建立與自然有機連結的家庭生活，並首重孩子與母親間的情感依附。「自然母職」雖有基進的意義，例如這些母親積極抗拒消費主義與俗世成就，卻也有鞏固既有社會秩序的保守之處，例如家庭分工多服膺於傳統的性別腳本。同時，這樣的生活方式往往需要一定階級優勢做為前提。[3]

家長為何「島內移民」？

早期的田園小學家長，許多是積極改變生活方式的移民（lifestyle migrants），他們遠離都市的塵囂與忙碌，參與小農耕作、手工協作，以實踐與土地更為親近的田園生活。後期家長的出發點多是因教育而遷移，但也分享環保、有機等理念。雖然共享教育出走的選擇，田園家長懷抱著不同的原因與考量，呈現不同樣態的反思性親職敘事——如何反思自己過去、現在的經驗，從而想像孩子的未來。有些父母的就學經驗，造成人生缺憾或心靈創傷，讓他們嚮往從體制教育出走、追求實驗教育。有些父母的階級經驗，如職業生涯與學歷證照的脫鉤，也讓他們容易擺脫文憑至上的想法、重新評估教養益品的優先排序。此外，當孩子在主流學校遭遇排斥或發展困難，這樣的困境也提供契機讓父母得以「看穿」既有的體制運作。

父母的教育創傷

小艾媽媽在宜蘭出生，中學後隨著父母工作搬遷到臺北城郊，高中畢業後她沒有繼續升學，生了兩個小孩後成為專職主婦，先生為具有大學學歷的經理人員。當我問到過去的教育經驗，她對小學老師的印象依舊鮮明，描述當時的挫折仍不免情緒激動：

像我三四年級的女老師，她每天都打扮得很漂亮，可是呢，如果你上課講話或吃東西，她就拿粉筆直接往你頭上丟過去……我們只是愛吃東西，只是愛講話，也沒有什麼啊，她就是很不喜歡小孩子有不一樣的，就是要乖乖的、坐好、規矩這樣……五六年級的老師是男的，我印象很深刻，一個很挫折是，有一次家長觀摩會，父母都會來看，我們導師的主課是數學，我的數學又很差，平常我就搞不懂，家長觀摩會那天，他就特別叫我起來，然後問我這題怎麼回答，我還是不懂啊，我還是不會講啊，然後我知道窗戶外面是一排家長，他就一直問我，我就一直難堪、一直難堪，難堪到我都哭了，他就讓我站在那裡，要這樣子當面羞辱你。我覺得為什麼我的數學這樣沒辦法開竅，大概就是這個原因……

小艾媽媽在雜誌上看到田園小學的報導時就深受吸引，參觀校園後堅定地想要舉家搬來宜蘭，即便擔任管理職的爸爸必須隻身留在臺北工作。田園小學活潑的教學方式，以及不強迫孩子用標準節奏學習，不僅在理念上說服小艾媽媽，也在情緒上召喚著昔日哭泣的小女孩。訪談中她重複說著「如果」、「或許」等字眼，似乎希望透過給孩子不同的教育，也能圓滿她生命中的缺憾：

像我現在看他們學數學，有時候我看了就覺得……莫名地感動會想哭。因為我覺得數學本來就很活，你如果用很活的方式教他，每個人開竅的時間點不一樣，如果，我如果當初是這樣學的，或許就不一樣了。

即便是升學順利的父母，也可能在主流教育中經歷較為隱性的創傷；在「分數至上」學校文化的陰影籠罩下，自身的興趣或想法受到壓抑，或是人際關係變得扭曲。婷婷爸爸是土木工程師，高高瘦瘦、戴著眼鏡的他，聚會時總是靜靜地坐在角落。他這樣描述自己的成長經驗：「應該說我沒有什麼……自我吧……我覺得我生活在一個好像不是我自己……就隨波逐流這樣，人家叫我做什麼，我就做什麼，我也不知道我要去做什麼。」

同為大學畢業生的婷婷媽媽，就讀明星中學時被選入合唱班，這段經驗並未培養出她的音樂興趣，反而讓她感到窒息。教學內容狹隘地以智育為中心，不僅家政、童軍、美術等副課程全部被借去上主課程，更以成績而非興趣或能力來選取合唱班成員，這也強化了老師的大小眼，以及同學之間的勾心鬥角：

我們班就是分數主義啊！很可怕耶！學校的同學不是開心地玩，而是互相比分數，那老師也不會關心你，他只看你的成績，那同學之間下課也沒有機會交流，因為等一下要考試……我們班是合唱班，合唱變成一種比賽的事情，成績好得來才能進合唱班，你唱不好老師會叫你閉嘴，不要出聲音、嘴巴開，它不是為了開心，是為了比賽，很變質……我小學的時候覺得自己音樂很好啊，人緣很好啊，到國中的時候這一切一切都被否定了，對，它就把你全部抹殺掉。

像婷婷父母這樣在都市成長的父母，選擇「島內移民」尋求鄉間的桃花源，以逃離主流教育、避免複製童年創傷。曾有鄉間成長經驗的父母，則希望「回歸」田園，讓孩子也能享有「返璞歸真」的快樂童年，雖然，他們的記憶難免帶有「懷舊」濾鏡下的浪漫色彩。小艾媽媽的童年回憶，雖然有著負面的教育創傷，但彼時與大自然的親密接觸也提供正面的療癒力量。她選擇搬離城市、遷鄉就讀，希望藉此打造孩子的純真童年。她描述第一次看到田園小學校園的興奮心情：

我彷彿看到我小時候的樣子，小時候我國小的稻田旁、操場邊全部是大榕樹，我幾乎每天都是爬那種榕樹長大的，所以我看到校園裡的大榕樹，小孩子在那邊爬來爬去，我小時候一幕幕的情景又浮起來了……我開始想到說，如果我的小孩能夠像我國小那樣子快樂地長大，多好！（語氣興奮）有這樣的環境讓他玩，盡情地玩、很快樂，可以讓他忘掉家裡的不足或學校老師的不愉快，就會有比較正向的人格。

追求適性發展的教育

求學與事業經驗相對順遂的父母會轉向另類教育，往往是因為孩子的發展過程出現顛簸，因而提供教養反思的契機。許多原本打算積極培育孩子的全球競爭力，後來發現孩子的個性（如過於好動、上課愛插嘴、注意力不足）無法適應主流學校文化，才逐漸轉向教養光譜的另一端。

小湯的父母都有美國碩士學位與成功的專業生涯。小湯媽懷孕六個月時，就辭職到洛杉磯待產，好讓孩子享有「彈性公民身分」的空間流動優勢。他們替孩子註冊雙語幼稚園、私立貴族學校，但這些菁英培育計畫在小湯被醫生診斷為過動兒後都成泡影。小湯媽到處尋找新的資訊、資源與支持團體：她讀了所有能在書店買到的跟過動兒有關的書籍，參加了幾十場有關教養、教育心理學的演講與座談，她在網路上搜尋、參加相關的家長自學團體。這些知識讓她「開了眼界，也知道是有選擇的」，從而在教養方式上「轉了一個好大的彎」。

他們毅然決定搬到宜蘭，讓孩子就讀田園小學。雖然爸爸的工作仍在臺中，必須耗費大量時間通勤，但他也很支持這樣的選擇。他感性地告訴我，陪伴孩子尋找教育出路的過程中，讓他們得以「看穿」教育體制的偏誤（只認可特定學習能力），以及反思到自己過去習而不察的優勢：

因為我們看到小孩這樣，他沒有 fit 到這樣的 system 當中，我們才去自我覺察說，喔！原來我們是幸運的，我們是屬於成績好的那群，我們一路就上去了……他們那些成績不好的，（我們）可能覺得很皮嘛！這樣……我們沒有自我察覺到：「不對！」其實不是小孩問題，其實是這個教育體制沒有fit到所有的小孩子。我們去看了書、去聽講座，發現原來我們當初是這個系統當中所謂的優勝者……很多那些失敗者，以前我們是忽略的，不會看到的……

有些父母則從自己的人生經驗中「看穿」學歷文憑與職涯發展沒有必然關聯，因而希望孩子不要「讀得那麼辛苦」。小牧爸爸大學時候考上人文科系，但在城市闖蕩幾年後，決定回宜蘭經營祖傳的木材工廠。同為大學同學的小牧媽媽，也在家庭工廠幫忙。父母兩人都親身感受臺灣教育的壓力，包括能力分班的殘酷、重考大學的無奈，但獲得的這紙學歷其實跟實務發展沒有太大的關係。我們坐在透天厝前的庭院，三隻收養的流浪狗在身旁跑來跑去，小牧媽媽摸摸牠們的頭，淡淡地說：

我們一路上來，就是填鴨式學習，好像也沒有得到什麼啊？我們當初念得那麼辛苦，還不是就勉強考上一個二流大學，跟後面的工作也沒有什麼關係，我覺得沒有得到很實用的東西。我覺得學歷並沒有那麼必要……我們希望他，聽說讀寫加減乘除，會這樣就好啦（笑），你就可以在這個世界上存活啦！

小牧媽媽認為不論從父母基因來推測，或根據她對孩子的觀察，學業成績並非他的強項。因此，另類教育在智育學習上的不確定風險，對她來說相對較低，適性發展帶來的效益反而相對重要：「我很瞭解我兒子啊，反正他也不是什麼讀書的料，我就想乾脆他念得開心一點，找到自己興趣比較重要。」田園家長有不少經營餐廳、早餐店等家庭事業，多傾向認為學歷等有形專業證照並不重要，生活能力、人際互動、人格特質在經營服務業上反而更為關鍵。小牧媽媽也坦承，可以這樣看待小孩的另類未來，是因為有家庭事業的階級優勢做為後路：「自私一點，我們會想說，如果真的不行，你至少還有家裡的事情可以做，還可以回來接家裡的事業。」

療癒父母心靈與打造快樂童年

安安的父母過去都在軍旅服務，為了尋求孩子的另類教育，他們從軍中退休、舉家遷移到宜蘭。在竹科找到工作第二春的爸爸，在新竹租了小套房，每週五晚上趕回宜蘭全家團圓，週一上午再花三小時通勤到新竹。人在新竹時，爸爸每天晚上八點用Skype連線說故事。雖然週一上午趕回新竹容易塞車，爸爸仍不想提早走，因為「星期天晚上還可以說故事給他們聽」，而且「星期一早上走，他們還在睡覺，他們沒看到就不會難過」。

許多田園家長，如同安安父母，陳述「失落童年」的親職敘事，如何影響他們如今的教養選擇。他們感嘆自己的父母（尤其是父親）當年忙於事業或生計，或過於威權與傳統，在孩子的童年中缺席，如今自己身為父母，希望實現以孩子中心的家庭生活，強調情感連結、親子陪伴的重要性。安安爸爸描述自己的軍人父親「對小孩的方式跟對待軍人是如出一轍」，他的童年記憶籠罩著體罰的陰影：「我小時候的童年就是爸爸很多事情看不慣，就是一頓挨揍了，什麼不乖就打、打、打。」他跟爸爸的關係，在成年之前充滿怨懟與誤解：「就是很恨啦，就是很討厭爸爸，不通情理、不講理啊。」回溯自己的童年與父子關係，大大影響了他日後為人父之道：

我會看到我一些過去，好像形同一個鐘擺的兩端，兩端都是極端，太放任是一端，那太管是一端，兩端都是一個心理的補償。從小被打過頭，有時候就變成我去到放任這一端，喔，不要打不要打；再不然就是，像我哥哥對他的孩子這樣，打得更兇：「我爸爸都是這樣打我，我小時候是這樣過來，我都活得好好的，你憑什麼不可以接受？」但是小孩子，這兩端的小孩子都會產生他們講的那個「心靈的碎片」，會一直在他心裡頭很多很多很多碎片……我去上過很多那種心靈的課程，自己是已經放下，去療癒那些原有的碎片。那我們是想說，找一個好的教育平臺，讓父母親能夠給出一些不一樣的東西。

透過心靈課程等「反思」過程，安安爸爸試圖療癒自己的童年傷痕，並與原生家庭的「慣習」

進行斷裂，避免像他哥哥一樣，複製了體罰、權威等傳統父職角色。雖然必須忍受家庭分離、通勤等不便，安安爸爸仍然認為搬到宜蘭非常值得。他與妻子積極地在鄉間打造孩子的快樂童年，買了一間被稻田包圍的透天農舍。最令同學羨慕的是安安家後院的遊戲天堂，他們請工人蓋了一個「樹屋」（其實並沒有樹），溜滑梯攀爬而上是兩姊妹的「祕密空間」，下面還有可以玩沙的沙坑。院子裡還有盪鞦韆，烤披薩的窯爐，很適合邀請其他家庭來辦同歡活動。這個空間除了遊戲之用，還有教育功能。安安媽媽很用心地栽植各種香草植物，並在盆裡立了標注用的小木板，讓孩子可以學習植物的名稱。

安安爸爸仍對孩子的未來保持很高的期待，相信另類教育在兼顧孩子快樂童年的同時，可以透過更活潑、多元的教學方式培養「另類競爭力」，例如創造力、自主性、藝術表達與社交能力，比起主流教育，更能幫助孩子迎向在技術創新、產業多變的未來。他從自身在高科技的工作經驗中來佐證：「臺灣的體制內學校屬於壓迫性的，臺灣（教育）出來的吃虧，絕對吃虧……未來的競爭面臨的不是誰給你框框，而是自己要去發揮。」

不論基於怎樣的原因，選擇另類教育的田園家長，在育兒實作中同樣面對「自然成長 vs. 規劃栽培」、「快樂童年 vs. 競爭力」等教養益品的拔河。不論要面對周遭他人的質疑，或因應自己內心浮現的不確定，育兒成為一個持續對抗、拉扯的過程。他們必須尋求資源、建立論述來培養「教養自信」，以及重新協商夫妻分工、精細管理家庭生活，以實現理想中的教養方式。

鞏固對另類教育的信心

田園家長面對的質疑雜音，首先來自於周遭的同事朋友，也就是都會區以「培育全球競爭力」為教養目標的階級同儕。有些人對另類學校學習成果不信任，質疑沒有考試、課本的教學方式「會不會太輕鬆、玩得太愉快」；教學內容的多元，尤其是對戶外活動、手作課程的重視，被詮釋為孩子「只會爬樹」、「只會縫衣服、做手工」，擔心「以後出來會有競爭力嗎？」接受另類教育的孩子也容易被貼上標籤，被認為是主流學校中無法容身、「有狀況」的孩子，在這樣的環境裡成長被認為「太自由」、「不受約束」、「特別野、看到樹就要爬」、「很難管控」、「搞破壞」。有些人即便對全人學習的目標有所肯定，但基於大環境的考量，如果沒有能力送孩子出國，依舊會擔心將來如何與主流體制「銜接」。尤其，在大家都競相追逐國際化的年代，搬到「窮鄉僻壤」被認為是「走回頭路」，缺乏「全球競爭力」。

原生家庭長輩也常成為難以迴避的壓力源，尤其是擔任主要照顧者的母親，必須承受公婆對孫子女的期待。袁弟的爸爸擔任低階公務員、媽媽原在出版業工作，搬來宜蘭後辭職在家照顧兩個孩子。他們的選校決定受到長輩的質疑。袁弟媽媽陳述長輩給予的壓力：「老一輩的觀念就是這樣，沒有課本要幹嘛？沒有考試？二年級還不會寫字？（激動）就很不能接受啊，到現在還是常常很質疑……」她用力地搖頭：「壓力很大啊，我都盡可能眼睛閉起來、耳朵閉起來當沒聽到，不然很難撐啊。」

祖父母也經常反對夫妻分離的居住安排，尤其是女方長輩，認為這樣的決定過度以小孩中心，擔心對夫妻關係或成人生活有負面影響。有位外婆憂心地告訴女兒（以下為臺語）：「囡仔（孩子）總會離開妳，尪（丈夫）才是永久的，妳要自己想看覓（想一想）。」婷婷媽媽轉述自己父親反對的理由：「那小孩長大後妳要幹嘛？妳為了小孩，妳改變了一切到這邊來，那妳自己呢？」她搖搖頭，不贊同小時候經常在家中缺席的父親：「我是沒有辦法回他嘴啦，否則我是很想回他說，你小時候根本沒有管我們的事，因為都是媽媽管的啊（聲音上揚），你以為小孩怎樣都會長大嗎？那是有人在後面幫你收拾啊。」

面對這樣的雜音，田園小學的家長要如何因應、並不至對另類教育失去信心？我發現兩個主要的策略：運用象徵資源建立另類教育的正當性，以及重新建構教養益品的評價框架。

西方教育的象徵資本

面對旁人質疑時，教育程度愈高的父母，具備較多的教養自信或文化資本能予以抗衡。田園小學也提供了豐富的論述資源，包括出版書籍、家長課程，來幫助家長建立對另類教養的信心。許多家長（主要是母親）報名參加了為期兩年的師資培訓課程，目的不在於成為儲備師資，而是更瞭解田園小學的教育理念。

相對於在地發展的另類學校，田園小學強調以西方教育理念為本，讓家長較有信心回應外界的疑慮。這位母親的說法很有代表性：「田園小學使用的理論基礎是一個很清楚的體系，而且不是自己發想創造的，它有很豐厚的理論的傳承，也有很多國外的資源可以尋找。它後面是有某某（匿名）博士的學說，後面有一個在瑞士的總部，它會提供資源給國外的學校。」

田園小學經常在寒暑假舉辦到國外田園學校的參訪活動，邀請家長與學生自費參加，也不定期邀請國外的老師與教育專家來臺，講述田園學校的教育理念。對家長來說，全球化提供了跨越國界的文化資源，甚至一個共享另類教育理念的全球想像社群（imagined community），為他們非主流的鋪路選擇賦予正當性。

田園學校的象徵資本也賦予鄉間生活方式新的詮釋，讓傳統變得現代、在地變得全球。比方說，慧君的父母前往臺北讀大學後，原本留在臺北教書，為了讓孩子就讀田園小學，他們決定返鄉工作。務農的長輩對此決定並不贊同：「為什麼要送孩子去學爬樹？」、「都沒有教讀書寫字」。慧君爸爸經歷了求學競爭與都市生活，如今珍惜家鄉風土，甚至嚮往農耕生活。他在訪談時情緒略為激動地說：「小時候我媽我爸什麼東西都幫我做好，只要我專心讀書，現在長大了我有的時候會覺得很氣，他們懂得很多……種田、種菜，我都不會，我會很氣我爸媽，以前什麼東西都不讓我做。」

上一代父母的教養目標，集中在讓孩子透過教育成就取得社會流動，包括職業與城鄉的流動。由於農村生活涉及的技能與知識並不受到主流價值肯定，難以成為具有象徵地位的文化資本，因而讓祖父母輩認為沒有代間傳承的價值；但是在另類學校裡，爬樹、種田、木工變成正式的課程內容，受到教育體制的認可，反過來讓返鄉的下一代建立新的文化資本評價系統。

重構評價框架

面對他人對其教育選擇的質疑，許多家長透過對教養益品的重新排序，強調「快樂成長」或「健康人格」，更甚於學業成績或競爭力。家裡經營木材工廠的小牧媽，娘家在臺北，她的姊夫派駐中國擔任管理工作，姊姊在寒暑假時便送孩子出國參加營隊，以培育全球競爭力。姊姊經常擔憂小牧兄弟的未來：「你們都沒有念書，這樣怎麼跟得上人家？這樣沒競爭力啊？」小牧媽描述這些意見讓她處於一個「不斷跟自己對抗、拉扯的過程」，當她發現孩子的識字或算術能力有限時，就不免對另類教育心生質疑，甚至對孩子生氣：「你怎麼連這個（功課）都不懂？」但她會重新調整心態，提醒自己：「過一晚上你就會想開啦（笑），又會覺得，如果這樣子，我不就失去了我要他念這個學校的用心，就是要快樂地學習、快樂地成長，長成一個健康的人格。」

有些父母則會對照其他就讀主流學校孩子的狀況，來佐證自己孩子在另類學校所得到的益品。比方說觀察到親戚孩子，或是功課做到很晚、每天愁眉苦臉，或是太早熟、玩臉書、看偶像劇，強調看到自己孩子生活健康、笑容純真，沒有受到成人世界的汙染更為重要。一位爸爸說：

「我的想法很簡單，我只是希望我的孩子可以很健康地成長，不管是身體或是心靈，對啊，你看像那樣的孩子，每天處在高壓的狀態下，他的心理怎麼可能很健康呢？」他也批評朋友的孩子問女兒：「你們班現在有沒有人喜歡妳？」是個不符合其年齡的奇怪狀態。在田園小學的二年級班上，我們確實觀察到孩子之間的互動比較純真，也較少出現明顯的性別區隔，不像體制學校的課堂，如果有男生女生經常一起玩耍，同學就會用「誰喜歡誰」加以揶揄。

許多家長反對使用成長曲線、學業成績等主流方式來評估田園小學生的發展，從而強調其他的指標，如該校學生的蛀牙率、近視率是全宜蘭縣最低，或如一位父親所言：「快樂與健康是不能量化測量的。」他們指認孩子在習性或能力上的轉變，比方說，當孩子到親戚家不會亂吃不健康的零食，或是聽到孩子高興地跟表哥說自己很早睡覺，讓媽媽對孩子培養出良好生活習慣感到欣慰。

有些家長進一步發展不同於主流的敘事，重新定義「競爭力」或人生目標。例如，小湯媽媽便告訴擔憂的外婆：「妳放心，我不會讓我的孩子沒有競爭力的。」小湯爸爸解釋：「一般所講的競爭力都是很窄化，不外乎升學啊、技藝啊，其實如果更宏觀地來看的話，應該是想說你孩子可以得到一個怎樣幸福美滿的人生。」其他家長也有類似的說法：「如果他只對賺錢有競爭力，可是在人格、挫折處理上沒有什麼競爭力，你要那種競爭力嗎？」

父母也不時檢視孩子日常生活中的表現，觀察孩子在學業成績之外的能力發展，包括烘焙、工藝、美術等，來做為自我肯認或說服他人的證據。例如，袁弟媽為了讓長輩可以接受，有意識地在回家時展現其他的學習成果：

我有時候會帶袁弟的作品（回去），他畫的畫啊，就是讓長輩看到，他的成績不是像我們以前的那種考試成績，那是不一樣的，有時候他做一些烘焙啊，如果我們要回去，我就讓他做餅乾、讓他做蛋糕，我就陪他做。【藍：那這樣有沒有改變他們？】（想了很久）還可以啦（苦笑）畢竟他們還是覺得學歷很重要，還是要讀書，阿嬤就是期望他可以當醫生，對，所以要接受，我覺得沒有那麼快。

有些家長透過時間框架的重新界定，來提供學習成果的不同測量方式。即便當下的成果有限，他們強調要配合學生「自然成長」節奏，許多家長分享類似以下的說法：「不急，孩子想學的時候，才能夠學東西」、「這些東西遲早都會，那些字只是早晚而已」、「我的孩子可能不會輸在起跑點，問題是他可能會昏倒在中途，根本沒有機會到達終點。」

同時，父母也不時觀察自己孩子及其他同儕的表現，尋求證據來確認另類教育是個有效的學習路徑。比方當全家到動物園玩時，孩子對動物生態的觀察比大人更深入，讓爸媽眼睛一亮：「那個瞬間讓我覺得田園小學的教育是有用的，我們都不會這樣想啊，我覺得老師保持了他的信心，老師幫他建立了很好的學習上的信心。」

高年級學生的正面學習成果，也提高家長對另類教育的信心。每年期末，田園小學會舉辦該校中學生的英文話劇表演或其他學習成果展示，許多父母建議我去參觀，語氣雀躍地描述：「妳去看過他們的成果展了沒？他們真的很厲害，很有自信，真的很不一樣」、「妳如果看到這一些孩子在舞臺上的呈現，他們具備的能力，絕對不輸給一般體制內的小孩。所以我覺得看到這些孩子會讓我很放心。」這樣的團體學習成果展現，幫助家長減緩對當下的焦慮，相信孩子雖然目前比主流學校學生「學得少、比較慢」，可以在未來得到延遲的另類回報。

在地家長的觀點

宜蘭當地的家長對外地人爭相就讀田園小學感到不解，多認為移居都市替孩子爭取更有「競爭力」的教育資源都來不及了，為什麼要「回歸到過去的教育方式」；許多認為只有具備階級優勢的家長，有能力送孩子出國的才適合就讀另類學校。一位田園小學母親描述身邊朋友的看法：「大家都說去讀田園小學的只有兩種，一種就是學歷很高、頂尖科技、博士之類，有錢可以送孩子出國的，另外一種就是頭腦壞掉的（笑）。」

然而，隨著外地家長的熱情移入、田園國小成為媒體報導焦點，本地家長的態度也開始有所轉變，但他們選擇入學的考量仍有所差異。在我們觀察的這個二年級班級，班上大概有三分之一左右的家長原本就住在宜蘭，其中有不少家長本身是公立體制學校的老師，基於他們在教育現場的經驗，他們對於孩子進入體制學校有所保留，但也因為自身從事教育工作的關係，覺得自己可以在家提供必要的輔助教學。

此外，也有本地家長坦承自己是跟著「島內移民」的潮流而來，用田園小學老師的話來說，就是「趕流行的，看到那麼多臺北人都來念，覺得可能很不錯也來念」。妮妮媽挑染紅髮、喜歡穿色彩鮮豔的洋裝，當年重考一年後進入私立大學英文系，爸爸則是高中畢業後入伍、進入職場後利用假日進修取得大專學歷，目前兩人合夥從事保險工作。妮妮是他們最小的女兒，老大、老二念的都是一般體制學校，到了老三入學時，他們決定嘗試一下不同的教育安排。媽媽當時有朋友非常積極地安排孩子就讀實驗學校，她於是一起參加了田園小學的說明會，看到滿屋子熱切的家長，她這樣描述：「我就覺得，哇，好多人要擠都擠不進來，那我怎麼不擠進去（笑），應該是有它的不錯吧，有那麼多人。因為兩個都體制內，這個讓她讀讀看。」

妮妮媽也從自身的職涯經驗，質疑文憑的意義：「我覺得自己浪費很多年在讀書，那時好像是為了得到一個文憑，然後去付出很多時間，很多東西也是被框住了。」爸爸也用「框架」來批評體制教育，並用熟悉的「競爭力」話語來理解脫框後的學習效果：「體制內被框得很死，很多孩子你出來沒有競爭力。」

不像其他移居而來的家長，帶著相當的成本與焦慮來進行這場教育實驗，妮妮爸媽懷抱相對輕鬆的心情。當我們在他家客廳坐定，看著超大尺寸的平面電視，妮妮媽大笑：「我們就是不像田園小學啊！」他們的教育選擇也沒有遭到長輩的反對，妮妮媽說：「我媽是搞不清楚，她以為我是給她讀很好的學校還是很貴的學校，『要讀遮爾（這麼）好喔？』她還這樣說。」妮妮爸媽自承對么女的未來沒有太多期待，只希望她能「學到她想學的東西」，由於妮妮喜歡跳舞，爸媽也覺得沒有課業壓力可以讓她有更多時間學跳舞。

由於工作忙碌，他們鮮少參加家長圈子的聯誼活動，手作勞動後來也多請全職媽媽代勞。妮妮常穿姊姊傳下來的卡通圖案衣服，媽媽也認為學校堅持要小孩穿的棉布衣「缺乏美感、不時髦」、「有點村姑的感覺」。家庭飲食與生活節奏並沒有依循田園小學的建議而有太多的改變，媽媽在訪談中屢次提及「我們不是那麼田園」，我問她會有壓力嗎，她略微緊張地回答：「學校面試時有要家長配合，現在沒有配合，不知道會不會被退學。」爸爸不贊同地說：「我們每天還有很多事情啊，又不是只有小孩子。」

我訪談的多位在地家長皆表示，從都市搬來的家長由於教育選擇的成本比較高，顯見他們必然都是深思熟慮之後才下定決心。但兩者間的因果關係其實會互相加強：正因為移居家長已付出相當高的遷移成本，他們更傾向於積極認同此教育理念，並強化在日常家庭生活的自我親職檢查，以確保能有效達成預期的教育成果。

相對起來，在地家長的教育選擇成本比較低，周遭的社會壓力也相對低，讓他們在教養實踐上傾向彈性、混搭。雖然同樣支持田園小學的教育理念，他們在教養實作上有程度不等的權宜做法。例如，許多家長仍讓孩子課餘去補英文，但會請英文老師調整教學方式，不要過於嚴格。他們的日常家庭生活也比較「不那麼田園」，許多跟祖父母同住，吃飯時還是照樣看電視，有些媽媽經常購買外食，或請外籍監護工幫忙煮飯。

班上的家庭絕大多數落在中產階級的範疇，除了住在學校附近的小璇，來自典型的勞工階級家庭。五十多歲的小璇爸爸，國中畢業，是施作下水道工程的技術工，小璇媽媽年紀與學歷與爸爸相仿，以打零工謀生。當我問到他們選擇田園小學的理由，他們的回答與其他家長大相逕庭。爸爸直截了當地說：「妹妹不用再讀那麼多書。」小璇是家裡的么女，前面四個哥哥都已成人，其中三人都透過體育表現保送體專。爸爸苦於負擔三個兒子的私校學費，不僅對於女兒沒有教育成就的期待，甚至希望女兒最好少念一點書（覺得讀到國中畢業就可以），期待她能因此維持與家庭的連帶與照顧：「我是想說這一個不用念得那麼辛苦。她不要出去外面，才有辦法陪我們。因為大的都已經去臺北了，然後就離家裡很遠，想回來才有回來，跟家裡的互動什麼，都變得很生疏。」

小璇媽媽闡述她對田園小學的理解：「沒功課我比較愛，因為田園小學它不是都沒教東西，它也有教一些生活上要用的，女孩子其實這方面，強一點是沒有關係的。男孩子念也是OK，學校這邊就是技藝方面加強，教那個裝潢啦，有沒有，我們這些蓋房子的啦，那些基本功可以學。」對他們來說，另類學校的教育選擇旨在降低學業的壓力，讓孩子「開心一點過她的童年」，並符合他們對女兒未來高度性別化的期待，家庭照顧的角色更甚於教育或職業的成就。他們的教養策略其實非常接近勞工階級版的「讓孩子自然長大」。

小璇媽略帶遲疑地表達了對田園小學的批評：「它現在一直想回歸以前那種教育和生活，可是我覺得不太可能完全回去。因為畢竟，我們的環境不是在山上，你要說小孩子完全不碰電視、不碰外界的資訊是不可能的。我的感覺啦，老師啊，學校啊，很一味地要去過那種原始的生活……我覺得有一點、有一點走味的那種感覺。」

由於階級資源與秉性的差異，不同社經地位的家長將另類教育放置在截然不同的時空地圖座標上。中產階級家長將田園小學詮釋為西方教育理念與文化的復刻，並藉此賦予在地、傳統的生活方式「全球價值」與現代意義。勞工階級家長則單純將田園小學的做法理解為「回到過去」、「回歸原始」，並質疑家長與老師進行生活微管理、打造隔絕空間並無必要或不太可行。從都市遷移而來的中產階級，具有學歷、文化的相對優勢，但也面臨更多的地位焦慮，以及階級同儕評比的壓力。相較起來，在地家長雖然文化資本與象徵資本有限，反而能用較為彈性的方式來讓孩子自然長大。

改造家庭生活：親職性別分工

外界的雜音讓田園小學的父母持續處於一個「不斷跟自己對抗、拉扯的過程」，強化了「自我親職檢查」的「反思性監控」。以孩子為中心的「島內移民」，家長生活方式需要調整的程度，其實較小孩更甚。有些家長告訴我：「小孩很容易適應田園小學！最難改變的是大人！」家長必須放棄看電視的習慣、節制手機、電腦等電子產品的使用（至少在孩子面前），並適應商業娛樂稀少的鄉間生活。

為了逐另類教育而居，原本上班的母親多辭掉工作專心照顧孩子，父親則持續在都會區工作（少數每日或隔日通勤，多數週間住在外地，只有週末回家團聚）。許多母親笑稱自己是「假性單親」。這樣的分偶家庭，往往也在夫妻關係中衍生非意圖的影響，包括強化教養勞動的性別分工（父親養家、母親照顧），以及父母之間親職風格上的落差。

自然母職的壓力與培力

為了追求田園小學所認同的有機生活模式、降低商品與外包的使用，學校要求家長參與手作，來幫助孩子在校的學習活動，例如織毛線娃娃、染教室窗簾、縫孩子在教室穿的室內鞋，以及手製文具袋等。學校認為標準化的商品阻礙孩子發展創造力與想像力，相對而言，家長親手縫製的毛線娃娃與布偶多半沒有五官，可以讓孩子自由想像娃娃的表情。根據我對老師的訪問，田園小學對於手工製品的強調，也可迴避商品消費體現的階級差異與不平等：「如果你自己買，每個人都不一樣，你就會產生比較心。」

這樣的手工勞動大多落在母親的肩上，讓母職任務變得更為密集與多重。有位媽媽描述入學時的第一個挑戰是製作孩子的手工鞋，從買麻布、染色到手縫，都要由家長完成，她至今想起來心悸猶存：「我們總共做了三天，三個白天、整個白天，真的很恐怖（笑），我的天。老師要求一定要自己縫，而且買不到，買不到啊，真的買不到（聲音上揚）。然後，有一些家長，會用縫紉機幫我們縫半成品，然後剩下我們回來自己縫，對，就是這樣子，很恐怖。」她吸了一口氣，接著說：「這只是第一個工作而已（笑）。」

母親們被學校期待帶著反思的角度重新檢視日常生活，在食衣住行等各方面實踐親近自然、環保有機的理念。在家庭空間上，有些家庭聘請符合田園小學理念的室內設計師，在居家裝潢上採取類似的設計：有凹凸紋路的黑板牆、遊戲用的木檯桌、漸層著色的牆面油漆。不少我拜訪過的客廳裡擺放田園小學提倡布置的「季節桌」，棉布上面陳列了當季的果實、花草、孩子隨手撿來的石頭、貝殼、樹皮，以及媽媽親手縫製的毛線娃娃、布偶。這樣的家庭空間旨在創造一個擬自然、去商業的環境，讓孩子可以安心玩耍，發揮美感與藝術的天性。

女性主義學者已經指出，準備食物與餵養家人是體現母愛、實踐密集母職的重要場域。[4]在臺灣，隨著食品安全風險的增加、有機食品論述的風行，田園小學的母親也將準備餐食視為重要的日常風險管理工作。[5]有位媽媽給我看她的煮飯日誌，每天三餐都有規畫與紀錄，以確保孩子的營養與飲食上的多元性。她每天中午送現做的溫熱便當去學校，因為擔心食物的味道變質，她驕傲地說：「我從來沒有讓兒子蒸過便當。」除了嚴格限制孩子消費零食、高糖分、含反式脂肪等垃圾食物、盡可能減少外食，她們也在採購食物時小心避免農藥、色素、香料、防腐劑等加工物。媽媽們透過團購方式或合作社集體購買有機食品、小農蔬菜，在烹調時盡量少油少鹽，並盡可能地用手工方式製作豆漿、麵包、漬菜、果汁、甜點等。此外，有些家長擔心疫苗與西藥對孩子身體產生負面影響，相互介紹購買中藥、精油、順勢療法的小藥丸。這些所費不貲的另類療法，強調「個人的獨特性與身體的自癒能力」，與規劃自然成長的教養觀相互呼應，成為實踐「自然母職」的醫療實作。[6]

自然母職除了強調手作、有機與風險管理，也重視家長必須持續反思、內省、放手，避免對孩子的自然成長有過多的干預與介入。在親師會、家長說明會等活動時，田園小學的老師都再三提醒家長，「盡責的父母」不是要安排妥當小孩的活動，而是要讓孩子有足夠的時間摸索與消化，好讓他們的「內在自由長大」。這樣的原則對面臨親職焦慮的中產階級家長來說並不容易，日常家庭生活中，媽媽經常面臨自我拔河與內在對話，一方面努力恪遵讓孩子自然長大的原則，一方面要抑制自己積極規劃的衝動。

有天我參與了在安安家舉辦的親子聚會，午餐用後院的窯烤爐製作手工披薩。小朋友們非常興奮地圍著桌子，其中一位母親介紹說要怎麼做，但謹慎地避免逐步指導細節。孩子們做的披薩都放了過多的材料，餅皮從中間到邊緣都塞滿了餡料，尤其是很多很多的起司，有的揉出的餅皮形狀很不規則，有幾個孩子的衣服也都沾到番茄醬。另一位爸爸強調小孩要自己用鏟子拿披薩進去烤，「DIY要從頭到尾」，但最後拿進去爐子的動作還是由大人來做。婷婷的披薩要放進去烤之前，媽媽有點急切地說：「要放洋蔥啦，洋蔥烤起來很好吃」，並忍不住想要動手幫忙，另一位媽媽出面提醒：「沒關係啦，她披薩都已經好了，妳就不要再教她，做不好就算了。」婷婷媽下午接受訪問時，反省自己中午時的舉動，還是受到過去強勢教育的影響，用失望的口氣自嘲說：「我就是不想要小孩再走那一套……可是，對孩子的時候，常常不自覺的，就很像上身了一樣。」

來自都市或是上班的媽媽，通常較缺乏時間或技能來完成學校要求的手工藝。班上的家長於是組織團體協作來共同完成，例如，製作手染窗簾時，家長們（主要是媽媽）會約一天一起做，並且分工。一位媽媽描述：「不會車沒關係，妳就幫忙剪布、幫忙熨。」住在當地、全職家管的母親，通常會在這樣的場合中扮演主導角色，甚至有人做起小型的委託代工，收取費用來協助沒時間或沒手藝的家長完成。

雖然有些母親因為「被迫學習」或必須「持續自省」而深感壓力，但有更多的母親，尤其是全職育兒者，從這些活動中獲取母職的意義感。許多全職母親描述她們過去在都市裡當家庭主婦的生活過於疏離與孤單，缺乏學習的機會與社群的支持：「以前在臺北，你知道我是很孤單，我的情緒沒有地方發洩，而且我沒有社群，沒有援助，一個人關在那裡帶小孩，其實隨時都很情緒化」、「我就整天在家帶小孩，我小孩帶不好那我這個人要幹嘛？我帶得很無力，因為我沒有吸收，我一直在耗……很悶啊。」

田園小學密集的家長作業與活動，讓她們有機會開發新的生活經驗與面向。例如，許多人重新感受手作、工藝、烹飪的美妙，體會慢活、放空的生命節奏，感嘆「為什麼以前我沒有去發現這些東西」、感謝「孩子帶給我很多學習機會」。此外，這些任務讓她們得以將照顧孩子從瑣碎的日常事務中提升到「科學母職」的層次，賦予母職勞動更重要的意義感與能動性。[7]一位積極在田園小學參加師訓、擔任志工的母親，描述她在宜蘭的生活相較於過去在臺北擔任全職家管，有更多生活的目標：「我覺得蠻好的啊，來這邊以後，我比較有事情做吧……我既然不用為五斗米折腰而辛苦……研究田園小學的學說也好，做志工也好，有事情讓我更投入地去做。」

除了透過跨國文化資源的加持，母親之間的社會網絡，包含實體與網路上的連結，提供了田園家長實踐自然母職的重要助力。由於理念與生活方式的相近，這些媽媽不僅透過緊密互動來交換資訊、集體消費，也不時讓孩子到彼此家裡玩耍，共同育兒。這樣的社會資本幫助她們學習與自身成長經驗截然不同的親職腳本、流通另類的教養資源與工具，也鞏固了被主流質疑的信仰。然而，當父親無法參與這樣的家長網絡時，不僅強化了親職之間的性別分工，也容易衍生夫妻間在親職風格上的衝突。

夫妻之間的親職風格衝突

經歷教育傷痕的小艾媽媽，對田園小學深感嚮往。她提出搬離都市的堅定要求，讓先生很驚訝，因為過去她最喜歡的就是美食與逛街。小艾爸爸當初放棄了派駐到中國的管理職，損失了將近五分之三的薪水，就是希望全家能在臺灣一起生活。他無奈地配合太太「逐教育而居」的決定，基於工作需要，他週間獨自住在臺北，每個月平均仍到中國出差一次。小艾媽媽絕大多數時間獨力撫養兩個孩子，她在宜蘭家中徹底履行田園小學的生活：客廳裡沒有電視，只有手工打造的木頭遊戲桌，過去臺北家中的芭比娃娃、機器人、玩具槍都被她徹底移除。

有一天我造訪小艾家時，手機剛好響起，接完電話，小艾挨著我，帶著一抹神祕微笑問：「妳的手機裡有什麼可以玩的？」由於田園小學建議孩子不要接觸電子產品，我當時有些尷尬，不知該如何因應，小艾對手機遊戲的熟悉也讓我感到驚訝。媽媽無奈地搖頭，跟我抱怨「豬隊友」：「都是她爸爸啦，每次從臺北回來就給小朋友玩手機、玩 iPad，破壞我們家的規矩……老師常常跟我講說，跟爸爸講，要給她很多溫暖，不要再教她一些大人的遊戲。」坐在一旁的爸爸，露出無辜的表情，不贊同地說：「有那麼嚴重嗎？我只是想要給他們看我幫他們找的 app 啊，只是好玩，有些也有教育功能啊。我在臺北沒事的時候，我就上網找嘛。」

這些「週末父親」僅能利用有限的時間來與孩子相處，他們往往透過熟悉的科技或消費的媒介，來表達對孩子的關愛或藉此建立親密連帶，然而這些商業媒介恰好是田園小學所反對的。同樣經歷分偶居住形式、親職風格衝突的還有莉雅一家。莉雅的父母旅居上海經營事業多年，媽媽帶著孩子移居宜蘭後，爸爸仍隻身留在上海工作。我在班遊見到返臺度假的莉雅爸爸時，他穿著鑲著法拉利賽車標誌的紅色外套，大方地自嘲說：「我很不田園小學吧！」他坦承自己對田園小學的理念瞭解有限，在教育決定上「盡量配合媽媽」，因為他相信傳統的親職性別分工：「賺錢是男人的事情、家裡是媽媽的事情。」

這樣的教育決定對他來說，最難以適應的是家庭分離的狀況。雖然自承是「觀念傳統的男性」，也無法開口說愛，但爸爸其實對三個小孩非常疼愛，每次停留臺灣期間他就手工烘焙孩子愛吃的麵包。他描述自己孤零零在上海的情形：「我每天都會打電話回來啊，想要跟他們說話啊，但他們可能有同學來玩，或是有親戚朋友來玩，就不會理爸爸啊，爸爸一點都不重要啊……分隔兩地是很悲傷，不過好的就是，每次回來他們會期待父親回來。」

返鄉前夕，莉雅爸爸總是為孩子準備許多禮物，不論是迪士尼公主娃娃、Hello Kitty 背包，或是給小兒子的刀槍。購買這些玩具可以滿足爸爸多重的心理需求，其一是補償自己童年時的失落：「從小我們家孩子多、買不起，現在我能力夠，小孩子你要什麼開口我給你什麼，我現在是，應該是買給我自己的。」其二是受到身邊同儕的影響：「因為整個環境，我做生意，很多朋友都有這些。」最重要的是，他無法親身陪伴孩子時，希望透過消費來體現父愛、履行遠距父職。爸爸每學期都替莉雅換一個新書包，「而且都是那種顏色很亮、bling-bling的。」媽媽不贊同地搖頭，爸爸忍不住插話：「要不然我在那邊賺錢幹嘛？！真的啊，重點就是要給他們花啊……我想他們嘛，會想他們需要什麼，禮拜六禮拜天沒事，我就去商場、去百貨公司逛，專程去買他們的東西。」

雖然這些中產階級父親懷抱著打造快樂童年的信念，立志成為與上一代不同的父親，然而，職場與家庭的時空條件都讓他們沒有充分機會陪伴孩子成長。為了追求另類教育與田園生活不得不分偶居住，跨國生產或出口導向的職場要求管理人員延長工時、頻繁移動，這些因素都讓父親無法配合以孩子為中心的自然親職，因而強化了夫妻之間的刻板分工與親職風格的衝突。

雙薪家庭的擠壓與放鬆

對於實踐密集的自然母職，田園小學母親們的反應甘苦夾雜。有全職給薪工作的母親，對學校要求倍感壓力，或苦於時間短缺，在職場、家庭之間蠟燭兩頭燒。小風媽媽在宜蘭一家醫院擔任醫技人員，先生在藥廠擔任業務，因為需要到處拜訪客戶，對養育的參與相當有限，有時甚至是反向參與（看電視、買手搖飲料、示範不良飲食習慣等）。小風媽選擇值大夜班（晚上十二點到上午八點），方便照顧三個孩子，也可賺取夜班津貼。下班到家後她先做家事、小睡兩三個鐘頭，下午一點半出門接低年級的小風放學，讓他在學校玩到三點半，再接高年級的姊姊、幼兒園的妹妹。由於學校希望孩子八點上床，她一回家就要盡快準備晚餐，好趕在五點半左右開飯。小風媽的工作量很驚人，給自己的休息時間也很少，通常只能趁著連休日（連上十二天大夜休六天），整個放空，讓壓力緩和下來。儘管如此，她仍全力配合田園小學期待家長的參與，包括做手工、做餅乾、協助班上活動等。

遷鄉家庭中極少數維持雙薪、都市通勤的家庭模式，易承家便是其中之一。

老大易承在兩歲後開始出現語言發展遲緩等狀況，經過醫療評估與語言治療後，發現有亞斯伯格症傾向。透過夜間課程取得大學學歷，在保險公司當業務的媽媽曾請了四年育嬰假來照顧兩個孩子，爸爸過去在廣告業擔任高階主管，也請過無薪育嬰假一年在家照顧孩子。為了找到一個更能溫柔包容孩子的學校環境，他們選擇搬到宜蘭，爸爸也決定改行，和媽媽一起做保險。爸爸描述自己放棄廣告業事業的決定「等於是花了兩千萬換陪小孩十年的時光」，但他認為非常划算。他們不願意像其他家庭採取通勤、單薪的模式，因為，如媽媽所言，「工作的那個人就完全沒有辦法參與到家庭，我覺得有點可惜。這樣子取捨後我覺得，我願意工作，然後讓爸爸也能夠參與家庭的生活。」

對於這對造型打扮很有文青風的父母來說，堅持雙薪工作，並共同參與親職，不（只）是為了追求性別平等的勞務分工，而是讓父母都有機會享受陪伴孩子的寶貴經驗。對他們來說，家務與照顧不只是勞動，而是親子情誼的體現與媒介，因此，市場外包不被視為理想的安排。他們曾聘請一位阿姨來家裡幫忙打掃、準備晚餐，過了幾個月後，他們決定不再外包家務。媽媽這樣描述：「嗯，我覺得我不太能接受一個不認識的阿嬤，來照顧我的孩子耶，我就想說，我們搬到了宜蘭就是希望可以自己照顧孩子。這不是我們要的，我也很難要求她用我的方式來處理。」她強調親力親為的家務勞動，其情感產出與市場服務不可相比：「我們就是堅持一定自己下去，炒的菜不管好不好吃，可是就是有一份愛在裡面，你會很明顯感覺到（笑），姨婆炒的菜不管好不好吃，就只是應付這件事情而已。」夫妻雙方也同樣參與食物勞動，看彼此時間進行彈性分工，菜色是誰的拿手就由誰主廚。他們在準備餐食時也經常邀請孩子一起來參與（幫忙擠檸檬、切麵包），以增加親子互動的機會。

家裡的書架上放滿了如「為孩子做幸福的玩具」、「邁向自由的教育」等教養書籍，父母雙方都非常努力地實踐田園小學的理念，例如，使用自然的素材（積木、紙做的棒球與手套）做為玩具，避免介入孩子的學習（當孩子寫錯數字時，媽媽溫柔地提醒在旁邊觀察的我的助理：「不要教他，沒關係。」），並且阻止孩子花太多時間在學習（老師提醒九九乘法表的練習一天不可超過三十分鐘）。送孩子去上游泳課旨在「玩水」，不希望過早操練技巧，以妥善保護學習的動機。大人與小孩在日常對話裡，都不時用「愛你！」、「I love you!」來表達對彼此的情感。

要實現這樣的孩子中心的生活，並恪遵田園小學的時間節奏，成人們面臨高度的時間擠壓。尤其因為易承爸媽的保險客戶多在臺北，如果沒有辦法安排其中一位留在宜蘭的話，兩人往往舟車勞頓（兩人同行就開車，一人就坐客運還能藉機小睡），每趟大概要花七十分鐘的通勤時間，並要趕在五點到學校接孩子、準時六點前開飯，好讓他們在八點前洗好澡、說故事，準備上床睡覺。

然而，訪談時，易承媽微笑地告訴我：「現在我覺得，感受就是我們好放鬆。」對照於過去還住在臺北時，他們當時非常在意易承接受早療的進步狀況，尋找幼兒園時又常常遇到老師拒絕特殊孩童。剛開始就讀田園小學時，爸爸也很擔心將來孩子能不能有競爭力。兩人透過參與田園小學的師訓課程，不斷反思自己原生家庭的成長歷程、逐步修正自己對待孩子的方式：

> 去早療中心上的那個課反而對易承來講變成一種壓力了，其實我們是想要協助他，可是太快了……我們就不再讓他上這些課了，我們就讓他照一般他在學校的節奏，然後去觀察他的變化……其實過去雖然我都沒當著他的面說，ㄟ，你應該怎樣怎樣，或是拿他跟其他孩子比較，但其實他可以感覺到我的壓力，所以他也會很有壓力……在師訓的那一年，我就每個月上完課就微調微調微調，到那個時候之前，他常常有什麼事都只要爸爸不要我，可是那一年快要結束的時候，他是會從後面來把我抱住，我覺得對我們的關係是很大的改變。

易承媽媽所謂的「放鬆」指的顯然並不是時間上的寬鬆，而是心理感受的輕鬆。易承就讀田園小學之後，個性上日漸穩定，讓父母在這條辛苦的路上得到回饋與信心。更重要的是，「自然成長」的教育理念，幫助易承媽放下自己對文憑與成就的迷思與執著，從而能接受孩子發展的現況，對於未來的不確定性「盡可能地不擔心」。對她來說，卸下了成就導向的教育母職重擔，並享有親密夥伴的平等付出、協力共作，陪伴孩子與規劃家庭生活的密集親職實是甜蜜的負擔。

規劃自然成長的弔詭

田園小學的家長經常開玩笑說自己「不夠那麼田園」，擔心自己沒有符合田園小學所規範的理念來履行生活，可能導致對孩子的成長衍生負面甚至無法逆轉的結果（「孩子的成長只有一次！」）。由於承受外界的質疑壓力，以及面對另類教育成果的不確定性，家長們更加努力地打造讓孩子自然長大的溫室空間，這樣的規畫卻經常導致一些非預期的後果，讓「規劃自然成長」變成一個不太自然的過程。

首先，田園小學的教育理念強調身、心、靈全面發展，並相信孩子成長有一套生物發展的時序：七歲以前的幼兒不是用頭腦記憶，而是靠感官學習，因此幼兒園裡的孩子不看書、不寫字，只有純粹地玩。為了排除外界汙染，家庭生活需要隔絕電視、網路、電腦等影響。學校的課程設計也配合這樣的成長觀點，如一年級的語文課主題是「童話」，讓孩子相信童話的真實，以保護此階段的純真。

有些家長非常信服田園教育的信念，可能衍生對「自然成長」固著、甚至僵化的看法。為了要配合書本中所描述的自然成長時序，有些家長要求孩子抹去先前的學習成果，或抑制他們學習的意願。例如，有些孩子在就讀田園小學之前，已經念了都會區流行的雙語幼兒園，家長會刻意地讓孩子忘記英文。又如一位小二生很想學鋼琴，但媽媽阻止他，因為她聽說田園學校的創學者認為，這個階段的孩子不適合從事小肌肉的運動，比較適合學習的樂器是笛子。這些看法過於強調一套標準化的成長歷程，反而忽略了孩子之間的個別差異。

其次，儘管這些家長小心地打造一個自然成長的溫室，他們畢竟不可能將孩子與外界環境隔離開來。這樣的教養方式所產生的弔詭後果，是孩子反而對隔離開來、不符合另類學校的生活方式元素心生嚮往。

我有幾次參加田園家長參與的班遊活動，讓我印象最深的是大家帶來的零食，充分體現環保、有機的原則。家長都使用保鮮盒裝了手工製的點心，如饅頭、小蛋糕，就算是外購的商品，也都是有機健康食品（如糙米米果），並且避免使用塑膠袋分裝。媽媽們強調平常很少讓孩子吃甜的，但偶爾「還是要給他們一點甜頭」，有人用有機鳳梨煮果汁，有的煮標榜養身的黑木耳汁，並都用重複使用的玻璃瓶或保溫瓶來裝盛。

我出發前專程到有機食品店買了餅乾，現場打開請大家吃。但搭巴士前來之際，我擔心中午沒帶午餐，在客運站拿了兩個贈送的旺旺仙貝，隨手把仙貝跟有機餅乾放在一起。沒料到小朋友眼睛很尖，都想拿包裝上有娃娃圖案的仙貝，有位小男生先拿了一個，我趕緊問他媽媽：「他可以吃嗎？」媽媽皺了眉頭，嚴正地說：「放回去給老師。」另一位女生高興地拿了一個仙貝，小心翼翼地放在保鮮盒裡，後來還特別回來跟我說：「老師，我可以幫弟弟也拿一個嗎？」

天氣很熱、走得很累時，小艾鬧著要媽媽抱，媽媽要求她自己走，小艾撒嬌說：「我好想在冷氣房裡面吃冰啊。」媽媽回說：「我好想在涼涼的樹蔭下吹風，妳為什麼要吹冷氣呢，冷氣對妳不好。」當我們坐在當地原住民開的小店門口休息時，小艾很想吃冰一直哀求媽媽，後來自己到店家冰櫃裡拿了一根冰棒。但媽媽還是很堅定不給，說吃冰的不好，轉頭跟我說：「我不明白為什麼跟她這些東西對她不好，她還是一直要吃。」

孩子回都市探望祖家長或其他親戚時，也會接觸到商業文化與消費。比方說，小艾會在回臺北探望阿公時要他買冰給她吃，或者，用她自己掙到的零用錢（抱阿公一下、唱一首歌都可以賺十元），偷偷買她想買的東西。田園小學的孩子們也世故地瞭解上學時（做為「前臺」）應展演「正確」的穿著、玩具，並把不受到田園老師贊同的物品保留在「後臺」。例如，把阿姨送的印有迪士尼卡通圖案的球鞋留在家裡，跟表哥交換的遊戲卡只能偷偷在學校廁所裡拿給同學看。[8]

自然成長的多重矛盾

田園小學的父母透過反思自身的教育與流動經驗，試圖與原生家庭的教養方式、主流的文憑主義進行斷裂，讓他們可以用更溫柔而開放的方式支持孩子的全人發展與自然成長。雖然多數的家長來自中產階級，他們的親職實作，並不盡然是確保階級複製、追求經濟安全的資本積累策略，而是試圖重新界定教養益品的評價系統，以保障小孩的情緒安全為首要，實踐順應自然與友善環境的家庭生活。

然而，「規劃自然長大」的另一矛盾之處在於，雖然這些家長如此渴望孩子發展獨立與自主的情緒習性，這些教養益品的培養仍在相當程度上仰賴家庭的階級優勢。不可諱言的，選擇另類教育這條道路，需要一定社經地位做為前提。高所得家庭較有能力用一份薪水過日子，以及負擔私校高額學費，或是兩地租屋或買房的開銷。未來孩子若無法與體制教育接軌，具備經濟資本的雙親得以送小孩出國留學，如果無法順利進入大學，或至少他們可以在家庭企業裡工作。

文化資本、教養自信愈高的家長，愈傾向自行補充學習資源，即便這些學習模式未必符合田園小學的理念。一位在大學教書的母親跟我抱怨「體制內的老師真的很糟」，他們選擇另類學校的原因主要做為「避險策略」：避免主流教育體制對孩子造成的負面影響，如考試過多、老師管教過嚴。雖然她對田園小學老師的教學成效也頗為保留，不過她很有自信地說：「沒關係，學校沒有學就自己加強，我們自己是老師嘛，什麼不夠的可以自己教。」當她「看到小孩錯字很多很難過」，便開始要求小孩每天練習寫字。在數學系教書的爸爸，覺得學校教乘法太晚，便開始在家自己教。英文課程也是常見的家長安排的輔助學習，儘管這些家長強調會找崇尚「快樂學習」的家教老師或小型課程。田園小學的老師苦笑地描述這樣的弔詭現象：「很多學生都是來學校玩、回家讀書。甚至有家長晚上把小孩送去補習，本末倒置，好像我們變成了安親班。」

雖然田園小學在學校生活中，試圖透過禁止商品消費來淡化學童之間的階級差異與不平等。學校在招生時也會刻意錄取少數弱勢家庭的孩子，並由其他家長協助分攤比較昂貴的花費（如購買進口的蜂蠟）。然而，田園小學家長社群的背景仍傾向同質，他們共享的生活方式，包括有機飲食，也強化了階級的界線，甚至經常排除了社經背景異質或邊緣的家長。

我有次伴隨參加溫泉地煮蛋的班遊活動，中午時，家長們拿出自行準備的整套鍋碗瓢盆，以及日曬麵條、有機蔬菜、放養豬肉片來煮火鍋。一旁賣熱狗、小吃、飲料的小販，對於這一大票人占了桌椅卻完全不消費，頗有微詞。一位媽媽無奈地說：「沒辦法，他們賣的東西都太不健康了。」另一位媽媽有點不好意思：「當地人批評我們跟周遭的環境都沒有互動，其實這也是沒錯啦。」

勞工階級背景的小璇媽雖然較少參與班上的活動，平日接送都是由阿公或阿嬤協助，但那天也跟爸爸一起前來參加班遊，卻跟其他家長維持明顯的距離。她帶了自己的食物（白色雞蛋、玉米），不像其他家長清一色是褐色養生蛋、有機玉米。我不知道小璇爸媽是否瞭解大家煮的食物其實有班費補助，但當其他家長們邀請他們到棚下一起吃，他們都拒絕了。聽到小販的不滿，小璇媽不解地跟我說：「就跟人家買一下東西就好了嘛。」

在田園家長的社群中，階級的界線確實有穿透的可能，由於教養益品被田園小學重新界定，家長的文化資本也可能出現新的排序方式。在一般主流學校中的家長圈中，通常是高學歷的家長有較多的發言權。在田園小學的志工圈，學歷有限的母親，若是擅長醃製、縫紉等手工技能，在另類教養的場域中，也得以轉化成為家長的文化資本。然而，需要一定經濟資本才能享用的生活方式，如有機飲食的消費，仍然強化了階級界線的階層化與排除。

當父母從事非主流的教養實作時，他們同時也在參與教養論述的象徵鬥爭與認同協商。一方面，他們針對國內外專家意見、主流論述、同儕壓力、他人做法，予以模仿、參照、區辨或競爭。另一方面，他們也動員可及的不同類型資本來遂行其教養策略，以降低養育過程中面對的各種不確定與風險。田園家長們試圖運用另類教育與教養策略來降低教育與生活環境裡的風險，然而，他們的保安或避險策略卻可能產生弔詭的後果，反而放大了家長所感受到的情緒不安全與焦慮。尤其對付出相當移居成本的全職母親來說，家庭生活的精細管理強化了密集母職，也可能陷入遵循「自然成長」固著節奏的迷思。儘管他們細心規劃讓孩子自主發展的溫室空間，但這不可能與外界環境隔離開來，因而容易衍生代間或夫妻教養方式的矛盾。

PART 3

勞工階級家庭

第五章
我們沒辦法那樣養小孩

我和老公在市區做生意，我顧店面和兩個孩子，他跑夜市，每天都很忙。前幾天小孩不乖被我們打屁股，造成屁股黑青，市托知道，跟我們沒溝通就報警，跟老師說好以後不會再用體罰，老師也說好，結果…隔天早上被警察叫起來，第二天起床還沒吃飯，社會局就打電話過來說要談談，我當下情緒激動起來…沒多久我想去學校問老師為什麼明跟我們說好不體罰了，為什麼還報社會局，結果還沒說到話，老師卻說叫我趕快把小孩帶走，說社會局要來帶走小孩，叫我快點把小孩藏起來…我很怕小孩無預警勿被帶走，誰可以幫我們？要怎麼辦？要找誰幫忙？議員或記者可以幫幫忙嗎？我很怕…

一位心急如焚的母親，午夜時分在網路平臺貼出上述信件。剛收完小吃攤生意，亂髮上也許還沾著油汙，才哄完孩子入睡，心力交疲的她還來不及洗澡更衣，就急著上網向陌生人尋求協助。[1]回應的網友卻對她的處境鮮有同情，大多指責她「情緒控管」有問題、「教育觀念偏差」、「沒站在小孩立場想」、「不能只為賺錢，就節省時間用打罵」，嚴厲者甚至質疑她是否適任成為母親：「妳的做小吃環境不適合幼兒待在身邊夜市小吃……小孩有睡飽八到九小時嗎？」、「妳自己不知道怎樣處理孩子教育問題，而來打孩子，孩子在妳身邊妳能給什麼呢？」這位母親不但沒有借到知識之箭，反而成為眾矢之的，必須挺身為自己是否適任家長而辯護。她懇請網友理解「做生意的辛苦不是一般人能體會」，雖然舉家住在店裡面，但她「一有空就幫孩子洗澡，差不多九點就讓小孩上床睡覺，每天一定睡得飽飽的」，雖然偶而使用體罰，但「發誓沒毆打小孩，她不乖我打她ㄉ時候我都在哭了」。電腦那頭的她，寫下這些回應時恐怕已滿臉是淚：「請不要因為你個人看法，就把我說ㄉ像殺人犯一樣。」

隨著教育與親職腳本的轉變，祖父母輩的傳統教養風格，包括讓孩子自然長大，或要求孩子配合大人生活節奏，已被視為「不適任父母」的做法。國家將體罰確立為不合理與不合法的管教方式，並整合老師與社工，建立監看高風險家庭的網絡，得以「兒童虐待」的理由來剝奪父母的親權。這樣的立法與政策旨在保護兒童有獨立於父母之外的人權，用意固然良善，然而也使弱勢父母面對更加強化的國家監看與道德壓力。上述網友們的回應呼應了主流教養腳本的內容，指責行使體罰的父母是情緒管理失靈、教養知識不足、偷懶不願學習，或是大人賺錢優先。這樣的社會指責罔顧理想教養腳本內隱含的階級偏誤，與父母做小生意或打工的家庭生活在現實上有相當落差。

接下來的三章，我們將進入勞工階級家庭，瞭解他們如何在局限的經濟處境中保障下一代的安康。本章將聚焦在跨國婚姻與新移民母親的個案，考察全球化對於臺灣勞工階級的影響。這些父母雖不像專業中產階級得以頻繁地跨越國界，他們對於孩子的未來也沒有懷抱那樣熱切的國際化嚮往。然而，全球化的蒼穹仍籠罩他們的家庭生活。首先，經濟全球化浪潮的衝擊造成在地經濟停滯，讓臺灣勞工階級家庭陷入就業的險峻處境。其次，經濟弱勢的男性因而尋求外籍配偶，來擺脫他們在本國婚姻市場中的邊緣位置。移民母親的背景，在過去被認為是影響人口素質或人才教養的負面因素，如今在新南向政策之下，轉而被國家視為多元文化的資產。最後，文化全球化帶來的親職文化腳本的改變，重塑國家與學校對於家長的規範期待，包括禁止體罰與親職教育的介入，反而強化了弱勢家庭的不安全感。

「瓊瑤把臺灣描寫得太浪漫了」

四十歲的小布媽來自廣東。長相清秀、口齒伶俐的她，初中畢業後在百貨公司裡工作，業績很不錯。聽多臺灣人對「大陸新娘淘金客」的歧視，她屢次跟我強調：「我們那裡也是很繁榮的。」她二十五歲時透過朋友牽線認識了一位大她六歲、高職畢業的臺灣鐵工，雖然他的工作環境充滿噪音，個性卻含蓄沉靜。兩人遠距交往一陣子之後結婚，小布媽懷抱著對未來的夢想，辭職搬來臺灣。

首度踏上憧憬已久的寶島，她卻感到失望：「臺灣跟我想像的不太一樣，因為瓊瑤的書，把臺灣描寫的太浪漫、太好了。」他們與長輩同住在新北市的老舊公寓，公婆先後生病，照顧的重任就落在外籍媳婦身上，儘管剛開始她不諳臺語、難以和長輩溝通。稚齡的小布兄弟沒有人幫忙看顧，只好送回廣東給外公外婆帶了五年，等祖父母病逝後才帶回臺灣。

「如果歷史重來，我絕對不會嫁他」，小布媽屢次略帶懊惱地告訴我。婚後她才發現先生欠了很大一筆債務，他在三十歲時，受到朋友的鼓吹慫恿，到人生地不熟的柬埔寨做生意，失敗慘賠。「欠債沒關係，慢慢還就好了」，小布媽剛開始這樣安慰自己，命運與時代卻逐步將這個家庭推入泥沼。小布爸幾年前在工地發生意外摔傷背脊，不能再做技術性、薪資高的鐵工，只能打簡單、低薪的零工，而近年來經濟不景氣，加上他卡債在身，擔心被銀行催討，無法擁有正式工作，種種因素都讓他找工作的前景雪上加霜。

小布爸受傷後，小布媽被迫成為家庭收入的主要來源。她一度頂了騎樓邊上的空間賣早餐，雖然收入還可以，但清早備料的作息很難兼顧孩子，她決定放棄生意去上班。新移民的身分讓她深陷勞動市場的最底層，她只能在社區的小工廠當雜工，「點貨、搬貨，什麼都來」，沒有勞健保、薪資以時薪九十五元計，「比不識字的歐巴桑還低」，小布媽不平地說，月薪最多只有一萬六左右。

結識一陣子後，我才敢開口問小布爸究竟欠了多少錢，他搖搖頭表示搞不清楚，也不知道現金卡、信用卡的利率現在變成多少：「它（銀行）怎麼算的我都不曉得……我曾經半年期間還到三十萬了，可是奇怪，為什麼我繳的錢已經這麼多了，欠的錢還是這麼多？我打電話去問，它跟我解釋說因為你有一期沒繳，利息整年要算，那真的太離譜了，那我就不管它了，等我有錢，我再處理。」

儘管銀行對於像小布爸這樣的債務人提供分期還款的協商約定，但小布爸對銀行缺乏信任，也沒有能力看懂複雜的條款，並認為協商還款的方式與他們的現實生活有所落差：「銀行它講的跟做的，未必都一模一樣，到最後一定會變質……說真的啦，你家裡開銷什麼的一大堆，工作也有突發的情形，外面工作停了，這種情形你要怎麼辦？不是我不想還啊，真的。」

說到這裡，他默默走進房間，幾分鐘後，他拿了一個紅白條塑膠袋出來，裡面裝滿一張張郵局匯款的收據。他激動地翻給我看：「妳看妳看，我全部都有留起來，妳看，我還到一萬有沒有，然後這裡還五千，對不對？」我坐在那裡，眼前一張張收據像雪花一樣，遠遠追不上愈滾愈大的債務雪球，在後面無力追趕的小布爸，只能為自己辯駁，試圖擺脫「欠債不還」的道德汙名。

面對沉重債務與父親收入不穩定的雙重壓力，小布家的財務狀況非常拮据。每月固定花費至少要四萬多，包括房貸、兄弟倆的安親班費用，但父母兩人的薪資收入加起來經常不到三萬。媽媽只有想辦法節流，例如和中國來的同鄉一起到批發市場買整箱的蔬菜水果。另一個開源的方式，則是向國家申請失業補助、低收入戶救濟津貼。媽媽雖然很高興能得到雪中送炭，但她屢次用無奈的語氣表示，申請低收入戶讓她感到自尊受損，並認為依靠國家補助是沒有責任感、工作倫理的個人道德瑕疵：

> 說實在的喔，我不大好意思去申請啦。我真的不好意思，兩個大人這樣子，去申請低收入戶，養兩個小孩。所以，說實在的，我這個心很自責。你為什麼會弄得自己去申請低收入戶，為什麼就是說，不能靠自己，但是現在全世界經濟這樣子，不是我們不去做。老公遇到這個狀況，真的沒辦法……我覺得說，這一點對我的自尊喔，真的很傷，傷得很重。我說我甚至，抬不起頭做人……今天走到這個地步的喔，不得不這樣。我真的很不想去接受這樣。對我的自尊很傷……其實我真的不想申請什麼補助，希望政府給我一份工作就好。我真的不需要你什麼補助，我最希望你就是能給我份工作……我有手有腳，一定要靠勞力啊。

經濟全球化下的工作險灘

過去二十多年來，臺灣經濟面臨全球化的嚴峻挑戰。其一，製造業資本大幅外流到東南亞及中國，包括一九八〇年代中後期開始的勞力密集製造業，以及二〇〇〇年前後開始的高科技產業。其二，外勞人數自一九九〇年初開放後持續攀升，除了因應人口老化及照顧短缺的監護工，製造業、漁業聘用的移工人數也持續成長，只有二〇〇八年的金融海嘯後短暫降低。目前外勞總人數已超過七十萬人，全國每一百名就業人口中，就有將近六名是外國人。[2]經濟全球化固然創造了更廣闊的市場、更低廉的勞動力，但相應的利潤與機會，往往只為具備經濟資本、可移動的專業能力者所享用。對於沒有能力移動的人，不僅難以分享全球化的果實，反而更容易受到關廠歇業、外勞競爭的波及。

臺灣的失業率在二〇〇〇年後明顯攀升，尤其在金融海嘯後隔年（二〇〇九年）達到高峰（近六％）。究竟哪些群體最容易遭遇失業處境？首先，臺灣男性的失業率歷年來都高於女性，[3]其次，將男性區分成不同的年齡層來看，不分教育程度高低，青年失業的情形固然最為嚴重；但是，隨著年齡層的提高，大學畢業以上的失業率降低，但學歷較低的男性則持續偏高。[4]下頁圖一顯示，低教育程度的男性失業率在二〇〇二、二〇〇九年的失業高峰期尤為明顯。總體來說，低學歷的中年男性是遭遇失業的高風險群體。

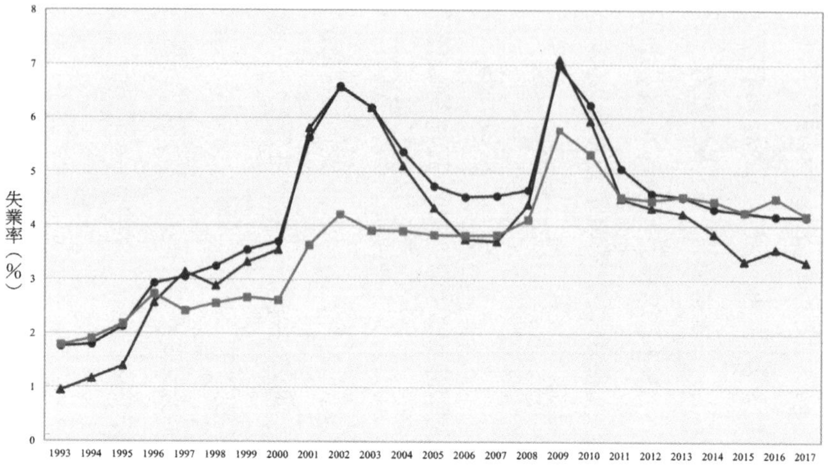

圖一　1993年-2017年，臺灣男性失業率（依教育程度）

資料來源：主計處106年人力資源調查統計年報，由作者自行製表。

即便是保有工作的人，勞動條件也持續惡化。臺灣產業已進入所謂「後工業時代」，服務業的產值與僱用人數均高於製造業，但是，臺灣的服務業工作普遍低薪、工時長，與家庭生活更難配合。勞動市場也出現高度彈性化的趨勢；派遣、臨時僱用、部分工時等「非典型僱用」模式持續擴大，工作穩定性與相關福利更無保障。[5]

過去以中小企業為主的臺灣產業市場，提供勞工階級男性以創業來追求階級流動的途徑。然而，在今日的產業結構中，「黑手變頭家」恐怕已成昨日神話。根據中研院社會所林宗弘的分析，由於資本高度集中，創業利基不再，勇敢創業者中大約有一半以上面臨歇業的處境。[6]本研究中有好幾位父親因為曾懷抱「頭家」夢想而借錢創業，不論在臺灣開超商、或是去東南亞做生意，歇業後欠下一屁股債，幸運的還能變賣祖產田地還債，不幸的只留下畢生難以償還的債務。

我訪問的許多勞工階級家庭，包括小布家在內，表面上看來並沒有明顯的經濟困境，但結識久了，才發現多數都肩負著數目不等的債務。由於他們的所得低，取得銀行的低利信貸困難，許多因而使用信用卡的現金借貸。一般人想像的「卡債族」是刷卡買名牌包、不節制消費所導致的，但其實不少人仰賴現金卡來平衡家庭收支的缺口，免於向親友借錢的尷尬。[7] 現金卡業務大量擴張時，這樣的族群成為金融禿鷹覬覦的目標。我在訪問一位信用紀錄上已累積不少債務的家長時，就有現金卡業務打電話來推銷。同時，他們也無法像信用良好、資訊充分的中產階級，可以透過換貸來向銀行議價降息。跟我自己支付房貸的經驗比較，受訪的勞工階級家庭能申請到的貸款成數有限、利率偏高。換言之，經濟弱勢或信用破產的家庭，容易陷入金融的惡性循環，難以脫離累進的債務漩渦。

跨國婚姻做為婚配出路

經濟全球化的海嘯將勞工階級男性捲入就業不安全的淺灘，同時也影響他們的婚姻穩定或婚配機會，促使他們在臺灣打造新一波的全球化家庭。根據中研院學者鄭雁馨的研究，臺灣進入後工業化時代之後，結婚與離婚的社會不平等都逐步擴大。結婚的「教育斜率」由負轉正，也就是教育程度高者，結婚率也高，同時他們也更傾向與教育程度相仿者結婚；而離婚的教育斜率則由正轉負，意思是說，較早世代的臺灣伴侶，教育程度高者較易離婚，但對晚近世代來說，反而是中下階層的離婚風險高。[8]

跨洋娶親的男性，許多是離婚、喪偶的中年男性，多數為被經濟全球化排擠到邊緣的農、漁、工人。臺灣農村在工業化、都市化與國際化的過程中經歷衰退與凋零[9]；男性漁民的生計也在外籍漁工引進後受到威脅，本研究田野點之一的宜蘭漁村便是如此。這些學歷與收入偏低的男性，不僅在就業市場上居於劣勢，婚姻市場上也不容易受到本國女性的青睞，許多因此遠赴東南亞或中國大陸尋求婚姻伴侶。[10]跨國婚姻幫助弱勢男性解決婚配困境、滿足父母「不孝有三、無後為大」的期待，也為農工家庭提供無酬的勞動力，無論是家庭農務或長輩照顧。[11]

學者描述跨國婚姻是一種「空間上嫁」的婚配組合，意思是，來自較為富裕國家的新郎，得以將國籍當籌碼換得婚配時的優勢，以補償他在社經或身分地位上的劣勢。[12]所有的婚姻都面臨磨合的困難，相對於本國通婚，跨國婚姻面臨更多結構性的困境與雙方期待的矛盾。對於來自貧窮國家的鄉下女性來說，她們期待跨國婚姻能成為向上流動的途徑，或透過「空間上嫁」來體驗現代化生活，或藉由工作實現經濟獨立，以幫助娘家脫貧。然而，這樣的期待往往與現實婚姻有所落差。許多新移民在婚後發現夫家其實經濟拮据，甚至面臨失業或債務的困境。有些夫家反對她們出外工作，其勞動市場機會也因為新移民身分而受到局限，多集中於以夫家或親友網絡所延伸出去的工作，如照顧老人、家庭代工、在親友店攤幫忙等等。[13]

跨國婚姻的雙方也經常面臨性別期待的矛盾。許多跨洋娶親的臺灣新郎認為，臺灣女人太過挑剔、獨立，轉而渴求順從、單純的外籍女性；不少越南配偶也聽說臺灣男人比較「體貼、顧家、疼老婆」，不像越南的「大男人」懶惰不做事。男方想找傳統老婆，女方卻渴望現代丈夫，這樣的結構矛盾是引發婚姻衝突的導火線。此外，由於嫁來臺灣的東南亞裔配偶普遍被期待要負擔照顧與家務，與公婆同住的情形也居多。基於社會位置與婚姻地位的多重弱勢，新移民女性可能面對壓迫性的婆媳關係與較高的家庭暴力風險。[14]

新移民母親生育子女的人數在二〇〇三到二〇〇四年達到高峰，該年每一百個臺灣出生的嬰兒中，就有近十四名的母親是新移民。新移民子女是當今中小學成員的重要組成，以一〇六學年來說，每一千名中小學學生中，就有一百名學生的母親是新移民（當年度新二代約為十八萬人），其中有四十名來自越南，四十名來自中國大陸，九名來自印尼。由於本地母親的生育率持續下滑，新移民母親的比例更加顯著。[15]

跨國婚姻家庭成為國家之眼監看的重點對象。尤其是新移民人數快速成長的初期，政府懷疑新移民母親生得過多、品質不佳（早產、體重過輕）[16]，也擔心她們缺乏足夠的能力與資源來教養「新臺灣之子」。衛生署要求各地衛生所對跨國婚姻家庭進行訪視、建卡管理，以提供家庭計畫、產前產後優生保健的指導，並對其子女加強兒童發展篩檢。在二〇〇五至二〇〇七年間，衛生署甚至編列預算補助新移民母親避孕與結紮。[17]

新移民母親身負階級、族群交織而成的雙重弱勢，因而成為國家親職教育關注的焦點，本章稍後將探討國家的介入對她們來說是「培力」還是壓力，而她們與臺灣丈夫、新二代子女的互動，也凸顯了勞工階級家庭基於經濟與文化資源的不足而面臨的教養困境。

「我要努力學習，賺很多錢，買轎車給媽媽」

小布家住在老公寓三樓，雖然樓梯間狹窄雜亂，但室內空間在媽媽細心打掃下總是一塵不染。孩子房間裡僅有的玩具是放在熨斗板上的褪色絨毛娃娃和一小盒大富翁，牆上貼著媽媽手寫的「家規」，架上陳列了幾本課外書，與兩兄弟的年齡不符，一看就知道是別人送的。兩兄弟清楚體認到家庭經濟的拮据，小布有天拿著學校發的課外活動報名單回家時，便自言自語說：「家裡沒有錢讓我去。」小布媽跟我聊到這方面的經驗：

> 他們對錢的觀念很有的。我們什麼都是錢，怎樣怎樣。他在幼稚園大班的時候，他就跟我說：「媽媽妳為什麼騎摩托車，不開轎車來？」我愣了幾分鐘，這麼小，怎麼可以問我這個問題？

我就跟他講：「因為媽媽那個時候沒有錢讀書，所以沒有辦法賺很多錢，開轎車。」「那買轎車要很多錢啊？」我說：「對啊，很多錢，媽媽買不起啊。那你要努力學習。」他說：「好，那我要努力學習，找到好工作，賺很多錢，然後我就買個轎車給妳。那妳就不用戴安全帽，就不用淋雨囉。」

小布媽強調家庭金錢的匱乏，好讓孩子體會成人的辛苦，並激勵階級流動的想望。她甚至帶孩子去孤兒院、看非洲兒童的電視節目，讓小孩看到更窮的孩子處境，以懂得珍惜自家有限的物資。[18]經濟不安全，對於親子與伴侶關係造成的影響，不只在於物質層面，也形成認知上的困窘與情緒上的焦慮。小布媽媽嘆著氣說：「家庭上的影響，對我們心理的影響、教育小孩、脾氣方面，有時候多多少少會啊……你工作不穩定的話，會擔心。我現在教小孩，我又想到，我腦袋不會平靜啦，就像演電影，我就擔那麼多角，什麼又到期了，什麼又要繳了，什麼錢要給了。」

有一次我們在小布家進行訪問，那是一個酷熱的週日傍晚，白天去做臨時工的爸爸（日薪一千元）滿身臭汗抵達家門，狼狽而生氣地說：「摩托車被拖了，我，我停在紅線那裡，星期天怎麼能拖車，我要去吵架抗議……」還等不及爸爸說完話，也不顧客人在場會損及先生顏面，媽媽就激動地厲聲回嘴：「你怎麼不好好停車！那你今天不是白做了嗎！你去吵啊，待會拖車場的人打你，他們都有鐵棍！」我尷尬地在現場目睹這場情緒性的夫妻吵架，也讓我深刻感受到，一千兩百元的罰單，對這個陷入經濟泥沼的家庭來說，是一筆多麼大的懲罰。

現實童年vs.象徵性寵愛

不同於中產階級家庭，透過父母構築童話世界，保護孩子免於過早進入「子女代激烈競爭」的現實，勞工階級父母面對的殘酷現實，主要來自「父母代的經濟局限」。這些家長同樣珍惜孩子的「純真童年」，但視其為一個自然狀態，父母的責任在於避免強加的外部壓力，比較少像中產階級父母那樣，透過豐沛的商品消費或跨國的象徵符號來積極建構有別於成人世界的「純真童年」。[19]

有些父母，例如小布媽，有意告知或無意透露自己的工作困境或金錢短缺，好讓孩子瞭解家庭資源有限，所以無法負擔額外的課外活動或新玩具。這些勞工階級父母採取「現實童年」的敘事觀點，將兒童與成人的生活狀態視為連續的生命階段，希望藉此激勵孩子努力，以成就代間的社會流動。

來自中國的新移民母親，受到母國文化與移民位置的雙重影響，往往更傾向用暴露「現實」的方式來激勵孩子。一位在宜蘭漁村賣魚的中國移民母親，也有意識地讓孩子瞭解父母賺錢的辛苦，以及孩子不聽話要付出的金錢代價：

我會跟他們講，我們經濟不是很好，錢也不是很好賺，所以不能亂花，他們有在聽，我也有跟他們講，我們回外婆家要很多錢……像是有一次把圖書館的書弄丟了，要賠兩本，三百多塊，我就跟他說，你知道這三百多可以買多少東西嗎，你十塊錢的餅乾可以買一包，三百可以買多少包。他有聽進去，以後借了書就馬上還給老師。

儘管面臨經濟條件的限制，勞工階級家庭無法經常滿足孩子的物質願望，有些家長仍會試著在儀式性的時刻盡情消費，或購買對孩子來說特別重要的商品，美國社會學者艾莉森．匹優稱之為「象徵性寵愛」（symbolic indulgence）。[20]在消費文化充斥的環境中，流行商品經常成為孩子間比較與認同的媒介，經濟弱勢父母即便荷包扁扁，也會盡力滿足孩子具有象徵意義的消費需求。比方說，父母購買正版遊戲卡、掌上遊戲機，甚至手機這些比較高價的商品，做為孩子的生日禮物。

在接下來的兩章，我們會看到有不少勞工階級父母透過消費來展現他們對孩子的象徵性寵愛。例如，即便夜市可以買到比較便宜的盜版遊戲卡，父母還是願意在孩子生日時花多一些錢，讓孩子可以拿正卡去學校跟同學炫耀。或者，當他們終於有機會全家出遊時（相對於中產階級家庭，這對沒錢沒時間的勞工階級來說是較罕見的活動），父母在花費上會比較慷慨，願意進行不那麼符合經濟理性的消費活動。

教養腳本：為什麼還是用打的？

我們在河岸國小邀請家長參與研究之際，學校老師熱心地幫我們跟父母解釋：「他們想要去你家看你和小孩的互動啊。」常常有人這樣反應：「有什麼好看，就是打啊。」相對於中產階級的「世代斷裂」敘事，我們較常聽到勞工階級使用「世代延續」的敘事，描述他自己延續父母輩，採取接近華人文化傳統的「管教」或「勤教嚴管」的模式。[21]研究調查發現，雖然教育程度較高的家長，較常使用稱讚、說理等方式對待孩子，但他們之中也不乏使用體罰，尤其傾向以此來要求孩子的課業表現。[22]只是，中產階級家長在訪談中多傾向用「政治正確」的方式來描述自己的親子互動，不至於與重視平等、溝通的新興教養腳本相去太遠。

勞工階級父母在訪談中則多不諱言使用體罰。我們在河岸國小的校園與家戶觀察時也發現，相對於天龍國小的中產階級家長，勞工階級家庭的親子階序關係較為明顯。他們跟小孩溝通時，較常用命令語言或威嚇語氣；處罰辦法較少給孩子議價的空間，也經常借用制度權威者的角色來確認處罰的嚴重性（「如果你們再講話，老師就會拿膠帶把嘴巴貼起來」、「你不乖我就叫警察來抓你」）。當他們跟小孩說話時，往往是站著、往下看小孩，不像中產階級父母，傾向於蹲下來、用平視的方式跟孩子說話。

為什麼勞工階級家長較常使用或較為認同體罰的管教手段？第一個解釋是父母的教育與職場經驗的影響。勞工階級父母的職場經驗，除了擔任銷售員等例外，較少強調口才訓練，拙於言辭的階級屬性與重視說理與溝通的教養腳本距離較遠，因而傾向延續過去所接受的管教經驗。[23]相對於中產階級父母有充分資源培養孩子的「興趣」、「創造力」等抽象能力，守規矩、腳踏實地、刻苦耐勞是勞工階級父母更重視的道德益品，必須透過嚴格管教來降低子女「不聽話」、「學壞」的風險。

其次，我也發現，許多勞工階級父母其實經過反思，認同體罰是必要或有效的管教手段；他們不贊同中產階級親戚的教養模式，認為過度強調跟小孩講道理，並不能達成管教的效果。如一位母親所言：「打小孩和講理要兩個一起啊。就是先打他，邊打邊講，打完之後，再繼續跟他說。像我小姑就只跟小孩說：『這樣不可以。』我覺得這樣沒用，那個態度和口氣，要嚴厲。」

雖然延續「不打不成器」的傳統教養腳本，勞工階級父母也強調親子關係與前一個世代大不相同；「要跟孩子做朋友」這樣的說法，普遍出現在受訪者口中。他們施行體罰時，會用較不易造成肉體傷害的工具或打法，也會和孩子說明體罰的理由，並在事後展現溫情的撫慰。例如，有些媽媽打完孩子後，往往會抱著哭泣中的孩子跟他們說：「媽媽是因為愛你才打你，知道嗎？」、「對不起，請原諒媽媽，媽媽很愛你，你要聽媽媽的話，好嗎？」換言之，權威管教與情感關係不被視為互斥，而是相輔相成的教養做法。

以下我用小布家的例子進一步說明，體罰為主的管教方式如何反映出勞工階級家庭面臨的結構困境。由於就業環境與勞動條件造成的經濟拮据與時間短缺，日常生活的柴米油鹽占據了他們多數的認知頻寬[24]，讓他們很難有耐心對待孩子的吵鬧，或有餘裕去學習新的教養觀念，因而偏好立竿見影的措施。就業不安全也讓父親的家父長權威岌岌可危，進而容易引發婚姻中的衝突。此外，弱勢父母與學校互動過程中所感受到階級化的教養汙名，這些都讓他們傾向採取嚴格管教的權威模式。

「壞孩子」與「沒用男人」的汙名

在河岸小學老師的眼裡，小布兄弟是班上的「問題學生」。他們在安親班裡有幾次拿了同學的東西，也有學校翹課、闖禍的紀錄。這些事件發生後，母親的處罰方式多是痛打一頓，使用皮帶、水管、玩具劍、掃把等各種工具。小布爸爸並不贊成體罰，因為他自己的父母管教嚴厲，造成弟弟兒時一度離家出走，所以他不希望複製類似的方式處罰孩子（世代斷裂）。

然而，捨棄了棍子，小布爸也不太確定有什麼替代性的管教方式。他試過要孩子抄寫家規十遍，我問他有沒有試過叫孩子寫「悔過書」，爸爸搖頭說沒聽過這種東西。有次他在氣憤中把孩子的課本丟到浴缸裡，他猜想剝奪孩子覺得重要的東西應該是有效的處罰，這樣的做法因為影響學習，被媽媽嚴厲譴責。還有兩次，他把孩子送到警察局，希望訴諸權威的恐嚇來矯正孩子的品性。這些方式雖然沒有造成肉體上的疼痛，但基本上仍訴諸權威恫嚇，不論是依靠父母的權威，或外在於家庭的制度權威。在訪談中，媽媽督促爸爸要抓緊時間來管教：

媽：你自己想清楚啦。不是開玩笑的啦，你小孩子你現在不抓緊時間來教育，你再看看啦。到時候，給人家警察來教的時候，你就不好教了，你不好受了。

爸：說真的，妳可以問我老婆，當時我生氣到什麼程度，妳知道嗎？我真的把他們送到警察局去。他有的時候拿東西，並不是說自己要，他很好玩、好奇啊。一次一次，又不聽。講到最後，我真的很煩。不曉得要怎麼教，只有想到說試看看，搞不好他真的會怕。那天他們從安親班下課以後，我真的把他抓到警察局，他很不爽啊。當時我是真的、真的很心煩，老師怎麼講他還是這樣，我們怎麼講還是這樣。一次又再一次、一次又再一次，拿、偷，拿、偷。喔，偷到我真的受不了了。我並不是想送啊，因為我也知道你小孩子這麼小，進去有好有壞，但，我已經想不到辦法，就真的把他送到警察局去。

在上述對話中，我們可以感受到父母「不曉得要怎麼教」的挫折感，他們不像中產階級父母，可以透過讀書、上課、看雜誌來取得與教養相關的知識與資訊，就算他們有機會接觸到新興教養腳本，也因為家庭生活面臨的時間短缺、資源局限，以及父母的語言能力而難以實行。勞工階級父母欠缺教養文化資源，甚至不時詢問年輕未婚的研究助理有關育兒方面的建議。小布媽媽常常掛在嘴上說：「我教得很失敗，你們可以教我嗎？」爸爸在深感無力的狀況下，也逐漸移向「世代延續」的管教風格：「四年級以後，我就會開始打，我跟你們講過幾十次了，你們永遠不聽，我要在你們四年級，我一定讓你們慢慢變好，我當時也是在四年級變好，你也要跟我一樣……你沒有變好，不好意思，我一定會按照你爺爺當時怎麼對我，我按照這種方式來對你。」

小布成績其實不錯，但在學校因為闖過幾次禍而被貼上「壞學生」的標籤，小布媽去學校時，感受到其他家長（尤其是中產階級家長）對她冷淡、不打招呼，她因而不想再參加班親會，擔心其他家長指責的眼神。在這樣的脈絡中，體罰可能成為勞工階級展演親職投入的一種方式，以避免被指責教養失職。小布媽經常使用體罰的方式，即便我們在進行家庭訪問或觀察，她打起孩子也不手軟，訪談中他們甚至詳盡描述自己對孩子生氣的程度、處罰的力道。我在現場經常感到尷尬，以為誤入母親情緒失控的後臺，後來才明白她其實是有意識或無意識地藉此展演他們有在「努力管教孩子」，不論效果如何。

此外，夫妻之間的衝突與緊張，可能影響親子之間的情緒互動與管教方式；父親陽剛氣質的受挫，也可能讓他透過嚴格管教，做為重建父親權威的手段。[25]相對中產階級家庭日益強調「陪伴性父職」的角色，勞工階級父職的核心定義仍以「養家」（breadwinning）為主。當我詢問受訪父親有關孩子教養的父母分工時，他們多對此問題感到困惑，或者回答：「我的工作就是賺錢養家啊！」然而，全球化經濟浪潮造成的就業不安全，讓許多勞工階級父親無法再盡職扮演「養家」角色，進而受到配偶或是外界的質疑。

小布爸因為能找到的技術工作愈來愈少，又不願屈就低薪的體力工，覺得講出來也不光彩，造成小布媽必須獨力撐持家計。兩岸婚姻在溝通方式上的文化隔閡，也讓伴侶關係陷入惡性循環。比方說，夫妻在我面前吵架時，爸爸低頭、不好意思地說：「讓你們看笑話了。」媽媽則希望我在場，以一個專家、外來者的身分，評定夫妻間的是非。這樣的互動反映出中國人傾向以直接、公開的方式進行批評，臺灣人則講究顧及面子，說話要圓滑、間接。

長久下來，男方認為老婆不尊重自己，反而負氣不想出去找工作（「我心情煩，刻意不想做，我幹嘛要做這麼多？」），女方則更加認為「這個男人缺乏責任感」，忍無可忍，對爸爸不時冷嘲熱諷，說他「沒用」、「工作裝臭屁老大」、「爛得像一匹驢」。夫妻不時在孩子面前爭吵，媽媽嚷著要離婚。有次，兩兄弟又闖了禍，爸爸雖然沒有施以體罰，但竟然打了媽媽一巴掌。事後，爸爸向我解釋他的用意：

妳聽我講，我打是很小力，不是很大力，因為我們手力自己有辦法控制。我就是讓他們瞭解。你們不乖，相對是不是你媽媽的錯？我就是有一種觀念，要讓他們瞭解。就是你媽媽不會教你們兩個，才會讓你們愈變愈壞。你們以後不乖，我就刻意要嚇他們。以後你不乖，我就對你媽媽兇還是怎樣。你聽得懂意思嗎？

爸爸透過象徵性地打媽媽，來處罰孩子。在這樣的「連坐法」管教中，爸爸不僅想透過「不要讓媽媽受傷害」來恫嚇兒子，也藉此確認了「女主內」的傳統性別分工（即便他無法成功扮演「男主外」的角色），以及他做為家父長的支配權威。爸爸坦承，不論是體罰孩子或教訓媽媽，他真正在乎的是他在婚姻中失去了「嚴父慈母」傳統所鞏固的男性尊嚴：

爸：說真的，我有時候對他們兩個，我真的很不喜歡這樣子做。但是，我一生氣起來……其實，從頭到尾，只有一件事情，才能夠改變他們小孩子對我的看法。唯獨只有他們媽媽對我好一點。

藍：所以你是覺得說，你要在小孩子面前建立一個父親的權威？

爸：對。我很喜歡對小孩裝那個老大是這樣，我希望讓他瞭解，母親有母親的溫柔的一面，父親有父親的威嚴存在。我不求什麼，我只求一個威嚴，而且這威嚴來講，是代表什麼？

代表以後小孩子再怎樣，你絕對不能跟自己的長輩沒大沒小，這種威嚴而已。

藍：你覺得你現在在小孩面前沒有威嚴？

爸：因為從頭到尾，他媽媽，在他們面前對我大吼大叫，已經成了定局了……因為我剛剛也強調過，小孩子男的再怎麼講，他不可能會怕母親，怕母親很少，他永遠都會怕父親。這種很多事情，本身是一定要按照遊戲規則啊，因為你這遊戲規則並不是我所定義的，是從頭到尾、已經這樣子流傳下來的。

一般而言，勞工階級父母之間的養育分工更傾向依循傳統的性別角色：父職角色除了養家，主要是跟孩子玩耍或扮黑臉處罰；孩子的日常照顧、功課檢查、教育安排、親師聯繫，大部分落在母親的肩上。在勞動市場公領域受到挫折與剝削的藍領男性，傾向透過鞏固傳統的性別分工與長幼有序的階層關係，來建立他在家庭私領域中的安全感。小布爸以傳統之名來合理化建立家父長權威的必要性，認為如此方能提供孩子角色楷模，而小布媽也期待丈夫肩負起傳統父職任務，實現她對理想婚姻的期待。但這套看似理所當然的遊戲規則，也就是依循父權傳統的性別分工，其實正是造成男性內在焦慮、夫妻雙方衝突的原因，結果反而強化了親子關係的對立，甚至家庭生活中的暴力。

親職教育：培力還是壓力？

親職教育原本是中產階級家長與教改團體發起的民間活動，最近十多年來成為國家全面推動的政策。依二〇〇三年通過的《家庭教育法》，地方政府應成立家庭教育中心，在學校等地舉辦婚姻與親職講座，以文化資源不足的家庭為推動親職教育的重點對象（詳見附錄一）。「親職能力」被界定為情緒管理、表達溝通的能力，以及對於子女教育的協助。

二〇〇五年起內政部開始推動「外籍配偶及弱勢家庭兒童學前啟蒙服務計畫」，由地方政府委託民間團體承辦，派員到外籍配偶、單親、原住民、低收入戶及中低收入戶等弱勢家庭中「指導」他們「進行家庭環境之整體規畫，協助文化刺激不利兒童及語言發展弱勢兒童必要的語言教育經驗」。內政部兒童局印製、發送包括印尼、越南、泰國、英文等外語版本的《兒童成長祕笈》與《親職教養手冊》。

移民署也針對來自中國、東南亞的新移民舉辦家庭教育講座。由於跨國婚姻的離婚率高於雙方均為本地人的伴侶，平均每五對就有一對走上離婚的結局。[26]這些論壇旨在教授雙方溝通技巧、培養婚姻中的親密感，來創造家庭的和諧。人類學者費雪若（Sara Friedman）觀察移民署舉辦的一場針對大陸配偶的家庭教育講座時便注意到，授課的臺灣老師強調女性應該要微笑、輕聲細語，並建議她們微微前傾身體表示尊敬，以抹去兩岸文化差異，調整為符合臺灣性別文化的「適當」

女性氣質。[27]

家庭教育也逐漸擴充到以親子關係為焦點的親職教育。我觀察了一個由臺北市某區公所舉辦的親職教育工作坊，包括十六場免費的講課。工作坊一週召開兩次，每場講課大約兩小時。總共有十七人登記參加這個工作坊，但每次來上課的大概只有八到十人。除了一位娶了越南老婆、老來得子的臺灣父親之外，其餘全都是來自中國大陸或越南的母親，許多抱著小小孩或推著嬰兒車來上課，上課中間不時有嬰兒或小孩的啼哭聲，媽媽們輪流起身哄自己或他人的孩子。

上課老師多是幼兒保健等相關科系的大學教授，課程內容其實跟他們提供給臺灣民眾的保姆訓練課程大同小異。課程含括的主題非常豐富，包括嬰兒安全、飲食與營養的照護，以及支持小孩認知發展的親職實踐；例如：朗讀故事與一起玩具有教育意義的遊戲、給小孩的日常工作與運動習慣、小孩的情緒發展以及溝通與懲罰的工具。

不同於我在美國觀察的親職工作坊，傾向圍成小圈討論及心理諮商風格，來療癒原生家庭造成的情緒創傷。[28]或許因為臺灣人較不習慣在陌生人面前講述私人生活，臺灣的親職教育課程的設計，多是由專家站在前面配合投影片講授，聽者被動地坐在臺下，課堂氛圍強調的是科學的知識與專家的權威。少數的授課老師比較重視個人經驗的分享，不時有參與者帶著怒氣抱怨婆媳、夫妻間的衝突經驗，或憶及初到異鄉生活的困難，忍不住潸然淚下。

能在週間上午定期參與課程的新移民母親，大多沒有全職工作，但也有一些是撥空前來參加的。有位越南媽媽中午前會趕著去小吃店上班，另一位越南媽媽則有不定時的鐘點清潔工作。其中一堂課，老師鼓勵母親們待在家裡直到小孩三歲，因為這段期間被專家認為是兒童認知發展的關鍵時期。老師詢問臺下的媽媽們：「妳們是自己帶？還是給人家帶，自己去工作？如果有（自己帶），就已經奠定很好的基礎。」她指著投影片上的兒童腦部發育圖說：「這些黑點是什麼意思？就是右邊這個小孩被忽略。」她一字一字緩緩地加重音：「發－展－遲－緩。」我轉頭看看現場母親的反應，她們目不轉睛聽著老師說：「（孩子）帶在身邊，大腦會長得不一樣喔。」

這些科學育兒的知識與技巧，經常帶有幽微的規範性預設與階級偏誤，距離弱勢家庭的生活現實太過遙遠。這些建議也呼應了學者所言，臺灣政府提供給跨國婚姻家庭的各式協助、服務與培訓課程，經常預設了「男主外女主內」的性別分工模式：臺灣丈夫養家，而新移民配偶的公民身分主要以妻子、母親、媳婦等家庭責任來界定，而非職業生涯的發展或公領域的公民參與。29 但事實上，許多新移民母親必須在家庭之外工作，不論是為了自己的經濟獨立，或因為丈夫在工作市場中已經失去競爭力。

工作坊中有一堂課是「多元文化教養」，我熱切地期待可以聽到一些更貼近移民背景的觀點。然而，老師介紹有關全球化教養的多本暢銷親子書（見附錄一），也討論了美國、德國、日本、法國與以色列等地家長對於教養有哪些不同的做法。但她幾乎沒有提到中國與東南亞，遑論比較臺灣與移民家鄉間的文化差異。

在這系列課程結束後，我組織了一個焦點團體座談，邀請了八位參加這個工作坊的新移民母親前來分享。其中來自柬埔寨的母親華妹向我解釋為什麼親職教育的課程內容帶給她的焦慮似乎多過支持：

> 可是我覺得有好有壞耶，那時候老師怎麼教，我們就回來怎麼帶，可是我們自己的情緒無法控制。希望教孩子跟老師一樣，可是變成反效果……就是希望跟書、跟老師的教法是一模一樣。小孩十點前睡覺怎樣，可是我們怎樣去控制、去教小孩……有時候就是很生氣，他不要啊，就是真的會自己情緒不好，那時候我先生就覺得說我可能沒有愛心、沒有耐心，就自己情緒失控這樣。跟先生的溝通有點不太好。

親職教育的授課老師建議父母嘗試去跟小孩溝通，用新的懲罰方式來替代體罰，比方說，剝奪孩子想要的東西。但這些方法對於新移民母親來說很難執行，一方面因為她們說中文的能力有限，難以說理溝通；另一方面，基於她們在夫家中的邊緣地位及孱弱的協商能力，她們也不願意去挑戰偏好嚴厲管教的丈夫與婆婆。然而，國家與專家推廣「現代」風格的育兒方式的壓力，卻集中落在了這些母親的肩上。這樣的親職教育課程固然提供了新移民母親交流與連結的機會，可惜的是，由於課程內容與移民的文化脈絡和家庭現實相當疏離，以至於難以產生具體的成效。

學者已經指出，文化適應、經濟壓力以及與外界資源系統間的溝通障礙與衝突，才是造成新移民母親在教養子女時的主要困境。[30]由於無法充分掌握臺灣本地的語言，造成她們在文化調適、轉譯上的阻礙，因而難以有效建立與學校、社區的連結，以協助孩子的成長與學習。再者，新移民母親的語言與文化差異並不被臺灣的教育環境所重視，視外籍配偶為族群、文化的他者，這也是造成阻礙的原因之一。

參加焦點團體的新移民，有少數是來自中國大陸與馬來西亞（華僑）、有大學學歷的中產階級母親，與臺灣先生在海外工作時結識。雖然她們同樣抱怨身為外籍媳婦在夫家的邊緣地位，也感受到跟老師互動時容易被另眼看待，尤其大陸配偶經常感受到兩岸政治的緊張「算到她們身上，覺得很無辜」，被當成不被信任的政治他者。但相對於來自東南亞的勞工階級母親，族裔、語言與階級的相對親近，讓她們較有能力與時間到學校擔任志工，藉此讓老師「對你的小孩多一點關心」，或是請臺灣爸爸去學校現場露臉（送便當、參加班親會），以爭取老師的認同。

教養專家勸勉大家「跟全世界的父母學教養」，那麼，東南亞新移民的文化差異，是否可能成為值得傳遞給下一代的「多元文化資本」？二〇一六年開始，臺灣政府大力推動「新南向政策」，雖然我的田野資料未及觀察此政策轉向對於教養現場的實際影響，以下我將討論相關的政策與計畫看待新二代子女的方式產生了怎麼樣的改變。

從「新臺灣之子」到「新二代」

來自印尼的西緹，嫁到臺灣快十年，國臺語都很流利，兒子已經上了小學。西緹的臺灣先生過去不同意她跟小孩說印尼話，夫家擔心孩子的中文會有口音，也不認為學會東南亞語言有什麼用處。但他們的態度最近有了大轉彎，西緹告訴我：

> 小的時候我就不敢（教）啊，先生的家人不同意啊，他覺得印尼話沒什麼用啊，反正他住臺灣又不是住印尼（笑）。可是現在人啊就是會改變，現在我先生反而叫我趕快教小孩印尼話，到東南亞國家可以賺錢……聽一些別人說，就媽媽是印尼的嘛，那孩子後來到印尼工作，因為他會講印尼話、會講中文，收入就百萬以上，他就「喔～～～」叫我一定要教。

新移民母親的家庭背景與文化差異，在不久前還被擔心會造成「新臺灣之子」的發展遲緩，如今，隨著近年來「新南向政策」成為震天價響的口號，臺灣政府另眼看待她們的母國語言與文化，不再視為負債，而是值得傳遞給下一代的資產。

這樣的轉向呼應民間團體與相關學者長期以來的呼籲，臺灣社會不應只要求移民學習在地文化與語言，也應把握機會「向移民學習」，也就是說，國家的移民整合政策應該擺脫線性的「同化」

觀點，朝向互惠交流的「多元文化主義」。然而，臺灣政府的新南向政策除了促進經濟發展的政策，也明顯具有經貿外交等地緣政治的考量。由於擔憂臺灣對中國市場、兩岸經貿過度依賴，臺灣政府希望藉由投資東南亞來分散政治與經濟的風險。

從二〇一六年開始，教育部撥了十億經費給新南向人才培育計畫，以促進雙向的跨國文化交流。政府也設置了金融補助與獎助計畫以吸引東南亞國協、南亞國家的學生來臺灣進行學術學習、技術訓練以及研究工作。這個計畫也提供臺灣年青人到東南亞去學習、實習、接受工作訓練及從事志工服務的機會。東南亞的語言也得到更多制度性的肯認，從二〇一八學年開始被納入國小的「母語課程」。

「新南向政策」的政治論述將移民母親的語言跟文化資產視為一種多元文化資本，可以轉化成其子女在勞動市場中的價值。婚姻移民的子女，過去被稱為「新臺灣之子」，這樣的稱呼體現臺灣中心的「同化」意涵。近年來，官方開始改用比較中性的「新二代」說法，甚至強調他們是新南向政策的標的對象。政治人物使用「親家」的譬喻去形容東南亞國家，並鼓勵移民二代去熟悉母親母國的語言，以疏通臺灣與東南亞國家的外交關係。教育部的官方文書在標題上也使用「親家外交」來說明培力新二代的計畫目標。包括職業訓練局首長在內的許多高階政府官員，都讚揚新移民子女是「最佳人力資源」(尤其對臺商工廠來說)，可以成為幫助臺灣開發東南亞市場的「南向尖兵」。

教育部與地方政府都投入了制度性資源，幫助新二代培養與母親家鄉有關的語言技巧以及文化知識。例如，辦理新二代語文競賽及相關活動，鼓勵其學習及加強東南亞國家語言；補助新住民子女返鄉溯根，在暑假回去拜訪外祖父、外祖母；遴選新住民子女利用暑假期間至母親的國家進行海外職場體驗，尤其是到臺商工廠參觀與實習，以「體驗國際化的工作環境」。

在這樣的政策脈絡下，多元文化變成一種「人力資本」，不只可以幫助臺灣新生代拓展未來的工作前途，還有利於國族資本，在當前的全球經濟戰場中開發新的出路。換言之，這樣的多元文化教育工程是由國家主導的新自由主義計畫。[31]新二代被期待培育多元文化的能力、成為穿越地理與文化邊界的戰士，可以幫助國家在全球資本主義的前線，藉由多樣化的投資來降低地緣政治與市場上的風險。

新南向政策對於新移民家庭的教養現場，以及新二代子女的未來會造成怎樣的影響，仍有待時間來觀察。一方面，這樣的政策轉向有助於新移民家庭傳承母國語言與文化，並讓新二代得到制度資源挹注，有助於未來的社會與跨國流動。然而，另一方面，政策高度集中在新移民二代，也可能創造出非預期的負面效果。

我參加了一場討論新南向政策的座談會，學者與官員興致昂然地談著新移民二代在東南亞的就業潛力與利基。一位母親是泰國人的女生舉起手來，無奈地說：「大家都說新二代很有潛力怎樣怎樣，但我愈聽愈覺得疲乏。好像我們被區隔出來，我們就一定要去泰國、去越南工作。如果我想要去西班牙呢？」

在另一場非正式的座談會裡，與會的新二代大學生告訴我：「我感覺我們變成一種新的生物。」有愈來愈多人對他們的生命經驗感到興趣，但不免流露出獵奇的眼光：「你們很特別。」或是帶著一些預設的成見或框架，他們最討厭被問到：「成長過程有沒有被霸凌？」、「你是哪裡人？越南人還是臺灣人？」當人們肯定他們的學業成就時，隱然成為一種「微歧視」（micro-aggression）[32]，例如他們經常聽到老師或其他人告訴他們：「你媽媽那樣，你這樣很難得欸。」

事實上，由於過去臺灣社會對東南亞移民的汙名，大多數新二代其實沒有能力流利使用母親的母語。對於新南向政策對他們的期待，新二代無奈地評論：「你們期待很多過去你們壓抑的事情」、「以前那些你們被丟得遠遠的，現在被放到眼前。」對於東南亞文化評價的政策逆轉，如今錯誤地預設了新二代對母親家鄉的文化與語言有本質性、必然的連結。比方說，民主進步黨提供了暑假獎學金支持新住民子女參訪母親原鄉，這些接受補助的新二代被稱為「尋根人」。一位新二代大學生說得非常好：「越南不是我的根，是我媽媽的根。我覺得越南只是我的『支流』，只是因為土石流（指新南向政策）把它壓了過來。」

看輕風險做為生存策略

對多數勞工階級來說，全球化創造的流動機會或文化刺激有限，反而剝奪了他們的穩定工作、帶來更多的經濟風險。在此同時，全球化也為社會底層的人們打開了通往跨國婚姻之路，但這些全球家庭也帶來新的教養困境。求生存的日常拔河搖撼父親的男性自尊，容易造成婚姻裂痕，也讓孩子的童年生活籠罩在經濟困窘的現實陰影之下。

儘管面對資源的短缺，勞工階級家庭並不像中產階級容易放大生活裡潛在的風險、並竭盡所能去預防避免，相反的，他們傾向看輕生活裡的種種不安全，否則他們很難活下去。相較於中產階級家長，勞工階級父母對於什麼構成「益品」與「風險」的看法也相當不同。他們在教育目標上看重學業成績，相信考試是幫助下一代脫離做工生涯的有效捷徑，不像中產階級轉向重視課外活動與全人發展，以因應變動中的升學制度與勞動市場。對於品行的養成，勞工階級家長重視孩子的乖、聽話、服從，認為「學壞」是最大的風險；中產階級家長所追求的「創造力」與「自主性」，可能是他們眼中的「調皮」、「不聽話」。

新興教養腳本反而成為弱勢家庭養育孩子時不安全感的主要來源。相對於偏重說理、陪伴的理想教養腳本，使用體罰、忙於工作的父母擔心被體制視為「不當管教」、「疏忽」。學校強調父母有責任協助孩童學習，也讓缺乏足夠文化資源的父母容易被貼上「不適任」的標籤。國家介入親職教育，若未能反思其中的階級偏誤，未必能成為助力，反而強化壓力。新南向政策等對新移民子女的資源挹注亦然，雖然有可能為他們創造社會流動與跨國流動的機會，也有可能造成非意圖的負面效果，例如將他們的身分標籤化，或將他們的族群文化背景視為一種不變的本質，因而框限了他們的就業生涯與未來發展。

下面兩章，我們將進入來自城市邊陲以及鄉下地區的兩座小學，深入檢視不同地區的勞工階級家長所面臨的風險為何，以及他們在教養上採取怎樣的保安策略。

第六章

城市邊緣家庭：自然造化或翻轉階級？

河岸國小位在新北市的一個老社區。我下了公車抄近路，需要穿過人聲撻伐的市場街，晨間是剁肉殺魚的傳統市場，傍晚是賣乾麵小吃的夜市。蜿蜒巷道裡散布著加蓋了鐵皮屋的老舊公寓，以及若干眷村改建的大樓。行走其間不時可以聽到喀嚓喀嚓的機器聲，因為住宅區裡夾雜著成衣和機械的小型代工廠。河岸國小家長的職業以工廠作業員、水電工、泥水工及小包頭為主。孩子下課後，多是阿公阿嬤走路來帶孫，或母親騎著摩托車等候，也有兩、三家安親班業者來接。不像中產階級社區裡有保全警衛看守的公共空間，這裡的小孩自由跑跳的空間有限。社區裡雖有三座小型公園，但只有其中一座有兒童遊樂設施。老樹下多是老人與推著輪椅的外籍看護，有些家長叮嚀小孩不要自己去公園玩，擔心其中歇息的遊民。

在臺北城的邊緣，有無數類似的社區，相對低廉的屋價吸引勞工階級家庭入住，公共空間與社區措施遠不及市中心。本章的家庭有些租屋，也有不少自力購屋或承接家族的老房子，他們的經濟資源並不寬裕，雖有些積欠小筆債務，但皆未低於官方的貧窮線，屬於在低薪工作與家庭開銷間勉強打平的「窮忙族」（working poor）。基於他們的階級經驗，這些教養者認為孩子的生活與未來面對的關鍵益品與風險是什麼？從而發展出怎麼樣的教育方式與保安策略？隨著勞動市場環境、主流教育理念、升學遊戲規則的改變，教育是否仍被父母視為是有效幫助下一代脫貧流動的途徑？

河岸國小：與天龍國小的比較

河岸國小的環境跟我的兒時記憶有較多類似之處。校舍相對老舊，由學生負責校區的打掃（許多孩子在家裡也分擔清潔、洗碗等家事），不像天龍國小，由家長會出資請專業的清潔人員來打掃廁所。教學方式仍以老師板書為主，天龍國小則較常使用投影片等科技輔助。河岸國小雖然課後有社團活動，但不像天龍國小那麼五花八門，主要集中在直笛、武術、田徑、腳踏車、童軍團。教務處提供的課後活動都與學業競賽相關，如字音字形、朗讀、作文、演說。[1]

讓我印象最深刻的對比是營養午餐。兩個學校都沒有中央廚房，由外面廠商提供。面對積極關心孩子飲食的家長，天龍國小校方鼓勵學生參與決策，讓每班針對競標的廠商投票表決。廠商們於是提供印刷精美的菜單（彩色銅版紙、卡通圖案），以爭取小小消費者的青睞，並用大字標示出每餐卡路里與營養成分，兼顧家長所關心的飲食健康，餐點菜色也反映了中產階級家庭的飲食風格，相當國際多元，包括義大利麵、漢堡、泰式咖哩等。河岸國小的營養午餐則由家長會與老師共同決定，由於不需要爭取多數家長或學生的支持，公布的菜單相當陽春，黑白列印、圖案小小地落在角落，主菜多是中餐，每月大概出現一次披薩等異國餐點。雖然同樣按照教育部規定提供了熱量與營養成分的資訊，但用小字列在最下面，看的人幾乎不會注意到。菜單尾端倒是列了三到五行文字，指導飲食的正確方式，如「吃蘋果身體好」、「小朋友可以多吃乳酪」等。

天龍國小與河岸國小的學校文化與課堂氛圍，與該校家長的階級背景與家庭管教模式有一定延續性。[2] 前者較為遵循新興的中產階級教養腳本，以溝通說理、鼓勵自我展現、給孩子選擇為典範，學習上也較重視多元的課外活動。後者則以學業成績、行為管教為主要目標，強調孩子的獨立與負責，也重視對老師或家長權威的服從。不同風格的學校教育與家庭教育在孩子身上培養出階級化的習性差異。中產階級孩子跟成人互動明顯較自在，有些天龍國小學童第一次見面就會直接地問我：「妳是誰？」、「教授是做什麼的？」河岸國小的孩子則傾向避開跟不熟悉的成人進行眼神接觸，在初次見面時也鮮少主動跟我或研究助理攀談。

上述差異也反映在校外教學、同樂會、老師賞罰等安排。河岸國小校外教學的目的地多在新北市，以走路或公共交通可及之處為原則，不像天龍國小，可以跟家長收費包遊覽車到更遠的目的地，也得以負擔較昂貴的參觀門票。天龍國小期末的同樂會是小朋友「秀」才藝的舞臺，孩子們彈電子琴、拉小提琴、說故事，或拿出成套的道具表演魔術。在河岸國小的同樂會，除了同歡踩汽球的高潮，主要節目是背誦或抄寫唐詩比賽，超過十首者可得到老師發的小禮物。

在河岸國小，儘管嚴格的體罰已不復存在，老師對於不聽話的小孩仍不時用威嚇的方式，例如丟粉筆、用書本拍頭，或口頭上的警告，如「棍子拿出來，等一下修理你」、「如果你們再講話，老師就會拿膠帶把嘴巴貼起來，然後上面寫『我很愛講話』。」不同於天龍國小的老師害怕中產階級家長申訴，小心翼翼避免處罰學生。河岸國小的家長多直接告訴老師：「不乖就打沒關係」、「小孩不乖就是要抽」。勞工階級家長由於文化資本的局限，很少有家長直接跟校長或教育單位舉報老師的不是。具有相對權威的老師也在與學生或家長互動時，明示或暗示「告老師」所可能造成的負面後果。河岸國小老師有回在上課時跟學生提到最近發生的新聞：「有個小朋友遲到，老師說他是遲到大王，結果父母就去告老師，這樣就完蛋了。這件事傳出去，誰敢教這種學生，這個世界上沒人敢教，那個學生就完蛋了。」

雖然不如天龍國小有較多的全職母親，河岸國小的媽媽也會利用工作的閒暇進入校園擔任志工。她們很少干預老師教學的方式、作業的內容，也較少像中產階級家長提供知識性的志願服務

（如唸故事書、分享自己的職業經驗）。她們多半在班級晨光時間、老師去開會時，擔任看顧孩子的角色，或提供讀經班，讀唐詩等強調背誦或紀律的活動。當天龍國小的孩子忘了小提琴、掉了聯絡簿時，家長（主要是母親）多半會趕緊送到校，擔心影響孩子的學習，即便老師並不鼓勵這類行為。河岸國小的家長很少會做類似的事情，一方面因為他們多半忙於工作沒有時間，另一方面他們覺得孩子不應該「什麼都要爸媽幫忙做」，應該學會承擔疏忽的後果。

有少數具慈濟背景的母親擔任「大愛媽媽」，在晨光時間講故事，內容多強調孝順感恩、服從權威、忍耐謙讓等傳統價值。有位大愛媽媽講授「對父母要和顏溫順，態度要謙誠敬重」時，詢問小朋友：「為什麼對父母講話要輕柔？」動畫中的標準答案是：「因為他們賺錢很辛苦」、「（這樣）才能得到大人的歡心」、「如果哭鬧不講道理，就會令人討厭。」有些故事恫嚇小孩不孝的可能後果：一位小朋友對同學很好、對媽媽很兇，有天沒帶作業簿就怪媽媽，媽媽立即幫他送到學校去，結果途中就因發生車禍而過世。另一個故事則強調面對霸凌要「包容」、「以德報怨」，舉的例子是有個小朋友每天升旗時都被旁邊的小朋友打，這個小朋友就忍耐、包容他，直到有天下課去跟霸凌他的小朋友聊天，之後他就不再被打了。

兩校家長會的形式也有明顯的差別。天龍國小的班親會相當正式，家長出席率也很高（將近七到八成），開始前教室播放悠揚的古典樂，老師製作精美的電腦投影片，鉅細靡遺地報告了去年度班上的各項活動，以及未來一年的教學進度。老師客氣地用「服務業」的口氣對宛如「消費者」

的家長說：「未來還要繼續服務」、「我都有盡力服務你們。」家長們也都打扮得宜、準時抵達，大家排排坐好，並且踴躍發問。中產階級學校的師生關係，表面上是相敬如賓，但來自類似階級背景的家長與老師，在教學或處罰孩子的意見上容易衍生分歧，親師關係存在潛在的緊張與距離，老師怕家長向上告狀、家長怕老師挾怨報復孩子。

河岸國小的班親會氣氛則相當不正式，我觀察過的那次，出席的家長不到十位，大家到了就圍坐桌邊開始聊天，老師也沒有進行報告。大家討論的重點並非教學，而是在學期末舉辦感謝老師烤肉聯誼活動的細節。這些勞工階級家長試圖與老師建立私人化的關係、跨階級的人際網絡，來積累家庭的社會資本。在我們觀察期間，河岸國小老師生病住院，學生母親紛紛在工忙之際到醫院去問候探病。母親透過和老師建立私人關係，希望確保孩子得到老師足夠的關注，或至少在孩子出問題時可得到老師的意見與協助。班上另有一位單親家庭的父親，也積極與老師建立關係來彌補母親的缺席。親師之間的聊天內容甚至包括與小孩學習沒有直接相關的家庭隱私，如父母吵架等婚姻嫌隙；也有母親會打電話跟老師聊大人的問題，例如需要介紹工作時，老師也樂於協助。彼此相挺的親師關係，成為社區裡活絡的社會資本，也是弱勢家庭與孩子尋求資源的重要槓桿。

本章以三個河岸國小家庭、一個在天龍國小附近租屋的家庭為例，呈現勞工階級父母保安策略的內部差異。在光譜的一端，養育者採取「順其自然造化」的態度，期待小孩可以完成基本學歷，將繼續升學視為個人資質的自然發展，不需要特別強求或培養。對這些自身經歷教育挫敗的父母來說，他們希望年紀仍小的孩子可以避免過度的學業壓力，也因為自身經濟與文化資源的限制，順其自然長大實是不得不然的策略。然而，在現今學校期待家長積極參與的教養腳本下，這樣的態度常被視為父母的消極或失職。光譜另一端的保安策略，我稱之為「培育階級流動力」，養育者希望透過升學讓孩子達成代間向上流動，希望孩子不要複製藍領勞工的階級地位。由於財力與學歷上的限制，父母必須仰賴外包補習，或中產階級背景的親戚、老師的協助，然而，這樣的翻轉階級的策略，卻也可能導致非預期的矛盾後果。

勞工階級的教養策略：順其自然造化

個頭嬌小的貝貝媽，每天下午走路去附近的學校接三個孩子，就讀小五的大女兒聰明伶俐、小二的貝貝文靜乖巧，小一的兒子活潑調皮。貝貝與姊弟都沒有上安親班，下課後直接回家，他們在家裡做完功課後就一起玩耍。不像許多中產階級家庭的孩子，因爲晚上還有才藝課，必須匆匆忙忙扒完晚餐。貝貝媽每天在家裡煮晚餐，為了省錢的關係，很少外食，開計程車的爸爸也會開車回來用餐，順便休息一下。

貝貝的父母都是高職畢業。四十歲的爸爸過去是工廠採購，由於學歷的限制無法升遷而辭職，抱著「當頭家」的夢想加盟便利超商，但生意不好、工時又過長，收店後開計程車維生，月入三到四萬。小他五歲的媽媽當年半工半讀完成夜校，白天在電子工廠當作業員，生了三個孩子後在家專職照顧。

兩人都出身於農工階級家庭：貝貝爸是農家出身，兒時假日還要幫忙農務，父親嚴格管教、會打小孩，讓貝貝爸覺得「在家不是很受重視的感覺」。貝貝媽的父親是園藝工，家裡經濟能力有限，父母也很少管孩子，她笑著說自己「小時候數學很爛，爸媽也都不會，沒有人教」。

為人父母後，他們希望與傳統教養有所斷裂，尤其盡量不體罰孩子。但也有些教養方式與上一世代有延續之處，對於孩子的教育基本上採取「順其自然造化」的態度。對他們來說，平安健康長大為首要益品，除了不變壞、不闖禍，並不會過度擔心成長過程的風險。貝貝家的家庭生活，沒有刻意安排太多以小孩為中心的學習或休閒活動，而是將親子活動「嵌入」家庭生活之中。[3] 週末時光，除了在家看電視、拜訪祖父母，他們多半從事低消費的休閒活動，如去「湯姆龍」遊樂場、到游泳池玩水、逛夜市、大賣場或百貨公司，順便在炎炎夏日享受免費冷氣。這樣的家庭生活，組織化的程度低，也少了中產階級家庭常見的因為父母要求孩子做功課、練琴而衍生的親子衝突。

貝貝媽看到隔壁鄰居的獨生子補習很多、進度超前學校，搖搖頭表示不贊同：「你把他們送去安親班，會不會很痛苦？這樣會不會到學校很無聊？孩子這樣很辛苦吧？……我只是希望說，在他們這個年齡不要有一個痛苦的童年。」貝貝爸認為父母的養育角色以「撫養」、「陪伴」為主，而非「教育」，「學習」應該是孩子自己的事：

我對小孩態度是說，讀書是你們自己的，不是我的，我不會去硬逼你們……我就是不希望用壓迫的方式去勉強小孩子做一些他不想要做的事。當然是希望他能夠平安、以後出路更好。但是，我覺得最主要是在他們自己啊。我們只能夠盡到撫養教養，至於他接受的程度怎麼樣，要看他自己了。

有不少勞工階級父母在訪談中表達「失落童年」的敘事，但內容與中產階級不盡相同。在臺灣升學導向的教育環境中成長，不擅智育成績的他們往往被劃歸成「失敗組」，歷經父母的壓力或學校的強迫學習，飽受挫折。因此，他們不希望對孩子複製「唯有讀書高」的壓力，或強加社會流動的期待，希望孩子度過一個「快樂」或「不痛苦」的童年。不同於前面章節的中產階級父母，勞工階級家長較傾向認為孩子的天賦是先天給定，而不是後天培養出來的。他們期待小孩可以完成基本學歷，將高等教育視為一種個人資質的自然發展；如果小孩被學校認為是可造之才，父母便會支持繼續升學（「可以讀就讓他讀」）。家長雖然關切成績，但要求標準在於及格或不特別落後，也就是達到基礎學習的目標。孩子多因成績低到全班倒數時，才會受到父母的處罰。

經濟資源的局限，讓勞工階級的品味傾向偏好必要、實用的東西[4]，將課外活動視為沒有絕對需要的奢侈。許多勞工階級父母都在訪談中說過類似的話：「如果我的孩子不是那塊料，學這學那不是浪費？」課外活動的安排，對於經濟資源有限、孩子人數多的家庭來說，不僅造成相當的財務負擔，學習效果的不確定性也太高。貝貝爸說明家裡沒有辦法，也沒必要讓孩子學才藝的原因：

> 有的家庭比較過得去的話，就是讓他們（孩子）有個才藝去學啊，看他們比較有興趣哪一個，你就讓他去朝那個方向（發展）啊。那我沒辦法這樣啊，因為他一學你就是繳學費，他不學，這錢就沒了啊。

勞工階級父母之所以採取順其自然的教養方式，也因為協助小孩功課時面臨了實際的困難，不僅因為他們教育程度有限，也與課程與教材的改革有關。以「建構式數學」為例，由於強調理論性推導，這種抽象形式的知識，對受過高等教育的父母來說較具親近性，對於做小生意、做勞工的父母來說，雖然具備實務知識（加減法的運算能力），但無法掌握比較抽象的教法，也對自己的算法缺乏自信，擔心把孩子搞混。貝貝爸無奈地說：

> 現在的數學，我們不會教啊，因為真的太複雜了，以前那麼簡單，那現在搞得那麼複雜，真的不曉得要怎麼教啊。（我們）還要去問老師說，你們那個加法減法要怎麼樣，噢！因為他們就是跟我以前那個算法差很多。老師現在教法，搞得我們都沒辦法教啊。

孩子的功課大部分是貝貝媽協助，媽媽解決問題的方式，是直接給孩子答案，很難像前面的中產階級母親，用引導或刺激思考的方式讓孩子自己尋找答案。在下面的家庭觀察紀錄中，媽媽不會要求小孩去使用學習工具，反而是自己查了字典找到答案。快速解答後，媽媽並不會向孩子解釋成語或字彙背後的意思，只能給予答案，無法將指導功課變成是一個啟發孩子學習的過程：

> 媽媽坐在客廳的椅子上和我們聊天，三個小孩就在書房，弟弟和姊姊進進出出。姊姊先拿了國語習作來，成語填空她不會問媽媽，媽媽邊唸邊說：「敦品□學，我不知道耶。」媽媽說了兩次。之後又有幾個成語不會，媽媽就對姊姊說：「那妳去拿貝貝的成語字典來。」姊姊就進去書房拿字典出來交給媽媽，媽媽在旁邊很仔細地查，姊姊就在一旁和弟弟玩。最後媽媽無法從字典裡找到答案，媽媽就說：「那妳就空著，去學校看同學的。」中間弟弟會不時跑出來問說造詞怎樣造，譬如他就跑出來對媽媽說：「正」，媽媽就說：「方正，正當，正常。」接著，

弟弟就說：「什麼是正當？怎麼寫？」媽媽就拿起旁邊的便條紙寫在上面，弟弟就拿起來放在本子旁邊，依樣畫葫蘆地寫。

儘管延續過去順其自然的教養風格，貝貝媽卻覺得自己的教養能力與自信不如上一代。當我問她原生家庭背景如何影響她做母親的方式，她想了想，有點垂頭喪氣地說：「唉，我覺得我媽他們還比較會照顧小孩。現在好像比較放縱他們，一些物質啊，不懂得節儉、不懂得愛惜東西……有的媽媽也很會照顧，我覺得自己不夠會照顧。」當貝貝媽接小孩放學回家時，媽媽描述自己「耳根很軟」，經常拗不住小孩的請求，因此家裡堆滿了零食、超商集點公仔、夜市買的平價玩具。

她對自己的教養方式缺乏自信，尤其展現於教育相關的安排。當她在學校門口碰到業務推銷兒童雜誌、百科全書時，雖然搞不清楚是否適合自己的孩子，總是不好意思拒絕就答應購買。儘管沒有經費讓三個孩子上安親班，她還是經常跟其他母親相比，問我以下的問題：「其他的家長都怎麼做？他們都送小孩去安親班嗎？妳覺得到了四年級再學英文會不會太晚？」

以「跟別人一樣」做為保安策略

貝貝上學前媽媽都會幫她綁好辮子，用她喜歡的粉紅色髮帶。她在家裡會跟姊姊、弟弟一起玩耍。但是，她在學校裡異常地沉默，就算老師點名叫她說話，她嘴巴動了動，卻只發出微弱的氣音。老師建議貝貝去就醫，被診斷為「選擇性緘默症」，這是一種發展障礙，孩子在特定的環境，例如學校，無法有效的表達或溝通。

媽媽先前曾帶貝貝上過幾次社會局補助的職能課。在我透過研究認識他們時，已經沒有進行任何治療活動，即便貝貝在學校還是不說話。貝貝爸媽認為問題不大，孩子只是「內向、容易緊張」、「個性古怪」。父母秉持「順其自然長大」的觀點（「我小時候也是這樣、長大就會好了」），不覺得孩子面臨嚴重的「發展風險」，也不認為醫學介入有絕對的必要，加上因為是女兒，反而強調「貝貝這樣很乖」。

貝貝父母的「不積極作為」，可能會讓很多中產階級讀者感到不解，甚至指責為「懶惰」，坦白說，包括我看到貝貝的狀況也會有些擔心。我在訪談中聊到這個話題時非常謹慎，不希望貝貝父母感覺被指責，事實上，媽媽對要不要去看醫生這件事也有些彷徨。她拿起書架上有關不語症的書，是她當時帶貝貝看醫生前去書店買的，但她不好意思地自嘲說：「我沒看幾頁啊，就懶懶的，哈哈，買來都沒看。」

對於半工半讀完成學業的貝貝媽來說，閱讀實在不是她的日常活動。此外，要與醫療機構、專業醫師互動，也讓她覺得很有距離感。她描述當時就醫時「也不知道該看哪一科啊」，聽到要看「兒童精神科」，更讓她感受到疾病的汙名，她倒抽一口氣說：「好像覺得是神經病，有一個問題在那。」更重要的是，當健保補助的課程結束後，一堂治療課程要花費一千元，並不是他們所能輕鬆負擔的。貝貝父母於是退縮回自然長大的觀點（個性內向、大雞慢啼），「做那些治療好像也沒有效果」，貝貝媽這樣安慰自己。

孩童的發展障礙，若是交由個別家庭來面對，預設了父母有足夠的文化資本足以瞭解這樣的新興問題以及面對醫療專業，更遑論父母是否有足夠的經濟資本來支付不在健保負擔內的職能治療。欠缺文化與經濟資本的家長在這個狀況下，傾向以「天生個性」、「自然成長」的理解與敘事模式來避免自己被批評為不適任、偷懶的父母。

我的研究裡另有兩位勞工階級父母，孩子被老師懷疑有過動傾向。其中一位媽媽略帶氣憤地抱怨，老師把兒子說成「有病」：「他只是上課坐不住，這是老師懶惰、不負責任的藉口。」另一位母親拒絕帶孩子就醫，她的看法是：「老師就是因為懶得管孩子，才叫我們去看醫生。」對於這些家長來說，教育本應是學校的工作，而管教是教育的重要一環。「過動」、「發展遲緩」等標籤，把孩子的行為問題定義為心理或生理的不正常，等於是把管教的責任推移到家長身上。

資源有限的家庭希望自己的孩子可以被視為「正常」、「跟別人一樣」，因為對他們來說，當孩子被視為獨特、受到差別對待，往往意味著被排除、被邊緣化。[5]基於同樣的觀點，也有勞工階級家長積極就醫、偏好藥物治療，深怕孩子因此學業落後，失去階級流動的機會。

甚或，他們希望得到教育與醫療專業者的特殊待遇，因為他們實在無法負擔密集的照顧與陪伴。天龍國小的班上有位腦性麻痺的孩子，因為媽媽跟阿嬤在附近的飯店擔任清潔工，地利之便而送孩子來念大安區的學校。他們偏好送孩子就讀特教班，認為這才能獲得比較好的照顧，但評估委員建議安排他在普通班跟一般孩子一起上課，只有部分時間到資源教室接受指導。聽到我是大學教授，阿嬤給了我一個白眼。她至今仍對開會時大學教授反對他們送特教班一事耿耿於懷：「大學教授為什麼不幫忙我們，我們就已經忙不過來、沒有時間照顧他。」

我所訪問的中產階級家長，採取相當不同的態度與方式來因應孩子的發展遲緩。中產階級家長對此議題有較多的知識與資訊，因此容易在孩子還小、出現若干徵兆時，便尋求醫療診斷與專業協助，也能負擔收費不低的感覺統合課程與專人治療。然而，中產階級家長中也不乏有人抗拒藥物治療，或尋求實驗教育、自學管道，來打造更能包容孩子差異的學習空間。這些家長有較多的文化自信來對抗體制，也強調孩子的個別差異（「每個孩子都是獨特的」），這些都有利於他們為孩子爭取更多的資源與客製化的對待。

不得不然的「自然長大」

小泰通常是班上下課最晚離開的一位。他總是趴在窗邊，張大了圓圓的黑眼睛，搜尋著爸爸或阿嬤的身影。週三上半天課，輪到爸爸來接他。在工廠當作業員的爸爸要趁著中午休息時間，從樹林工廠騎機車近一小時到學校接小泰回家。穿著灰色工作服的小泰爸出現時，他總是沉默地在門口等著，從不進來跟老師聊聊，也不會和其他家長打招呼或眼神接觸。[6]

個性寡言的小泰爸，今年三十五歲，八年前在工廠結識眼睛水亮的泰國移工女友。兩人結婚後生下小泰，與阿嬤、未婚叔叔一同住在阿嬤所有的老舊小公寓。小泰念幼稚園時，爸爸外遇，小泰媽氣憤地帶著兒子離開。思孫情切的阿嬤，雖然每天要到餐廳洗碗，下午休息時她會到小泰媽工廠附近的幼稚園一家一家找，終於讓她找到孫子。目前爸媽已經正式離婚，由爸爸取得孩子的監護權，與阿嬤共同撫養。取得身分證的小泰媽留在臺灣工作，幾乎每天都會打電話給小泰，休假時也會來探望孩子。

阿嬤其實不到六十歲，但看起來比實際年齡蒼老。丈夫在二十年前病逝，小學畢業的她，靠著在建築工地與工廠做工，帶大兩個幼子。隨著她邁入一定年紀，找工作變得愈來愈困難。她失業了好長一段時間，直到現在的餐廳洗碗工作。她跟小泰爸的工時都相當長，兩人搭配才能組合出接送小泰的行程。每天清晨七點，爸爸騎車送小泰去學校，然後再到樹林趕八點上班，晚上通常快十點才能回到家。他也經常在週末加班，以配合國際買家的緊急訂單。阿嬤每週工作六天，下午休息兩小時，她會回家做一點家務，週三以外的日子則由她去接小泰放學，然後再趕回餐廳上班。有時住在附近的叔公會帶小泰去吃晚餐，多數時候則等到阿嬤下班後，從餐廳帶剩菜或買簡單外食回家。

小泰放學後經常一個人在家。阿嬤叮嚀他不要到外面去玩，陌生人按電鈴也不要開門。當我問到為何不送小泰去安親班，阿嬤說，高中肄業的爸爸基於己身成長經驗反對：「爸爸細漢時有去讀（補習班），伊就無愛讀冊。他爸爸就覺得很痛苦，就不要他兒子這樣子。」

大學肄業的小泰媽看法不同，雖然我們沒有機會在學校見過她，但當她在電話中聽到有「老師」在家裡，當天剛好休假的她便專程回來，想要多瞭解小泰在學校的狀況。如同我們所認識的其他都市新住民母親，小泰媽擔心自己缺乏語言能力、無法幫助孩子。訪談時，媽媽一面玩著小泰的手，一面說：「別人都是爸爸媽媽講故事給小朋友聽，我們相反，都是他講給我聽。以前我要睡覺的時候，他就會說他要講故事給我聽，我就躺著，有時候他還沒講完，我就睡著了。」正因為如此，她希望透過外包策略來培育孩子，尤其重視英文的學習，希望孩子「將來在辦公室上班，不要像爸爸媽媽這樣很累」。

小泰媽的薪水可能因為新移民身分而打了折扣，底薪僅一萬七，湊上加班與夜班才達到基本工資。她帶著小泰離家時，花費薪水的三分之一送孩子讀安親班，此舉不是為了外包照顧，而是外包教育。她當時跟同鄉合租房子，為了方便接送孩子，她改上夜班（晚上八點到早上六點），再拜託室友晚上協助照護孩子。離婚後她也向前夫提出讓小泰補習的要求，並希望送到貴一點、有外籍教師教英文的機構，爸爸雖然口頭同意，但尚未付諸實行。媽媽認為經濟資本局限仍是重要的阻力：「他爸爸就說要等一下等一下，因為他爸爸可能也沒有什麼錢。」

爸爸的工廠月薪（含晚上、週末加班）共三萬多。二〇〇九年景氣不好，母子倆都被迫放了三個月「無薪假」。阿嬤的餐廳復工後，員工被減薪一成，她目前月薪兩萬二。叔叔在同一家餐廳當服務生，月薪也是兩萬二。家裡開銷不小，阿嬤估計每月要五到六萬。阿嬤在十多年前買下了現住的中古屋，房子總價四百多萬，每月支付房貸利息（未必有償還本金）超過二萬。小泰爸、叔叔會分攤一些生活費，但絕大多數都還是靠阿嬤。除了財務負擔，照顧小泰的工作也多落在阿嬤身上，即便在小泰爸媽離婚前也是如此，她無奈地說：「厝內的代誌都是我在弄，厝內的代誌永遠攏是我，我也沒法度。」

在周轉不靈的狀況下，阿嬤不時要透過信用卡借貸。事實上，阿嬤和小泰爸各自都有十幾、二十萬的卡債。近六十歲、小學畢業的阿嬤，自二十年前先生過世後便獨力撐持這個家，做過板模、滑套，由於年紀大了很難找工作，經人介紹才找到現在的餐廳後場工作。十年前經歷一段失業期，她申請了當時流行的信用卡來解決房貸等燃眉壓力：

> 沒錢刷卡很好用，欠（缺）什麼東西，卡拿來刷……沒法度，每個月都透支，都要用刷卡來過日子。那時候人家都在辦啊！沒刷卡就沒法生活啊，轉不過來啊，卡債（現在）也是都卡住了啊！

上一章提到，儘管面臨經濟條件的限制，勞工階級家庭無法經常滿足孩子的物質願望，有些家長仍會試著在儀式性的時刻盡情消費，或是購買對孩子來說特別重要的商品。做為一種「象徵性寵愛」的親職實踐。[7] 小泰的媽媽因為離婚後很少有機會和孩子相聚，每次帶孩子出遊，一定會買玩具給他。擔任工廠作業員的爸爸常在週末加班，好不容易有空帶他去看電影時，他們去票價不菲的華納威秀電影院看《鋼鐵人》，還買並不便宜的汽水和爆米花；印有鋼鐵人圖案的可拋棄汽水杯至今仍放在小泰的書架上方當裝飾品，這是難得的父子共遊日的珍貴紀念。

儘管有債務在身，小泰家裡仍有不少看來嶄新的電器，包括客廳裡的四十二吋大電視。小泰媽笑阿嬤是「愛買阿嬤」，很喜歡看電視購物頻道亂買東西。上節所提到的貝貝媽也有類似狀況，雖然家庭財務不佳，卻抵擋不住推銷員的舌粲蓮花，甚至買過近十萬元的減肥計畫。我一開始很難理解這些不符合經濟理性的消費行為，也對他們面對財務危機卻不特別焦慮感到困惑。但慢慢地我比較明白了，既然他們無法正面解決難以償還的債務，只能採取「擱在一邊」（compartment）的認知方式（「卡債不理它就好」），用「看輕」經濟風險做為生存策略。商品消費不僅提供了當下的情緒性滿足，也變成一種幫助自己在坑坑洞洞的現實中生存下去的應對機制；在廣告訊息鋪天蓋地的資本主義環境中，商品召喚出的象徵意義（女人都想要的苗條身材、家家戶戶都有平面電視），讓經濟不寬裕的成人也感受到「需要」這些對自己的「象徵性寵愛」。

教養腳本與學校期待的差異

小泰是一個孤獨的孩子，沒有同齡玩伴，也少有大人陪伴。小泰一個人在家時，不是看電視、打電動，就只能跟他幻想的友伴玩耍。忙碌的大人帶他出去玩的機會有限，但每次都會買玩具給他，比方說，他累積了快一百張的遊戲卡，這是媽媽和阿嬤帶他去逛夜市時買的。但我們問他怎麼玩，他幽幽地說：「我不會玩，沒有人跟我玩。」他只是默默整理卡片，而且習慣性地跟卡片說話。小泰很想念媽媽，怨恨爸爸交女朋友導致媽媽離開。雖然已經小二了，小泰還是會尿床，阿嬤說可能因為過去媽媽值夜班，他一個人睡覺、不敢起床尿尿所導致的。小泰跟爸爸說想要養寵物，爸爸去寵物店買了兩隻老鼠、一隻兔子。沒想到老鼠愈生愈多，又找不到人送，阿嬤照顧不來，只好把牠們弄死。小泰提到老鼠死掉的事就開始抽噎，紅著眼眶說：「幸好兔子還活著」，這隻名叫叮噹的兔子是他最好的朋友。

有些讀者看到這裡可能會想，阿嬤造成孩子心理創傷，是不盡職的照顧者。但是，阿嬤確實盡心疼愛唯一的孫子，只是她對童年、兒童的看法與現代教養腳本有所不同。比方說，阿嬤認為老鼠繁衍增加成人的勞動負擔，沒聽過這是所謂的「生命教育」，也不明白發展心理學中有關脆弱兒童心理的論點。小泰放學不想自己走路回家，反映他對大人陪伴的渴求，但對阿嬤來說，小泰只是「懶惰」、不想自己走路，應該盡早培養獨立自主的能力。阿嬤稟持的「順其自然造化」的教養方式，若在小孩多、風險低的鄉下社區裡容易延續，就算老鼠生太多也不會造成很大的環境問題。當獨生子小泰在都市公寓裡長大，隔代教養、沒有大人陪伴的生活便容易被視為風險的來源。

小泰拿了學校老師發的暑假作業回家，其中有三個「特殊活動」都要求家長的介入與共同完成，包括「烤肉」（詢問長輩烤肉經驗）、「只要蛋白質不要肉」（和家人做一道菜）、「家事大作戰」（小朋友和兩位家人一起掃廁所）、「菅芒花女孩」（和父母一起完成大約十二件事情），小泰看了就苦唉唉地說：「請問一下誰有時間幫我做？」他無奈地拿本子去給阿嬤看，阿嬤拿出老花眼鏡仔細看了半天說：「我要準備去上班了，晚上回來再做。」後來，小泰告訴我們，阿嬤簽名寫了「鳳梨蝦球」，但他們沒有時間一起做菜。

對於經濟資源、時間餘裕、照顧人力都短缺的勞工階級家庭來說，讓孩子自然長大是不得不然的養育策略。國家立法與學校制度，經常預設孩子的家中有一名專職照顧者，或父母從事朝九晚五的工作，罔顧單親家庭的處境或是服務業的工作時程。學校老師以中產階級家庭為原型，期待家長參與孩子的學習，讓無法配合的家長變得「不盡職」，讓「順其自然造化」的教養方式變得「有問題」。

「怕做工」：培育階級流動力

小昆爸的個子瘦小，經年日照曝曬下，皮膚黝黑粗糙。他出身於南部務農家庭，半工半讀取得高職學歷。他笑說年輕時曾經和一位「富家千金」交往，後因為家世背景懸殊而分開。也許跟這段情傷烙印下的階級傷痕有關，他嘗試跟朋友合夥做貿易生意，不幸慘敗、損失千萬，只得賣掉祖傳田地還債。之後，他就一直在建築工地工作，先前升格做小包頭，因為近年不景氣，又回來打零工，日薪約一千五，月收入平均三萬多。近四十歲時，在朋友介紹下，他和年輕九歲、個子大他一號的太太結婚。小昆媽國中畢業後，在電子廠做女工，工廠外移歇業後，現在跟爸爸一起在工地做雜工，日薪一千。兩人努力多年，透過人工受孕，才在爸爸四十五歲時成功生下一對雙胞胎。

小昆爸幾乎全年無休，從水泥攪拌到拆除都做，早上七點騎機車出門，有時要騎一小時才能到工地，晚歸回家時身上總是沾滿了泥漿與汗水。他用驕傲的語氣談到自己的工作：「我什麼都會做，我差不多可以蓋一棟房子喔。」但他並不像中產階級父親，樂於將職場技能傳遞給下一代；即便技術工人的所得不輸給低階上班族，他並不期待孩子繼承辛苦又危險的建築工作。他這樣描述工地生活的風險：「吹風日曬，落雨、又冷，風又大，蠻危險的……我……看好幾次了，人從鷹架上跌下來，躺在地上，好像西瓜破掉一樣。」他用臺語生動地描述工地現場的殘酷風險，隨即用溫柔的眼神看著旁邊玩耍的兩個孩子，轉頭跟我說：「我希望他們坐辦公室、電腦打一打。」

描述自己「晚來得子」的小昆爸，特別疼這兩個活潑的兒子，從不打他們。他用溫柔的眼神看著在一旁玩電動的小孩：「不管工作有多累，看到這兩隻的笑臉，就夠了。」小昆則用天真語氣，又帶點現實感地回應：「爸爸辛苦去賺錢，我們開心玩電腦！」當我問小昆爸他負責孩子哪些照顧工作時，他搔搔頭說：「負責賺錢給他們喔。」媽媽也呼應這樣的說法：「男人都嘛這樣，他認為說反正妳，咱做某的管，所以他很少，他就不會去過問了。他認為說外面錢賺回來，最要緊啦。」相對於小布爸，小昆爸顯露一種養家者的家父長自信，但也因為如此，他對於孩子的照顧與管教消極參與，也從不到學校參加班親會等活動。

小昆媽是孩子的主要照顧者。工程空檔時，她會在晨光時間進班協助看顧孩子，也喜歡跟小朋友聊天。有天她問班長說：「上學期你是第一名喔？那第二名是誰？第三名是誰？第四名是誰？」然後轉頭跟我們嘀咕說：「你看都是念××安親班，我那個小的功課退步，退到二十幾、都快倒數了。那我就想說不行，就給他轉到××去。期末考出來，也有十幾名，成績有進步。」在期中或期末成績公布之前，她總是緊張地打電話給老師詢問成績，孩子粗心大意、成績退步時，媽媽也會出動「愛的小手」來體罰孩子。她雖不期望孩子名列前茅或一定念大學，仍希望孩子可以透過教育來取得一定程度的階級流動，特別是不要再「做黑手」，認為錢不多、辛苦，又容易「學壞」（抽菸、喝酒）。當我問到如果孩子將來想要繼承父業時，她毫不猶豫地回答：「不要！不肯，如果他要做工地，我可以叫他去阿姨的公司，當個小弟也好！」

小昆媽在臺北眷村長大，爸爸是老兵，媽媽是電子廠女工，拉拔兄弟姐妹四人長大。小昆媽從小成績不好，國中畢業後就不想再升學，哥哥、妹妹則念到大學畢業。小昆的阿姨與先生經營公司，由於膝下無子，對小昆兩兄弟視如己出。她不僅提供了有關教育安排的建議（學英文、學游泳），也提供金錢支付小昆兄弟的安親班、英文補習及其他才藝學習費用，並替他們購買電腦、手機、英文CD等較高價的物品。週末時，媽媽一般會帶兩兄弟去逛離家不遠的夜市、大賣場，幾乎每個月來訪的阿姨，則會開車去花費較多的遊樂園。因為有阿姨的贊助，相對於一般勞工階級家庭的孩子，小昆兄弟的物資享受相對寬裕，感受不到太多現實的壓力。生日當天，小昆在學校慶祝時許下這樣的願望：「祝大家、師長平平安安、快快樂樂。」，我笑他：「你沒有祝自己得到什麼玩具噢？」他滿足地說：「我玩具都得到了。」

雖然小昆媽對自己的教養能力缺乏自信，但由於兄弟姊妹多爬升為中產階級，讓她自認為相對於夫家，原生家庭的族群與階級位置比較優越。她去工地的日子，同住的婆婆會幫忙接送小孩上學、煮晚餐、做家事，但小昆媽批評農村背景的婆婆比較「不懂得衛生」、「沒有審美觀」。基於手足的資源挹注，她對培育孩子的未來發展充滿樂觀的期待，甚至想像孩子出國念書的可能：

我們家人這邊的想法都覺得說，嗯，英文很重要。他爸爸這邊就是鄉下人，沒有什麼，他們的思想就是「小孩吃得飽、穿得暖、有乖、念書，安捏就好了。」（臺語）我們這邊就不同，我們娘家這邊希望他，嗯，像他阿姨講說，如果可以的話，希望以後讓他們的大學是在國外讀的。因為他阿姨有講說，臺灣的大學讀出來沒有什麼好頭路啦。

英國社會學家威利斯（Paul Willis）有本經典，書名是《學做工》（*Leaning to Labor*），描述出身勞工階級家庭的小夥子，在學校裡反抗權威、拒絕規範、看不起班上的「書呆子」。一方面，他們受到父親傳承的陽剛工廠文化影響，讓他們得以「看穿」學校教育傳遞的是排斥他們的中產階級價值，並藉此標榜他們的自主性與男性氣概；另一方面，這樣的反學校文化傾向，反而讓他們志願性地成為下一代的體力勞工。[8]

在文憑主義高掛的臺灣社會，勞工階級文化難以建立象徵正當性，從事體力勞動的父母反而多是「怕做工」[9]，視讀書為下一代逃離階級複製、翻轉命運的主要路途。因此，他們對教育的看法主要集中在功課、學歷，以及將來可轉換的就業市場上的價值。如同我們認識的多數勞工階級家長，小昆媽對老師的評價，主要在於指派功課與作業的分量，有要求「回家背這個、讀那個」的老師就被認為「比較會教」。她也對孩子耳提面命：「你們讀好書，再來就有好收入，如果書念不好啊，永遠賺不了大錢的。」

沒有受過高等教育的父母，難以瞭解「全人學習」在後教改體制中成為重要的學習目標，他們幾乎沒有人聽過大學推甄的制度改變，遑論替孩子規劃有利的相關學習活動、培養不用功課、學歷測量的「隱形能力」。相對於安親班或補習班，他們認為課外活動或才藝班是昂貴且不必要的支出，也缺乏足夠的資訊或知識來評估課外活動的多樣內容。就算有課外活動安排的家庭，也多偏好英文班、珠算班等與智育學習較相關的活動。

比方說，小昆媽雖然拿到我的名片，還是不太瞭解「教授」、「研究」的意義，後續的訪問中她還是問我論文寫完了沒有、可以畢業了嗎？有天學校發了課外活動傳單給孩子要他們回家給父母看，來接小孩的小昆媽看到「街舞」，不解地說：「學街舞幹嘛？在街上跳舞喔？我不反對啊，老師，那樣到底是好還是不好啊？」

勞工階級母親的另一個保安策略是透過跨階級的社會資本，來轉換為孩子的文化資本或人力資本，以促成下一代的階級流動。例如，受過高等教育的親戚可以提供與教育相關的資訊與建議，或協助孩子把戶口遷到比較好的學區。勞工階級父母在教養孩子時，也經常透過和老師「打好關係」，來進行跨階級的社會資本積累。不同於反抗學校權威的英國小夥子，臺灣的勞工階級家庭子女，相對於中產階級同儕，反而受到父母更多的期待與壓力去順從學校文化與老師的權威。

新移民母親的教育外包

在天龍國小，我們認識了來自湖南、現年三十歲的小俊媽媽。身為單親母親的她，跟兒子小俊，還有不時到臺灣來探親的外婆，在大安區的一間頂樓加蓋租屋。房子只有十幾坪，鐵皮屋夏熱冬冷，內裝也非常老舊。小俊便抱怨說：「不喜歡現在的房子，很髒，整理過了還是很髒。」月租一萬七，這樣的房價可以在新北市，如河岸國小附近社區，租到一間三十坪的公寓。當我問小俊媽為何選在大安區租房時，她毫不遲疑地說：「因為我單親……這裡的學校比較好。」

透過同樣嫁來臺灣的阿姨的介紹，當時二十出頭的小俊媽與擔任汽車維修人員的臺灣丈夫結婚，兩人相差十多歲。她先前在中國部隊當護士，算是「鐵飯碗」，她懊惱地說：「我如果沒有來的話，就可以一直念書一直升，那到臺北的話就全部都結束掉。」父母覺得嫁來臺灣是個好歸宿，年輕、好奇的她也不反對，沒料到迎接她的卻是夫家對「大陸新娘」的猜忌與不信任。她出外工作、改善經濟的願望，尤其強化她與夫家親戚的緊張。她想要存教育基金被公公攔阻，懷疑她覬覦夫家財產；出外工作也被猜疑會「跟別人跑掉」；到家附近的麵店打工，經濟條件不差的夫家又認為「很丟臉」：

> 他們（公婆）覺得我去幫別人做事，覺得很丟臉。我就想說，你要給我錢啊，你不給我，我

當然要去賺啊……他們就一直不放心，妳從大陸來的啊，妳會拿他們家的財產，這是最重點的。他哥哥覺得說我很聰明，老人家就會覺得說沒有安全感。我先生是那種非常老實的，他話不多，你做什麼他都OK。當人家跟他講一些壞話的時候，他是一定會聽，他沒有信任我，跟我的關係，他一點也不信任……【藍：他們會講妳什麼？】他哥哥會說：「你老婆那麼年輕就去上班，然後就會跟別人跑掉……你看她穿那麼漂亮？你看電話跟人家講那麼親熱？」然後我先生就很緊張，我只要晚一點回來，就變成說是我和他的問題了。

丈夫責怪她害他家庭失和，甚至一度對她暴力相向，掐著她脖子說：「我跟妳講話妳都不聽！」夫妻在結縭六年後分居，但未正式簽字離婚。媽媽簽了放棄夫家財產的同意書，獨力撫養小俊，爸爸偶而會來探視。湖南的外婆為了幫忙女兒也定期來臺居住，白天當清潔工、傍晚在路邊擺攤賣水果。小俊媽目前擔任一位富家千金的個人助理，幫忙開車打雜，月薪三萬，「跟傭人沒兩樣」，她不好意思地說，覺得自己地位很低。

雖然是資源有限的單親家庭，小俊媽用投資孩子的鋪路消費來強調自己沒有讓孩子在照顧或物質上被剝奪。除了越區就讀，她也安排小俊在課後參加安親班、作文班、英文班、珠心算班，費用加起來每月近兩萬。訪談當天，她拿出下班後經過書店買的課外書，包括三國演義、世界偉人傳，對我強調：「我們家沒別的，書很多，我也會給他看一些電影，都是比較有教育性的東西。」

她也以「自我犧牲母職」的道德形象（努力賺錢不為自己），來對抗夫家昔日冠在她身上的汙名：「其實我花在小朋友身上的錢，比他們家絕對要多太多了。我賺錢幾乎就是給小朋友念書，其實沒有人知道，沒有人看得出小俊是單親。」此外，她也說明外包教育策略對於移民母親來說有現實上的必要：

> 因為我沒有辦法教小孩子的功課，我為什麼花這麼多錢，就是我沒辦法教他，我們學的跟臺北教的完全不一樣，我看得懂但我沒辦法教他，我也沒辦法去寫，因為我們念的是完全不同的東西。所以我一定會花錢去，不管花在那裡，這個錢我一定會花，去教他的功課……他的同學有錢人家實在太多了，他們會覺得說，我們外籍來的，一般不會花在小孩子身上那麼多教育。我今天可以把一些錢存起來、買別的東西，可是我覺得那對我來說不是最重要的，最重要的是他以後長大的事情，能夠比我好，他以後有任何發展，對我有意義太多了。

都會區的新移民母親，尤其傾向透過外包教育來實現下一代階級流動的夢想。她們用類似的「後悔敘事」來描述自己的移民經驗：原本期望透過婚姻移民達成社會流動，無奈換來的是失敗或不理想的婚姻、新環境中的族群歧視，以及低賤辛苦的勞動，她們唯一期盼的是孩子光明的未來，好讓她們的移民之苦得以轉化為值得的犧牲。

我們在上一章認識的同為新移民的小布媽，也採取類似的「外包教育」策略。她為了方便照顧孩子收掉了早餐店，由於打工薪資過低，她考慮晚上再兼一份差，才能有足夠的經濟資本，投資在孩子的文化培育，即便這樣的教育投資，並不為她的階級同儕所認可：

如果我再兼兩三個小時的工作的話，我就可以賺一點錢讓小孩子再補英文。【訪者：所以他們目前是上安親班嗎？】我讓他們上安親班的原因就是說，我覺得我不是不會教，我也會，小學每個人都會。但是就是說，我們的方式來教，跟老師教的方式不一樣，對不對。因為我不知道老師是什麼方式教，依我以前自己做的那套來教，變成他的思想就是很混亂……所以我們的理念就是說，我要去工作賺錢，讓他讀安親班……你知道人家在我們後面怎樣說，就說「家庭環境又不是很好，幹嘛要送小孩子去花錢，自己帶一下，把那錢省下來」。很多人這樣說我耶，但是我就笑笑而已，我沒有回答。但是我的看法就是這樣子，我努力去賺錢，我去上班，那個錢給小孩子讀書，我當然要希望小孩子學好一點，我自己去工作有什麼關係，對不對？

新移民母親所承受的教養汙名是雙重的，既是階級劣勢，也是族群他者。由於對本土教材與語文的掌握有限（大陸配偶指的是使用繁體中文的能力），小俊媽媽自認是不適任的教育者；大眾媒體、中產階級家長（孩子的「有錢人家同學」）也傾向質疑她們對於小孩教育的投入意願與能力。新移民母親承自母國的語言能力和文化知識多半被當作負擔（影響孩子的口音或落後的教養方式），而非值得被傳遞給下一代的資產。

新移民母親身在異鄉，除了夫家，在地人脈有限，這是為什麼不少新移民想辦法將自己的父母申請來臺灣，因為可以協助照顧孩子，甚至提供經濟的援助。移民網絡理應成為她們重要的社會資本，但我們接觸的許多移民媽媽，並不喜歡與同鄉有太多聯繫，除了避免小團體間的八卦耳語，也因為臺灣社會對「外籍新娘」有著性道德汙名的聯想。小俊媽便傾向採取與同鄉保持距離的方式：「其實同鄉之前也有接觸過，但是，因為我覺得跟他們有差距，可能就是想法比較不一樣。我就比較簡單，比較單純，那他們就是可能有一些不好的事情，我就會很少跟他們聯絡。」

鋪路消費的非預期後果

當市場外包成為教養與照顧策略，往往意味著家長必須耗費更多時間在外工作賺錢。小俊媽因為上班時間長，幾乎沒有進過學校參加任何活動。有天我陪下班後的媽媽趕著去安親班接小俊，因為已經超過下課時間（七點半）半小時，多數孩子已經回家，只剩下小俊在等候，媽媽的聲音還在牆外，他便興奮地拖著沉重的書包衝出來。睡前小俊喜歡媽媽唸故事書給他聽，媽媽這樣描述：「有時候我很不想要講，很累了，上班很容易累啊，但他要媽媽講，有時候講到我睡著，他還沒睡著。」

單親家長掙扎著兼顧工作與家庭，同時又容易受到學校與國家的監視與指責。以加班工作換取鋪路消費可能衍生非預期的後果，讓她們在權威的眼中宛如不適任的家長。外婆回中國大陸時，小俊有時一個人在家，會把這樣的狀況寫進日記裡，老師打電話請媽媽到學校會談，嚴正告訴她：「小俊媽媽，妳不可以把十二歲以下的孩子留在家裡。」事實上，老師的說法並不正確，按照現行法令，六歲以上的兒童其實得在相對安全的環境獨處，但小俊媽謙遜地將管教權讓渡給老師：「只要你可以管得動他，你用任何方式，用打的，我都支持，就這樣子。」

小俊媽不斷強調「希望孩子過得快樂」，盡量少跟孩子講負面、金錢的事情。但她也不忘叮嚀階級流動的現實壓力：「我每天跟他唸的就是，你現在不好好讀書，你以後就會像媽媽一樣很辛苦地上班賺錢。」過年期間，小俊會幫外婆賣紅包袋，賺取壓歲錢補貼學費。父親缺席造成金錢與照顧不足的現實處境，更是小俊童年難以閃避的陰影。小俊媽與分居丈夫約定每週來看孩子，並分擔安親班的學費。但是爸爸在這兩件事上都失約，一年探視不到幾次。媽媽請小俊跟爸爸提錢的事，小俊說：「不要，我怕說了爸爸以後就不來看我。」期待爸爸身影出現但落空時，小俊便會抱著媽媽說：「媽媽妳能不能找一個很愛我的爸爸？」

當父母企圖透過越區就讀等方式，尋求中產階級的學校教育與人際網絡做為助力，但往往非預期地將孩子暴露於近距離的階級資源落差，例如讓孩子在同儕間感受到物質匱乏，以及強化童年的現實陰影。天龍國小的孩子多來自不虞匱乏的富裕家庭，經常帶價格不菲的玩具與零食來學校。小俊在這方面有明顯的不同，他有時會批評同學「浪費、不節省」，也不時在物質落差下顯露相對剝奪的失落感。

我有次加入天龍國小參觀鶯歌陶瓷博物館的校外教學活動，這樣的活動在河岸國小幾無可能，因為較為遠程的校外活動需要租遊覽車，不僅花費高，也需要家長們陪同照顧。孩子們在現代感十足的博物館裡待了一個上午，除了參觀藝術作品，也體驗手作活動。大家在博物館附屬的餐廳吃完中餐後，幾乎每個小朋友都去買了一支要價不低（四十五元）的冰棒，因為棍子是手工陶瓷做的，吃完可以留下來作紀念品。我跟小俊坐在花圃邊上，遠遠看著一面舔著冰棒一面嬉鬧的同學。小俊一直翻他的書包，喃喃說找不到他的錢。其實，我懷疑他根本就沒有錢，因為平常媽媽並沒有給他零用錢，而今天的手作活動已經花了三百塊。他露出沮喪的神情，拿出筆記本默默畫圖。我好奇湊過去看，很驚訝地看到上面畫了一支想像中的冰棒。我拍拍他的肩說：「請你吃冰好不好？」他開心地闔起筆記本，挑了一隻甜滋滋的鳳梨冰。

對於年幼的孩子來說，畫圖的象徵，或是透過想像吹噓，都提供了「心理補償」與「想像式滿足」的可能。坐在小俊後面的少華，每天由菲傭接送，剛搬到百坪大的新家。有天我參加孩子們參觀社區超市的活動，路上少華有點臭屁地告訴同學：「我的房間很大喔，可以溜滑板。」小俊默默地沒有搭腔，等我們路過汽車店時，他主動跟我說，「我爸爸是開法拉利跑車，這是世界上第一名的跑車，爸爸很有錢，我坐過這車喔。」我在訪談時跟媽媽詢問這件事，確認沒有法拉利的存在，只是舅舅很愛研究名車。小俊天真地想像與虛構，折射出現實中的匱乏與渴望，不僅用名牌車美化了缺席失職的父親，也顯示他在中產階級孩子豐裕物資的環繞下，不得不提早目睹、貼身體驗殘酷的階級界線。

勞工階級教養的文化矛盾

基於從自身的階級經驗認知到的風險與不安全，臺灣勞工階級家庭採取不同的保安策略來促成下一代的安康，也由於家庭生活處境跟主流教養腳本的評價衝突，形成勞工階級的教養文化矛盾。

國內外的研究都發現，多數勞工階級家庭很重視孩子的教育學習，許多勞工階級母親甚至比中產階級家庭更強調孩童的學業成績。[10]對他們來說，升學是幫助孩子達成社會流動、遠離體力勞動、確保經濟安全的最重要途徑。不同之處在於，如石易平指出，他們的教育投資主要朝向智育為主的「單食教養」，而非中產階級家庭所強調的「雜食教養」。[11]再者，缺乏文化資本的父母需要透過市場外包、跨階級協力等方式來幫助孩子學習。

然而，臺灣勞工階級的教養保安策略，呈現與美國勞工階級家庭不太相同的樣貌，我稱之為「跨階級鋪路消費」。對於住在都會與近郊地區的家庭來說，他們容易透過市場（安親班、補習班）取得輔助孩子學習的制度資源。此外，如我們在小俊、小昆等家庭裡看到的，父母仰賴親友、老師等跨階級的社會資本來轉化為經濟或資訊上的援助，相當不同於美國勞工階級家長與學校老師之間疏離、甚或對立的關係。[12] 這呼應了臺灣學者的調查發現，相對於其他東亞社會，臺灣民眾更有機會建立跨階級的人際網絡，透過非組織性、非正式的連帶，來幫助自己進行社會資本的積累。[13]

跨階級鋪路消費做為保安策略，雖然對於促進孩子的課業成績或教育流動可能有所助益，但也引發內在的教養文化矛盾。首先，如同赴海外工作的中產階級父親，勞工階級父母為了教育外包，面臨陪伴與賺錢的兩難。不像前者透過性別分工、由母親主責照顧，勞工階級家庭的收入有限，需要雙親（甚或單親家庭）更長時間的加班工作、犧牲更多與孩子相處的時間；同時，面對老師或社工等權威，他們更缺乏文化資本來證明自己已努力克盡親職。

其次，在文憑主義高度掛帥的臺灣社會，長期以來，勞工階級文化難以建立象徵正當性。因此，不像威利斯研究中的英國小夥子，有勞工階級文化、藍領陽剛氣質，提供他們（即便是局部的）反抗的文化工具。在臺灣，「怕（下一代）做工」的勞工階級父母，視讀書為逃離階級複製、翻轉命運的唯一路途，以彌補自己過去的錯誤或遺憾。然而，這樣的保安策略，間接地否定了勞工階級父母自身的職業價值、生命歷程與階級文化，服從以學業能力做為單一指標的唯才主義（meritocracy）體制，也合理化了白領階級的階層支配。[14] 其他研究也發現，當勞工階級出身的孩子取得高等教育、階級流動的入場卷後，由於習得與原生家庭截然不同的世界觀與生活方式，但孝道等親族規範仍賦予父母一定的教養權力，經常形成非預期的親子關係緊張，以及子女內在的情緒拉扯與不安全。[15]

除了經濟安全，勞工階級家庭也注重孩子的情緒安全，但他們所認知的情緒風險來源，與中產階級家庭並不相同。像貝貝、小泰等家庭，傾向讓孩子「順其自然造化」，期待小孩完成基本學歷，將繼續升學視為個人資質的自然發展，不需特別強求或培養。對於這樣的勞工階級父母來說，過度強調課業成績未必能達成階級流動，反而使家庭資源更拮据，在孩子身上也可能造成學習挫折的隱性階級傷痕。由於學校文化與老師習性傾向與中產階級價值、白領工作文化對齊，中產階級家長與子女容易動用制度認可的文化資本與行為模式，善於爭取老師的注意力與協助。[16] 相對而言，課業成績不佳的孩子常常在課堂上感覺受到忽略、被放棄、不受尊重，彷彿像是「襯托中產階級孩子發光發亮的匿名背景」。[17]

許多勞工階級家庭重視的教養益品排序也跟中產階級有所不同。美國人類學者艾德莉．卡瑟若（Adrie Kusserow）描述美國社會雖然共享個人主義文化，但不同階級家庭培養個體性的教養方式並不相同：中上階層美國人將孩子的心理自我（psychological self）看成嬌嫩的花，教養者有責任提供呵護與空間助其獨特發展；勞工階級教養則強調紀律、勤奮，培育孩子的堅毅自我（resilient self），好比搭建心靈堡壘，幫助孩子面對未來危險的世界。[18] 臺灣社會雖然傾向群體主義的文化，但當代的教養腳本也存在類似的階級差異。許多勞工階級家庭不把學業成績放在第一位，也不傾向放大看待兒童的脆弱性，相對來說，他們更重視人格與品行的培養，期待孩子聽話、有紀律，遵守團體規範，以適應資源與機會有限的顛簸成人世界。

事實上，上個世代的臺灣家庭，不分階級，更趨近於當今勞工階級的教養方式，在學業上「順其自然造化」，視教養者的主要責任為管教子女。如今，這樣的教養方式之所以逐漸被認為有問題，關鍵在於評價框架的改變。由於當代教養腳本將課業教育視為父母的責任，學校也期待家長積極參與、甚至外包相當部分的孩子的學習指導給家庭；相較於此，「順其自然造化」被等同於父母的消極、甚至失職，即便許多家庭是不得不然。本書結論將進一步討論，與其要求弱勢父母提升「親職知能」，我們應該提供弱勢家庭貼近其生活處境的實際助力，同時檢視學校文化與教學內容的階級偏誤，如何系統化地忽略或貶低勞工階級的職業技能與文化價值。

第七章
鄉下小校家庭：野放自然成長

海濱國小的校園依偎著一望無際的太平洋，選對了角度，你可以望見遠方的龜山島，安然匍匐在無限蔚藍中。這樣的自然美景讓校園成為都市人露營的好去處，方便他們在附近的海灘衝浪、享用美味的海鮮。然而，當學校安排孩子的體育課進行衝浪活動時，許多家長卻悍然拒絕。對於世代以捕魚維生的當地人來說，海濱不是一個浪漫景點或休閒天堂，而是胼手胝足的勞動空間，也是生死一瞬間的危險海域。

若只考慮地理距離，海濱國小其實算不上「偏鄉」學校，開車的臺北人毋須費太多時間就可以抵達這裡。它的環境更接近所謂「不山不市」的學校，也不在偏遠山區，也不鄰近市區。由於該地不在客運或快速火車的節點上，財力拮据、沒有汽車的當地居民，不但鮮少去臺北，就連宜蘭都會區都很陌生。一位新移民媽媽嫁來臺灣已超過十年，只去過臺北三次。另一位臺灣阿嬤從沒去過宜蘭市的新月廣場，對她來說，那就像臺北的一〇一大樓一樣遙遠。所謂「城鄉距離」關鍵其實不在里程數，而是交通科技與經濟資源限制了當地居民的移動能力，以至於無法衍生地理學家所說的「空間壓縮」的效果。[1]

由於聚落分散，海濱國小的孩子走路上學有相當距離，加上家長多數沒有汽車可接送，多數家庭仰賴私人經營的娃娃車接送孩子上下學，每個月光車費就要花上一千多元。家長若要採取外包教育的策略，必須耗費更多的交通與金錢成本，需要搭火車到半小時外的城鎮，才有安親班、補習班或才藝班等資源。在這樣的環境限制下，海濱國小的孩子多數沒有參加組織性的課外活動，家庭教養偏向於「順其自然造化」的模式。

由於青壯人口外流嚴重，海濱國小生員人數有限，每個年級僅一班。根據學校老師的訪問，家長的組成八成是漁民（漁工或船主），其他在工地做臨時工、在鄰近鄉鎮從事餐飲服務業，或是移居臺北工作。每一百個學生中，有二十位母親是新住民，有十五個家庭是單親，有十二個孩子由祖父母撫養。我們研究的二年級，全班僅八個人。這八名學生的家庭型態多為教育部所界定的「高風險家庭」（定義見附錄一），包括以下三類：跨國婚姻家庭、城鄉分離家庭（父母在城市工作，孩子交給阿嬤帶），及離婚單親家庭（父親在離婚後攜子返鄉與阿嬤同住）。

「非典型家庭」比例偏高的現象，讓我開始意識到，不能用量化研究的思維把「城鄉差異」當成一個獨立於社會階級外的變項，因為，誰能移居到城市中心、誰會留在鄉下居住，這些居住地點的分布往往源於人們先存的階級、族群或家庭型態的弱勢，然後，地理區域在資源與機會上的不平等，可能再度強化社會背景的不平等。我們該問的是：什麼樣的非典型家庭容易被「擠壓」到鄉鎮地區？他們的階級與城鄉流動經驗形塑了怎麼樣的親職敘事？階級與地區交織構成的雙重弱勢，對於這些家庭的教養實作與童年生活有什麼影響？在這樣的社區與家庭生活裡，學校扮演著怎麼樣的角色？家長與老師之間呈現怎麼樣的關係？

城鄉分離家庭

琴琴在班上的個頭最高，大眼睛、深膚色顯露原住民媽媽、漢人爸爸的血統組合。爸媽都在臺北工作，由阿嬤照顧她和弟弟，是臺灣鄉下常見的一種「城鄉分離家庭」。琴琴阿嬤現年六十多歲，育有兩男兩女，捕魚的丈夫四十多歲因肝癌早逝，她靠著賣魚拉拔孩子們長大，還要償還丈夫留下的債務。孩子高中畢業、結婚後都在臺北工作，她留在老家，同時替大兒子照顧孫子孫女。

我第一次見到阿嬤時，她正忙著照顧欣欣向榮的菜園，聽我用不夠輪轉的臺語做完自我介紹後，她還是困惑地說：「妳是要拿白米來給我們嗎？」阿嬤靠著每月三千的老人年金以及過去賣魚存下的積蓄，獨力負擔宜蘭家裡的水電、伙食，還有孫子女的健保。生活上盡量節儉：蔬菜吃自己種的，白米有福利機構發放，學費、營養午餐、課後輔導則靠學校補助。

有回我帶了巧克力給孩子吃，琴琴喜滋滋地說：「我一年吃一次巧克力。」阿嬤的弟弟在三十年前用「跳機」的方式移民美國、當廚師謀生，每年回來探親時會帶巧克力給孩子吃。阿嬤家裡幾乎看不到小孩的玩具或零食，所以，琴琴在學校經常跟同學「借」糖果、餅乾吃。他們每天早餐吃稀飯，配著前一天的剩菜。但琴琴喜歡吃麵包，經常吵著要阿嬤買。除了初一、十五拜拜前夕，阿嬤鮮少去鎮上採買，就怕孫子吵著買東西。阿嬤無奈地說：「毋敢去鎮上，去了就開錢。攏是買這些『囝仔菜』，個若去，就愛吃饅頭、米漿、吐司，開足劑錢。」琴琴也羨慕同學有卡通圖案的衣服，她和弟弟的衣服都是阿嬤做的。開成衣工廠的親戚有無法出口美國的瑕疵品，阿嬤拆開來做成童衣，笑笑說：「美國人真大隻！一領變兩領閣有賭！」

我在一個炎熱的週末與琴琴爸媽約在臺北見面，雖然一週前已經電話約定，當天我到了土城捷運站還是苦等無人。再次去電，爸爸略帶驚訝地說：「妳真的有要來喔？」他才騎摩托車載著老婆匆忙前來會合。我想找個有冷氣的地方坐下來，穿著白色汗衫的爸爸說：「家裡太小了不方便，我們去公園好了？」琴琴媽去超商買了三罐伯朗咖啡，我們頂著酷陽坐在路邊長凳，一面趕著飛來飛去的蒼蠅，一面聊了起來。

四十歲出頭的琴琴爸，宜蘭高職畢業後就到臺北工作，幾度在北宜之間的九拐十八彎路上來來去去。他曾用阿嬤的存款，在宜蘭投資開了家鐵工廠，但因為人脈限制、訂單不足而失敗收場。他也在臺北開過計程車，現在做鐵工，安裝鐵架、鐵窗、鐵皮屋，日薪兩千元左右。景氣好的時候他一個月可工作二十天，但近來工作愈來愈不穩定，勞動條件也逐漸惡化，如工地不再供餐、月底領薪又無法預支。

小他四歲的琴琴媽，老家在花蓮阿美族部落，國中畢業後到桃園念書，在紡織廠當建教生，一天工作高達十六小時，後來就放棄學業來臺北工作，因而結識丈夫。琴琴媽現在在便當店打菜，月薪兩萬五，早上八點上班，午休兩小時，到晚上八點才能下班。兩人的每月所得加起來約有五萬多元，但臺北的生活花費高，讓他們經常寅吃卯糧。兩人蝸居在四坪大的小套房，房租水電近一萬，伙食、油錢、勞健保、菸酒檳榔至少花掉兩萬，加上先前還有一些積欠的債務要攤還。時間、空間和金錢全都短缺的他們，既無法接送孩子，也無法負擔安親班來外包照顧，城鄉分離、隔代教養成為不得不然的選擇。

都市是染缸或溫床？在都市受教育的考量

除了過年，琴琴爸媽很少回宜蘭。阿嬤每兩週的週末，會帶著兩姊弟坐客運上臺北看爸媽。琴琴和弟弟提到去臺北會手舞足蹈，開心地說媽媽帶他們去哪裡吃夜市、麥當勞，但大多數時候，他們都待在小套房裡看電視。由於琴琴弟弟隔年要上小學，爸媽開始考慮是否要調整分居的現狀。媽媽搬回宜蘭是一個可能，但擔心找不到工作，也怕有著族群隔閡的婆媳容易衍生衝突。另一個可能是把孩子帶上臺北，但需要顧慮的更多。除了經濟、照顧的資源考量，爸媽也不確定讓孩子在臺北長大是好還是不好。琴琴爸媽都把都市環境看成「大染缸」，認為孩子在鄉下長大比較單純天真、不容易「學壞」。然而，不論是阿嬤、或是爸媽，都擔心城鄉在教育資源上的落差。琴琴媽這樣告訴我：

> 學習能力方面我覺得有差，跟都市裡小孩多元化的學習差很多。因為現在這個社會，一定要像在都市學很多才有辦法【藍：妳是說他可以學才藝這些東西嗎？】對，然後如果說，像那個小孩子在宜蘭，讀國中，程度跟臺北的程度差很多。他們碰到的資訊是差很多，等到他……這邊（指鄉下）的國中等於是宜蘭（市）的大學生的程度。

都市生活被視為影響孩子品行的染缸（風險），但也被看成是刺激多元學習的資訊溫床、培養未來競爭力的優勢環境（益品）。此外，都市雖提供兒童各式各樣的組織性活動與消費管道，卻也容易凸顯家庭財力的落差、促成孩子間的比較。琴琴曾在臺北念過一年的幼稚園中班，如今回想起臺北學校仍然眼睛發亮地說：「那裡的溜滑梯好好玩喔！比較大！」然而，臺北就學經驗也有讓她不堪回首之處。由於琴琴爸要維持漁保，戶籍設在宜蘭，子女無法申請就讀新北市的公立幼稚園。在大班的最後一學期，爸爸失業，有兩個月付不出私立幼稚園的月費（每月六千元左右，註冊費另計已繳），琴琴不得不輟學，但先前已繳費且已拍好的畢業沙龍照，園方拒絕給他們照片。

爸爸提到多年前的這件事仍非常激動，在公園長椅上一度哽咽：

妳看，沒有錢萬萬不能，今天我們當家長的沒有錢，這也是我們的錯。妳知道我真的……琴琴這樣子我就（哽咽、沉默許久）……講一句比較很衝的話：現在是你好歹相簿給我們，連絡家長嘛！這是小孩子的一種夢……一個經歷嘛！啊，我們相片錢也出了啊，不是嗎？（語氣變重、速度變快）那時候我們有積欠是沒錯，欠你我們也是有慢慢在補，不是說都不管。我就生活過不去了，還讓小孩子去讀這個幼稚園，我也是盡量啦。坦白講我連房租也欠人家啊，也盡量給小孩子有一個環境啊，不能通融那就算了，辦什麼教育？那就失敗的教育啊。

由於工作機會與經濟資源的不足，造成琴琴爸爸無法充分扮演「養家者」的父職角色，也造成孩子的「隱藏的階級傷痕」。因為這樣的經驗，讓琴琴父母擔心，雖然搬到城市可以提供孩子比較好的教育環境，也可能會讓孩子因為階級弱勢或城鄉差異而受到歧視。城鄉分離家庭如何看待理想教養方式，充滿不同形式的矛盾。把孩子留在鄉下，爸爸批評阿嬤「不太會教小孩」、「直接隨便念」，但當被問到認為教養小孩比較理想的方式，他也說不清楚：

應該是所謂的互動啦。【藍：你是說溝通？】也不用溝通，因為……有良好的相處自然就會有良好的溝通，就是說，我們每天做伙，身教重於言教嘛！我們每天做伙，我給他做榜樣，我跟他相處。當然有家長在旁邊指導是比較好啦。但是未必有家長指導的孩子，小孩子就能夠變得多好。我也不期盼我小孩子要多聰明，要有什麼成就，要讀書，要第一名第二名，我也沒有這種……（過去）我也沒人教，誰要教我。

不像離家工作的中產階級父親，可以透過電話、網路等媒介來履行「遠距父職」（見第二章），勞工階級父親，由於語言溝通、情感表達等技巧較為有限，傾向強調身教、陪伴等教養方式，但這又和親子分離的現實生活有所矛盾。琴琴爸認知到自己做父母的限制，進而降低自己對於孩子的期待，為了避免社會指責，轉而強調小孩的未來未必與家長教養有絕對關聯，自己的成長經驗也沒有得到父母的教導。

阿嬤基於幫助兒子的心態，無奈地成為孫子女的主要照顧者：「彼時我閣咧做生理，是想小可仔幫他做伙扛，扛到我過身就煞去，目睭瞌去就煞去。」這樣的照顧安排，往往容易造成婆媳關係的緊張：阿嬤自嘆不僅沒有「熬成婆」，還要「替」媳婦照顧孩子，因為她秉持傳統看法認為照顧孩子主要是媽媽的責任。此外，婆婆與媳婦間也可能潛在地爭奪孩子的情感認同。當琴琴跟阿嬤抱怨：「為什麼我不能跟著我媽媽？」阿嬤生氣回應：「無彩我咧飼妳，媽媽要悉恁去佗位，恁就無愛阿嬤了。」阿嬤常批評媳婦懶惰、不顧孩子。兩個孩子平常都跟阿嬤同睡，媽媽回宜蘭時則跟媽媽睡，阿嬤總是不放心地晚上起來好幾次，看孩子有沒有踢被子，抱怨媳婦「睏甲若豬仝款」。

我們在都市裡觀察到的祖父母，多半傾向疼愛孫子，當父母嚴厲處罰時經常出面干預。父母常納悶地說：「我小時候他們打得那麼兇，怎麼對待孫子就變得完全不同？」這是因為祖父母退居為間接照顧者，對於孩子的發展後果不需直接負責，教養觀因而產生轉變。鄉下的祖父母則經常使用體罰，比方說，琴琴和弟弟調皮時，阿嬤都是隨手拿起衣架、棍子等工具來打屁股、打手心。這不僅是因為阿嬤沒有機會學習新興教養工具，所以延續過去的管教模式，也因為她現在擔負主要的管教責任，從而傾向嚴格管教，以免孩子學壞、難以向兒子交代。經濟的壓力、教養的負擔，都讓這些年邁的長輩，微駝的背上更加沉重。

離婚單親家庭

母親節前夕，海濱國小的老師很傷腦筋，該怎麼安排節日相關的學習活動，才不會讓母親不在身邊的孩子觸景傷情。班上八個孩子中，有三位與新移民母親同住，其餘母親都在孩子的日常生活中缺席，除了琴琴的父母在臺北工作，其餘四位都在父母離婚後，由爸爸帶著返鄉與祖母同住。不同於其他學校的孩子，海濱國小的學生，尤其是女生，在初次見面時就對我和慧慈（研究助理）有很親暱的肢體動作。她們會主動拉著我們的手、像無尾熊一樣環抱著我們的腰。老師對我解釋說，這是因為這些孩子很渴望建立與女性成人的親密關係，特別容易「把老師投射成母親」。一年級時很多小孩都叫她「媽咪」，母親節寫卡片時，也有人直接寫給老師。

這幾個離婚家庭的特點很類似：父母在教育程度、職業地位上相近，但成長背景相異，母親都來自城市近郊勞工階級家庭，父親則在宜蘭漁村長大後到臺北工作。阿龍媽媽國中輟學後到髮廊打工洗髮，也曾擺過地攤賣衣服，現在是美髮產品的銷售員。阿龍爸爸高職畢業後，到臺北學做廚師。兩人很年輕就結婚（媽媽當時十九歲），生了阿龍和妹妹，四年多後離婚，爸爸取得孩子的監護權，回到宜蘭當廚師，與阿嬤同住。

小君家的狀況也很類似：媽媽高職畢業、在印刷廠工作，外公開計程車、外婆是醫院看護；爸爸高職階段就半工半讀，白天學做麵包、晚上讀夜校，畢業後在臺北餐廳當廚師。祖父沒受過教育，曾在臺北做粗工，祖母國小念兩年，過去在成衣廠、剝蝦廠工作。小君父母結婚八年後離異，爸爸帶著小君和弟弟搬回宜蘭老家，在姑姑的支持下開了一家小餐館。

離婚後獨力撫養孩子的父親，選擇返鄉有多重理由，其一，他們必須仰賴女性親戚（多半是阿嬤）的育兒協助，其二，衡量支出與收入，他們發現城市生活對於單親（薪）家庭來說難以負擔，其三，伴隨著婚姻失敗的經驗，他們多發展出「後悔進城」的敘事，不再對城市生活充滿嚮往。阿龍爸爸帶著懊悔的語氣解釋他為何返鄉：

> 鄉下這邊的人都會往臺北工作，然後應該像我這種過一段時間才會回來。唉，起初就不要去臺北工作就好了……臺北什麼事情都要錢，要出門就要用到錢了，在這邊我可以閒晃一個下午還不用花到錢，宜蘭這邊薪水比較低啦，但它其他的福利什麼的都不錯。我選擇回來宜蘭這邊，是因為你在臺北賺五萬塊，你一個人要租房子，小孩要學費什麼的，然後你出門呢？算一算，我回來宜蘭這邊工作的話，我賺三萬塊就夠了，就夠這些小朋友方面的開銷。

每對夫妻走上離婚之途都有複雜多重的成因，這些家庭也不例外。夫妻間的城鄉背景差異是一個關鍵因素，更準確地說，兩人之間的漸行漸遠、衝突爭執，往往被當事人用「城鄉差異」的意義框架來理解。城鄉差異這個符號，不論被填入怎麼樣的內容，不僅刻劃了婚姻的裂痕，也在離婚後，持續做為雙方爭奪孩子監護權或教養正當性時的敘事框架。

以小君爸媽來說，婚後由於收入有限、需要長輩協助托兒，有三年住在新店的娘家，在生活習慣、孩子教養等方面，衍生爸爸與娘家親戚之間許多摩擦。例如，因為要不要開冷氣，舅舅和爸爸就差點打起來。這些生活小事的衝突背後往往有著結構性的緊張，造成婚姻的裂痕。小君媽在婚後第四年才發現婆婆因為被倒會而背負高額債務，包括小君爸等子女，每人都要負擔一百多萬的債務。鄉下的夫家在經濟資本、教育資本等方面都被太太娘家嫌棄不足，「借住」娘家的安排，更讓小君爸的養家角色、陽剛氣質受到娘家親戚的質疑。

小君剪了櫻桃小丸子的髮型，個性溫和體貼，在班上也是出名的膽小愛哭。當我隨口問她喜歡臺北還是宜蘭時，她看了我一眼、警覺地回答：「我不知道。」隔一會兒，她才嘆一口氣、幽幽地說：「兩個好，我都是這樣說的，不然有人會去告狀。」我才意識到這個問題很敏感，因為雙方親戚之前經常有類似的詢問，以對她宣導城市或鄉下的壞處。我在研究過程中沒有機會認識小君媽媽，只能聽到爸爸的版本：「他們（娘家親戚）那時候都灌輸孩子說宜蘭不好、宜蘭不好。妳如果回去宜蘭就沒有人教妳啊，妳就去捕魚啊，妳就跟妳阿嬤一樣去殺魚，沒出息、沒出路啊。」父母失和，也容易導致孩子的自責。爸爸就心疼地引述小君曾說過的話：「如果我這個人不在了，那大家都不會吵架了。」

雙方家庭在爭取孩子監護權的過程中，使用不同的方式攻擊對方教養能力不足。小君的外公看輕不識字的祖父，強調女方家庭較有文化能力養育孩子。男方家庭則駁斥教育的高低不是重點，品行好壞比較重要。小君爸描述當時雙方的爭辯：

他（外公）講說，你爸爸媽媽不認識字，不會教小孩，我替你教他，所以我們昨天才打他。我爸爸聽了講說，我沒打小孩是怎樣，沒打並沒代表不打就不會教小孩阿！你說你們識字、你們要教小孩，我們不識字、不會教小孩。可是我爸說，我教出來的小孩大家都是認真做事，沒人在做壞事。你教出來的小孩，是動不動就要出手打人，沒在工作，四處遊蕩，那誰教得比較好？是你識字的比較好，還是我這不識字教得比較好？

同時，臺北媽媽家也會利用國家定義體罰為不當親職、足以剝奪親權的法律做為攻防手段，讓宜蘭的阿嬤管教孫子時倍感壓力。膝下無子、在離婚後扮演小君「代理母親」的姑姑轉述女方家庭的說法：

他會告訴小朋友，你只要阿嬤打你、阿爸罵你、姑姑罵你，你再跟我們講，我們就可以馬上帶去臺北，弟弟就這樣講。所以我媽媽說，我們不能打、又不能罵，又不能怎樣怎樣。

這些離婚家庭爭奪小孩監護權之際，主要由成人決定他們的居留安排，孩子的意願則是其次。然而，孩子卻經常變成父母之間拔河的中介，成人透過詮釋孩子的偏好，或強調孩子的利益，來證明己方取得教養主權的正當性。孩子的管教方式，包括是否使用體罰，都可能變成兩個家庭競逐地位高低的攻防戰。

養家母職與親感展演

想像力豐富的阿龍，最喜歡恐龍，立志要當考古學家。由於阿嬤在阿龍爸爸國中時離婚，現在煮飯給他吃的是七十多歲的阿祖。不過阿龍回家時，阿祖通常不在家，他喜歡到鄰居家玩七色牌。爸爸在飯店裡當廚師，工時長、很晚才到家，補償阿龍的方式就是買給他很多玩具，包括昂貴的變形金剛機器人。阿龍描述爸爸像一隻公雞，有很奇怪的行為：「睡了就吃、吃了就睡，下班回來就吃飯睡覺打電動，有時電腦還開著就睡著了，他都不關電腦，都是我在關。」

父母的缺席或忙碌，讓阿龍從小就學會照顧自己：學校沒有制服，晚上他會自己搭配衣服：「我晚上選好就穿著睡覺，否則明天早上要穿很久。」他早餐在外面買，通常是不太營養的奶茶、熱狗、蛋糕、餅乾或巧克力牛奶，但他常常來不及吃，有時老師會準備一份給他，後來學校針對這樣的孩子，安排他們搭伙集體購買早餐。阿龍沒有上夜光班，坐交通車回家後，他會先寫功課，然後自己玩機器人、玩電動、看電視。家裡養了很多甲蟲，他會替牠們取名字、跟它們說話。我問他功課不會怎麼辦，他用早熟的語氣說：「自己想辦法，爸爸要上班。」

阿龍父母的離婚過程較為和平，並未像小君父母對簿公堂，兩人協商由爸爸取得監護權，媽媽擁有每月一次的探視權。但雙方仍有意或無意地爭取孩子的情感認同，媽媽也在經濟能力較為穩定後，表達希望能接孩子到臺北念書。「城鄉差異」的表意符號，同樣成為父母雙方競逐「理想教養」的敘事框架。

年輕、漂亮的阿龍媽媽直率地表達對宜蘭婆家的看法：「一開始覺得好玩，因為鄉下，如果去度假也就算了，可是你要住在那裡，哪受得了啊？」她對自己國中肄業的學歷感到遺憾與自卑，認為孩子應該在臺北念書，才能透過補習來培育「競爭力」（益品），希望讓孩子擁有她過去沒有的機會、走上一條較為平坦的道路：

我沒有奢望說他一定要多好的成就，但就是說我希望可以給他有多一點的發展，比如說將來有這個機會的話，會希望幫他出國留學，去看看外面的世界，不要像我一樣。其實我覺得我是一個很聰明的人，只是沒有人栽培。我一路走來就是這樣子顛顛簸簸、起起伏伏的，我覺得其實很辛苦，所以我不希望我的小孩跟我一樣。

爸爸則對「城鄉差異」賦予不同的意義，強調鄉下比較自然、都市容易變壞（風險）。爸爸描述孩子每次從臺北回來，就會傳遞媽媽或外婆給的「城市優於鄉下」的訊息：

爸：說可以補什麼畫畫啊、音樂啊有的沒有的，我說妳兒子如果那麼天才那就好了。她說每一樣都要讓他補，我說妳神經病啊。

藍：那這是在臺北補喔？

爸：對。

藍：因為這邊沒得補啊。

爸：她就是假藉這個名義，讓孩子可以去那邊（念書）……不過也是蠻頭痛的。因為他媽媽有爭取那個探視權，我也是讓她帶。可是他這樣每次帶去一趟回來，他們給他的觀念就不一樣了。他外婆最近一次就說，我答應他們要讓他們到臺北念書。我想說奇怪，我什麼時候答應的。他阿嬤或媽媽有時候會灌輸小孩一些比較偏向於有利他們那邊的想法啦，說宜蘭這裡……（轉頭問一旁在玩的女兒）妹妹，他們怎麼說的？

妹：鳥不生蛋，雞不拉屎。

爸：對對，她媽媽這樣跟她講，我真的是傷腦筋。

阿龍媽媽每個月會坐客運到宜蘭，等孩子下課後接他到臺北度週末。媽媽至今沒有明確地告訴孩子離婚的事實，當孩子問起時，她只是回應「媽媽在臺北工作賺錢」。透過扮演「養家母職」的角色，她強調親子分離為的是給孩子更好的物質享受：[2]

> 不用什麼太說明，是這一年他們才開始在問：「媽媽為什麼妳一直待在臺北？」這一年、這一兩年才比較常在問。我就跟他講（對小孩說話的語氣）：「媽媽要努力賺錢，賺很多的錢，這樣子你才可以穿漂亮的衣服，才可以、才可以買玩具，然後才可以買很多東西，這樣子我們以後才會很好，所以我要努力賺錢。」

透過物質資源，阿龍媽媽試圖對孩子表達「象徵性寵愛」，積極維護「快樂童年」的益品，以彌補她日常母職的缺席。她第一次見面時就告訴我：「我特別注重孩子的童年，所以他們上來一次都花我五六千塊，但我還是花，帶他們去看花博，你知道，很無聊但還是要去，還有帶他們去吃好東西，我覺得這是小孩子應該要有的。」媽媽接著說：「他們有好的童年，以後遇到挫折才有健全的心理，才能對抗挫折。」

阿龍媽媽的教養方式深受其原生家庭與失落童年的經驗影響。她讀幼稚園時父母離婚，從小與父母都沒有太多的情感互動。跟著單親爸爸長大的她，描述繼母「像養小狗一樣把她養大」。十三歲輟學離家後便從臺中到臺北投奔生母，但仍沒有得到她渴求的關愛，兩邊家庭把她「像球一樣踢來踢去」，讓叛逆的她一度割腕輕生。為人母後，雖然無奈地走入離婚的結局，阿龍媽媽有意識地向孩子展演母愛，透過重複的口語表達、密集的肢體語言，企圖在有限的相處時間內，強化與孩子的情感連帶：

> 我會跟我小孩講說，媽媽是這個世界上最愛你的人，我會不斷不斷地提醒他這句話，我很愛你ㄟ，我想死你了，愛死你了，這個世界上最愛你的人就是媽媽，那你最愛的人是誰？他就會說，媽媽，所以就不斷地 repeat。小孩就這樣，要用錄音機的方式一直 repeat 一直 repeat，他就會記住。

她也透過科技記錄親子互動，讓母愛留下「客觀憑證」，例如，她開了一個網頁，放置親子出遊的照片，以及每年阿龍生日時寫給他的卡片。她一面翻看著網頁上的相片，一面驚嘆：「妳看！多幸福啊！這樣他就會知道他們幸福。」媽媽解釋這麼做的用意：「怕他（阿龍）會忘記對不對，就把它放在網站，這樣過了十年他都還記得……我只是要讓他以後長大不要忘記我對他的好，他要永遠記得有一個媽媽愛著他。」去年的生日，媽媽寫下這樣的網誌：

> 親愛的寶貝哥哥，在媽咪的心目中，你是最棒最勇敢的小英雄，媽咪是全世界上最愛你的人，

哥哥一定要聽話乖乖長大，這樣才能幫媽咪和妹妹，就算媽咪在工作，不在哥哥身邊，哥哥一樣會乖乖聽話，努力讀書，保護妹妹不讓媽媽擔心，媽媽永遠愛你。

阿龍媽媽去學校時，總是用力地親親抱抱阿龍，雖然阿龍覺得在同學面前這樣有些不好意思。然而，媽媽也認為理想的教養方式，首重訓練孩子的獨立。她與阿龍相處的時候，會刻意地訓練他不牽手：「如果來臺北的話，我都會要他牽著他妹妹在公園走，我就不牽，對，我會故意。」這樣的做法主要發生在離婚分居以後：「我就很害怕他沒辦法照顧自己，因為我不在他們身邊，啊，我很怕，很怕有壞人，電視上有報導太多那種變態。」由於母子分離是她無法改變的現實，將孩子獨立視為一個重要的教養益品，讓缺席的母親得以安撫自己的焦慮。

阿龍媽媽第一次見面就問我：「老師，妳覺得單親家庭的孩子真的比較容易有問題嗎？」後來又喜歡追問我研究這麼多家庭，「我們家算是正常還是不正常？」我向她解釋沒有正常或不正常的家庭，只是不一樣而已。她不太相信地說：「這樣子啊，我還是很好奇。」不時為憂鬱症所苦的她，經常擔心自己家庭被貼上的「不正常」、「高風險」等標籤，會讓孩子未來的人生跟她一樣曲折。在媽媽新北市的公寓訪談結束，我們帶著孩子到公園裡玩耍，媽媽看著阿龍和妹妹開心地在溜滑梯上玩，微笑說：「妳看，爸爸那邊就沒有這樣的公園，妳看他們玩得多開心啊，如果可以天天這樣就好了。」

跨國婚姻家庭

我跟妞妞爸爸說想要訪問他時，他爽朗地笑著說：「你們是要研究什麼？要知道我怎樣變成「散食人」（窮人）嗎？」年近半百的他在城鄉遷移的路徑中經歷了曲折起伏的人生。才念完國小五年級他就開始跟著爸爸捕魚，十八歲時跟著姊姊到了臺北，一開始在進口五金店幫忙送貨，後來開起計程車，在那個車少人多的年代，他笑說當時運匠賺錢太容易了。幾年後憑著積攢在臺北開了一家小車行，經商得意的那幾年揮霍無度，後來又被朋友騙錢、欠下巨債，為了躲債一度淪落到街頭、郊野間流浪，最後才回到家鄉大溪重操捕魚舊業。回到家鄉時他已經四十歲，親朋催促他趕快結婚，他花了四十萬臺幣到印尼娶了老婆。現在他一個月只能賺到幾千元（補漁網等零工），偶爾才出一次港。

妞妞媽二十五歲時從印尼嫁來臺灣，當初相親時，仲介告訴她丈夫在臺灣有艘船，她心裡想：是船長呢，經濟狀況應該還不錯吧。來了臺灣才發現，所謂的「船」只是一個老舊的舢板。她羨慕也嫁來臺灣的兩個親姊妹：「她們嫁得比較好」，我問怎樣的老公比較好，她淡淡地說：「就是有工作的人。」像村子裡許多跨國婚姻家庭一樣，家庭收入主要落在妞妞媽肩上：有時她跟村裡的其他女人去海灘採海藻，有時切沙丁魚當出海飼料（計件），有時候也去港邊切櫻花蝦或幫忙整理民宿，一個月約莫可以賺一萬二上下。

在海濱國小的社區街廓，我經常看到新移民女性及臺灣阿嬤，戴著粗手套俐落地把冷凍的沙丁魚切成小碎塊。我笑著說讓我試試，妞妞媽說：「很冰啦，這要技術啦，你手受不了啦。」她們沒有時間停下來讓我體驗，因為切一個保麗龍箱子的魚只能賺八十到一百塊，她們必須加快速度完成。妞妞媽稱讚經驗老到的鄰居：「她手腳快，一天可以切十箱，我很慢，一天才五箱。」這個低薪、辛苦、腥臭的勞動，只有因為族群、教育或年齡而身陷勞動市場底層的女性願意投入。小君阿嬤無奈地說：「毋捌字（不識字）就只好做這，別人毋是袂曉，是毋想做這辛苦工啦。」妞妞媽也附和：「這樣的工作男生不會做，錢又少，他們不想做。」

雖然宜蘭漁村家庭的收入普遍有限，卻沒有像河岸國小的許多家庭，生活在捉襟見肘的財務壓力下。以妞妞家來說，雖是五口之家（兩大三小），月收入只要兩萬元就可以打平。村子裡多數家庭自己種菜、自有房屋，加上里長或學校不時會贈送企業或民間團體贊助的白米，日常花費比城市低很多。社區裡只有一家便利商店，沒有玩具店、速食店，孩子暴露在生活空間中的消費誘因少，同學間也鮮少相互比較家庭財富，物質上的相對剝奪感也低。

此外，低收入戶家庭可以得到國家福利的挹注，鄉公所補助低收入戶每月每個小孩二千二百元，營養午餐免費，上夜間課業輔導時也有免費便當。不像小布媽領救濟金深感羞愧，偏鄉的福利資源相對分配較為普遍，也較不會被烙上汙名，妞妞爸還開玩笑地跟我說家裡是「靠小孩賺錢」。學校也扮演福利資源流通的樞紐，替弱勢家庭媒合國家、民間團體所提供有關孩子的各種資源，包括獎學金、白米、鮮奶、文具等。

小珍家同樣是跨國婚姻，父母的背景也與妞妞家非常類似。現年五十歲的小珍爸爸，國中畢業後嚮往都市生活，到臺北當過木工學徒，後來在銀樓幫忙打金子。老闆歇業後，中年失業的他返鄉擔任漁工，近四十歲時到越南，花了三十萬娶了小他二十歲的老婆。雖然家裡牆上掛著「模範漁民」的獎牌，小珍爸結婚十年來沒有固定工作，由於近海漁獲量減少、漁業為節省成本都僱用外勞，臺灣漁工的工作機會變得寥寥無幾，加上他低學歷、高年齡，只能偶爾上船出海打零工，有時候好幾個月都沒有收入。喝酒、賭博成了他生活中的重心，他不太管孩子，也很少跟老婆孩子共同活動。

長相甜美的小珍媽，出身貧窮的南越農村家庭，父親成天喝米酒頭，讓她想要逃離這個家。她偷偷去跟仲介登記，直到結婚前一天晚上才告訴父母，她遠嫁異鄉，沒想到遇上另一個天天喝醉的男人。十九歲的小珍媽來臺灣，結婚一年後就生了小珍，然後又陸續生下兩個孩子。她一心想出外工作，但夫家親戚都不同意，唯一的收入是幫忙照顧年邁同住、不能走路的婆婆。當時婆婆還在世，為了感謝照顧她的外籍媳婦，從自己的積蓄中每個月給她一萬五的薪水，小珍媽轉述阿嬤的話：「我這些錢留下來，我死也一樣分出來啊，妳幫忙顧我，我就錢給妳。」全臺灣各地的許多新移民女性，不論做為有酬或無酬的勞動者，擔負了照顧臺灣老人的主要責任，也讓三代同堂、家庭奉養的傳統得以維持，即便表象之下存在不盡相同的照顧分工與互惠關係。[3]

「我來有錢就說話，沒有錢就不會說話。」

小珍媽常說要帶我去鎮上一家「好漂亮」的越南小吃店，有天我們終於成行。住在公共交通不便的臺灣鄉下，摩托車是必備的交通工具。臺灣的駕照考試近年來雖然考量到新移民的需求，提供母語說聽的測驗方式，但南越來的小珍媽沒有考上駕照，因為她聽不懂錄音帶中的北越口音，然而她還是騎著摩托車「趴趴走」。我們在寒風中騎了半小時才到，掛著不起眼招牌的店裡，除了賣越南小吃，還陳列著家鄉來的各式泡麵、食品。她興奮地比手畫腳告訴我，這個好吃那個好吃。我說：「請妳喝一杯越南咖啡吧。」我們挨著簡陋的桌椅坐下，旁邊有越南姐妹嘰嘰喳喳地用母語聊天，小珍媽的臉上出現一種我之前沒有看過的放鬆表情，喝了一口家鄉味的香濃咖啡，她說要告訴我一個祕密。

當她嫁來臺灣三年，也就是生了老大、還懷著老二的時候，丈夫有兩次在酒醉後出手打她。根據小珍媽的說法，導火線在於她表示希望出外工作，或想返鄉探親（她來臺灣十年，只回去過三次）：「每次跟他講我要回去，他說妳自己買飛機票回去，我說你不要給我工作，我錢哪裡來，去偷還是跟人睡覺。他說那妳就不要回去啊，他們很壞很壞，（我）去外面怕人家拐走，怕人家講什麼。」

事件過後她想要去驗傷，夫家親戚勸她：「妳想到小孩子就好了，妳不要理他就好了，如果妳去告他，你們離婚，小孩子怎麼辦？」雖然里長就住在隔壁，也知道家暴的狀況，但卻傾向支持夫家、要她息事寧人。後來有鄰居告訴她縣政府家暴專線的電話，她鼓起勇氣打電話過去，警察才來家裡列案。

我訪問小珍爸時，稱讚他老婆漂亮，他虛榮地跟我描述當初相親的場景：「好像皇帝選妃啊，當初有更多漂亮的可以選，我不敢選太漂亮的，要整天顧，真累，不敢出門。」雖然跨國娶親讓他用國籍當籌碼，換得了相親市場上暫時的優勢，但回在臺灣，老婆的年輕貌美不斷彰顯他失業、衰老等弱勢位置，讓他深感不安，進而用行動控制（不准出外讀書、工作），甚至肢體暴力，試圖鞏固婚姻中的權力關係。[4]

小珍媽剛來臺灣時不想馬上生孩子，覺得自己「還不會講話」，希望可以去中文班讀書，但夫家不允許，嫂嫂也騙她說要拿結婚證書到藥局才能買避孕藥。生了三個孩子後，她拜託同樣從越南嫁來的鄰居（先生比較年輕，她可以出去工作）幫她買避孕藥，去學校碰到一個老師教她算安全期，才偷偷開始避孕。[5]能夠掌握生育主權後，她仍渴望得到經濟的獨立，才能在婚姻中握有說話的權力，她用生硬的中文告訴我：「我來有錢就說話，沒有錢就不會說話。」

在小珍和妞妞的家裡，年齡大兩輪的爸爸鮮少參與孩子的照顧工作（小珍爸、小珍媽、小珍，剛好各差二十歲）。他們傾向秉持傳統的嚴父腳本：「愈兇愈好，小孩才會乖。」家庭生活基本上以大人為中心，孩子們沒有書桌，都是在客廳的茶几上寫功課。大人交談時，小孩若插嘴，會被父親大聲斥責要「安靜」、「人家教授在講話誒，你們在那邊吵！」這些父親基於自己的工作經驗，對孩子教育的期待是完成基礎學習，並不肯定課外才藝、外語技能等學習價值，即便是不需要額外花錢的活動。比方說，暑假時有海外華人志工提供免費的英語夏令營，小朋友報名卻不太踴躍，有些孩子覺得「暑假來學校很累」，索性不告訴家長有這個活動。來自跨國婚姻家庭、家裡賣魚的小博則告訴老師：「爸爸覺得上這個沒有用。」

經歷都市的漂浪經驗，返鄉邁入老年的小珍爸並不懷念都市生活，雖然工作機會多，但花費、壓力也大。他希望小珍和弟弟在宜蘭鄉下「順其自然長大」：

因為臺北那邊就是要補習什麼嘛，功課壓力太大了，在這邊比較快樂，比較有空間給他跑。我是順其自然啊，你強迫他，他不喜歡念書，你強迫也強迫不了啊。我有看過那個小孩父母一直勉強，到後來壓力太大反而變成像書呆子什麼都不會，因為他每天讀書每天補習……不要強迫他，他腦筋到那邊、開竅了，他自然就會了。

小珍媽看待孩子的教養方式，會用自己在越南的童年做為參照點，強調「你們這邊不一樣」。小時候，務農的爸媽沒空看顧，把孩子放到竹籠子裡，或用繩子把他們綁在家裡以免亂跑；她小時候在越南吃不到零食，也要幫忙做很多家事。如今在異鄉成為母親，她替孩子照顧日常生活起居，家裡總是有零食、麵包，讓孩子自由取用，小珍是班上少數媽媽每天早上做早餐的，孩子也不用做家事，媽媽說：「他們拖地也不乾淨，洗碗又怕打破，還不如我來做。」

田野工作完成兩年後，也就是小珍四年級時，我們再回到海濱國小探望他們。小珍媽的狀況有了比較明顯的改變，她染了頭髮，穿著格子襯衫和七分牛仔褲，揹著斜背包，看來好青春。隨著老三上小學，她終於得到出外工作的自由。她高興地跟我說她開始在鎮上的麵店工作，月薪兩萬一，不久後全家會搬到鎮上的一間舊屋。她說現在自己賺錢，將來要讓孩子補習（雖然小珍不想要），她終於可以「說話」了。

雖然是下午，小珍爸的臉已經紅通通，透著醉意。小珍媽搖搖頭跟我說：「去海邊走走好嗎？」她埋怨老公每天都是這樣，一早就有朋友打電話來找喝酒，即便他爸身體不好，最近才發現肺部有囊腫。小珍媽在這個婚姻裡維持著不親近也不離棄的平行距離：「他過他的生活、我過我的生活，若是其他的外籍早就跑掉了！我的個性不會這樣。如果老公不好，沒關係，小孩子顧好就好了，不要理他。」

不知不覺中，太陽緩緩降落到海平線下，此時我才發現小珍爸騎了摩托車到海邊來找我們。他站在落日餘暉裡，也沒前來打招呼，只是遠遠看著、等著。小珍媽沒有理他，只喚了一聲：「你來這裡幹嘛？」我也分不清那語氣是全然的無奈，還是帶著些微的欣喜。坐在涼亭裡，我們等著上完衝浪課的小孩換衣服。換好後我問她要回家了嗎？「再坐一下吧，」她望著無邊無際的大海說，享受著這一刻難得的輕鬆與自在。

親師關係：老師眼中的家庭失能vs.家長感受的學校排除

雖然漁村步調緩慢自在，當地人卻不認為這樣的生活有何浪漫之處。讓我意外的是，「發展主義」、「競爭力」等主流思維也廣為鄉鎮地區所接受。訪談中我不時聽到老人家或年輕父母埋怨「我們這邊都沒有發展」，或擔心「小孩在鄉下念書沒有競爭力」。社區裡有少數家庭，為了提高「競爭力」，將孩子送到有一段距離的城鎮讀規模較大的國小與安親班，課後再由交通車送回，所費不貲。這些「外包培育流動力」的少數個案，其父母多在臺北從事中產階級工作，才能累積較多的經濟資源。

由於身處弱勢地區，海濱國小的孩子相對容易得到國家的補助，學校也成為發送福利資源的節點。低收入戶與新移民子女可以免費參加學校開辦的「夜光班」，主要是課後輔導、協助完成功課，也提供晚餐讓這些孩子免費享用。即便海濱國小的生員家庭多數擁有自住屋，大多不符合低收入者戶的身分認定，然而相關福利機構，包括企業基金會，還是可以透過學校援助家庭白米、罐頭，提供孩子獎助學金。相較起來，都市邊緣的河岸國小，若非福利制度下定義的低收入戶，很難得到國家與民間的福利資源。

在許多家庭裡，由於父母的缺席或忙於工作，主要負擔照顧的祖父母又缺乏足夠的文化能力，家庭確實難以擔負起教育的責任，甚至還期待學校分擔照顧或管教的任務。班上孩子的聯絡簿經常沒有人簽，或忘了簽。小恬的父親因為吸毒入獄、母親遠走，她從小被祖父和來自中國大陸的繼祖母照顧長大。由於祖父母忙於賣魚，小恬經常叫念高中的表哥幫她簽聯絡簿。有時她在學校跟我們借筆，原因是：「要簽名，反正都是我自己寫。」小明的母親，同樣來自中國大陸，因為要上晚班，也希望老師代為處罰賴床遲到的兒子。

由於家長無力協助，安親班等市場外包資源也不容易取得，海濱國小的孩子都得自行完成功課。但他們的家庭空間也限制學習活動的進行，除了少數例外（如小君家，有大學畢業的工程師叔叔買了書桌給他們），多數家裡都沒有書房或書桌，小孩子在客廳茶几上寫功課，甚至有趴在地板上寫的。阿龍跟同學抱怨說他作業寫很久，因為妹妹一直吵他，他解釋：「我家沒房間（指書房），房間是睡覺的地方，我從來不在房間寫功課。」

由於老師對家長無法期待，所以很少安排學習單或課後學習，校外教學也多以輕鬆休閒為主，很少像其他學校兼顧教育功能。老師預期多數的孩子只會完成高中職教育，課堂講授也以基礎或實用知識為目標。比方教數學時，老師強調算術、數日期很重要，「因為這些孩子以後是要看日曆的，一定要學到會。」課堂上老師詢問孩子將來的志願，男生回答的志願雖然也有科學家、醫生、老師，但以廚師最多，女生的答案則都是美髮師、化妝師，這些志願都與他們父母的職業有高度相關。

從學校老師的角度看來，這裡的家庭大多「失功能」，孩子常常沒有吃早餐，或自己到店裡買不健康的食物，有些甚至「放孩子一個人在家自己吃飯、自己睡覺」。學校主任、老師、校長不時自費準備牛奶或糖果，多帶或分早餐給學生，但老師認為這些協力照顧反而造成家長的依賴：「久而久之家長就認為老師會處理，就更懶得準備早餐。」老師們也抱怨家長把教育責任都推到他們身上，影響課堂經營或自己的家庭生活：「家長一句我不會就放著，等著老師幫孩子訂正，所以花那麼多時間，進度常常要趕。」、「家長都希望夜光天使愈長愈好，可是我也要回家休息啊。」

臺灣許多偏鄉學校面臨的最大困境是老師的高流動率，海濱國小也有類似的問題。來自城市的年輕老師，希望能調回城市，有機會也申請留職進修。他們與在地社區較缺乏互動或認同，教師訓練過程接受的教育模式也多以城市經驗為典型，未必能適用在鄉下家庭與孩子身上，親師之間的互動相當有限。

運動會的前一天，老師發給孩子一張明天活動流程的說明單，其中包括八點半有一場親師交流的時間。但當天並沒有正式的會議。老師根本也不期待家長會來，想必過去年年都是如此。有幾位家長姍姍來遲，包括平日分居、遠從臺中、臺北前來相聚的兩位母親，她們把握難得的機會，在孩子稍後參加的運動競賽裡拍手、照相。平日的照顧者，包括父親與阿嬤則鮮少出席。

運動會前一天，我聽到小君阿嬤在街廓跟鄰居聊天，她計劃明天在家幫人包粽子，鄰居勸她去學校：「為著孫，妳就去啦。」她露出為難的表情。我遞給她活動流程的說明單，她面露尷尬，我才想起來阿嬤識字不多。我跟她解釋明天有跟老師交流講話的時段，她搖搖頭說：「佮老師哪有啥物好講。」

受限於語言與文化資本的不足，琴琴阿嬤也擔心自己沒辦法幫忙教功課，甚至因為不識字，被孫兒挑戰她的管教權威。琴琴阿嬤這樣告訴我：

功課啊？我會看啊，寫好就寫好了，我會跟他們說要寫好才可以出去玩啊。我是這樣說，我也不會看啊，也不會教。我之前就沒有讀過書，我怎麼知道。現在還會罵我耶，琴琴說：「阿嬤，好笨喔，跟妳說妳都不知道。」

新住民母親也面臨類似的困境。妞妞媽和小珍媽都很少參與學校活動，覺得自己中文不好、不好意思跟老師說話。由於老師已不再進行家庭訪問，親師溝通多以書面方式進行，對無法讀中文的新移民母親來說難以理解，聯絡簿雖然是她簽的，卻常常有簽沒有看。小珍媽描述：

媽：我會說，今天怎麼樣，妳唸給我聽啊。她唸好的時候，我會簽名啊。如果唸不對，我就不簽。

藍：她可以亂唸啊。

媽：我說妳要認真唸，不可以亂唸喔。我說我國字看得懂，不是看不懂喔。（笑）

藍：妳看得懂嗎？

媽：看不懂。（大笑）

教材裡學校日益重視的家長參與，對於隔代教養的家庭形成困擾，也間接地提醒孩子「父母缺席」做為一種異端或不足。琴琴爸抱怨：

像學校回來要交代給家長一些作業，是不是旁邊要寫，那我就感覺很奇怪，教育喔……這樣子也算是很好啦，一定要跟家長就是有互動啦。那是如果說像我們家長不在身邊的話，就好像這種教育形成我們的困擾。小孩子回來找不到爸爸媽媽簽名，回去學校怎麼交代。啊小孩子又不懂，就一直打電話（來臺北）：「啊爸爸，簽名怎麼辦？老師說要爸爸媽媽……怎麼簽名？」（模仿小孩子哭訴）

隔代教養的祖父母，由於教育程度偏低、甚至不識字，學校讓他們感到難以親近。不諳中文的新移民，也很難用聯絡簿、學習單等方式與老師互動。學校對於家庭參與的期待，也需要考慮到父母離異或在外地工作的狀況。學校必須發展出不同形式、媒介的親師溝通，否則既有的模式，對於上述的家庭來說，不但無法達成家長參與的效果，反造成排除與疏離。

野放式自然成長的優缺點

在鄉下長大、由祖父母照顧的孩子，雖然所能觸及與體制教育相關的學習資源較為有限，但他們在日常生活方面展現了比其他學校孩子更豐沛的知識。有回我們聽到小君在學校侃侃而談拜拜要如何燒金紙、掃墓要怎樣拔草，這是他們從長輩身上學到的在地知識。老師在課堂上講解生詞時，常常會使用臺語來解釋，比起國語，鄉土語言似乎更能引起這些孩子的共鳴。與山林、大自然接觸是他們生活中的有機組成，而非家長刻意安排的週末旅行。例如，阿龍每天要走十五分鐘的山路回家，他說這裡有一隻蜻蜓是他的好朋友。當老師要大家舉例造句時，孩子們常常會用自然或地理環境來舉例，反而當老師用迪士尼卡通來舉例時，只有少數孩子有看過而且有回應。

相對於都市小孩，海濱國小的孩子對於每天的活動與遊戲有高度的自主權，他們可以自由地到戶外跟兄弟姊妹或鄰居同伴嬉戲。雖然家裡很少會有流行的商品玩具，但他們會充滿創意、隨興地把手邊可及的東西變成玩具。雖然沒有大人指導、沒有外包學習，他們卻展現了令我印象深刻的創造力與獨立自主。以下是我觀察他們下課後的活動：

琴琴弟弟在客廳玩戰鬥陀螺，這是上次校外教學他用五十塊買的玩具，好像也是他唯一的玩具，他因此想盡了各種辦法來玩，把陀螺放在桌子、地板、電視（舊型胖胖的那種）等各式各樣他能想到的東西上轉。琴琴也常接收同學壞掉、不要的玩具，自己修理來玩。「別人壞的東西給我，我一下就修好了。」她自豪地說。家庭與社區空間都是琴琴跟弟弟的遊樂場。透天雙拼的兩層樓房雖然老舊，但空間寬敞，家裡堆積的雜物也不少，很適合捉迷藏。兩人玩膩了，便出門去找住在附近的小珍玩。

小珍爸媽都不在家，小珍和弟弟正在玩家裡新養的一隻白鼻心寶寶。白鼻心是爸爸從山上抓到的，其實是法定的保育類動物，但被當作寵物養在家門口的籠子裡。最近生的小寶寶，則放在一個鞋盒裡養，小珍指導大家用牛奶、水果餵牠。當慧慈（我的研究助理）抱著白鼻心寶寶時，牠撒了一泡尿在她身上，大家都大笑了起來。

孩子們說帶我們出去散步，要去他們的「祕密基地」。我們在後面山坡轉了一圈，經過小公園、水溝然後到小珍媽媽的菜園，除了各式蔬菜，媽媽還種了薄荷、香茅等煮越南菜時可以用的香草，小朋友一面轉著跑一面說很香。到了社區活動中心，這就是他們的祕密基地。活動中心一樓的大門鎖著，孩子們跑到二樓陽臺，窗戶沒鎖，他們熟練地爬進去。然後就認真地開始打掃，找出許多巧拼地板鋪在地上，還豎起來做成隔牆（這時我突然意識到這個在有小孩的都市家庭中幾乎都有看到的東西，在海濱國小的家裡都沒有看過）。整理好一個小窩後，大家開心地說可以在這裡睡覺，我也跟著睡了一下。小珍和琴琴則一直忙著整理。睡起來已經三點半，好像要下雨，就說要回家。他們說不要拆，明天還可以來玩。

相較於河岸國小的勞工階級家庭，海濱國小孩子在熟識的鄰里關係保護下，享有較大的活動空間與自由。雖然他們經常在沒有大人陪伴的狀況下單獨在家，但由於親戚比鄰而居或鄰居長年熟識，白天大門都不會上鎖，沒有像都市裡有「危險外面」與「安全裡面」的區隔。成人再三宣示為充滿危險的禁區只有兩個，其一是馬路，交通繁忙的濱海公路穿過村子中央，行人穿越馬路若是不慎容易發生車禍。其二是海邊，被都市人視為放鬆、刺激、休閒的藍色大海，卻是討海人的謀生地，與曾經吞噬不少生命的無情怪獸。

這樣野放式的自然成長，其實正是田園國小中產階級遷鄉家庭的嚮往與追求（見第四章）。只是，後者需要透過父母的努力才能刻意營造出類似的「自然長大」的環境。比方說，田園小學的許多家長會在精心打造的庭園裡種盆栽，並基於教育目的在盆栽上面插上用工整字體寫了香草名稱的插牌。有些甚至請工班在後院裡搭建精心設計的樹屋、在院子的水泥地上打造小型沙坑，讓孩子在一個相對安全、衛生的環境裡玩沙。

此外，田園小學透過西方教育理念的背書，賦予自然成長的教養方式，包括農作、木工，甚至爬樹等活動的學習價值。海濱國小的家長並沒有類似的象徵資本來認可他們簡樸、隨意的家庭生活方式，祖父母也不認為鄉間的生活技能（如捕魚、種菜、醃製、手工藝等）是值得傳遞給孩子的文化資本，反而欽羨城市裡的教育資源可能提供孩子更好的發展。

然而，我們也不宜過度浪漫化野放式自然成長，因為自由的反面便是風險可能擴大。即便他們的生活空間局限在漁村，無遠弗屆的網路科技、電視媒體，也打造了一個生產欲望的虛擬世界。隨著電腦價位的降低、手機的普遍，城鄉的「數位落差」縮小，海濱國小孩子在自己家裡或同學家中也很容易接觸到電腦。[6]在祖父母沒有能力教導與管理電腦使用的狀況下，我在這些孩子身上看到驚人的自學能力：雖然沒有學過拼音打字，許多自己學會怎麼開設臉書，電視上看到線上遊戲的廣告，他們就會想辦法google、連結到該網路頁面。網路為他們開啟了更大的世界，但同時也蘊含了不可知的社交風險，尤其在進入青少年階段後會更為明顯。

以城市生活為原型而刺激消費的電視廣告、電視節目，也不斷讓孩子們生產對城市的嚮往。琴琴弟弟有天目不轉睛地看著7-11超商的廣告，轉過頭來用羨慕的語氣問我們有去過嗎？彷彿那是個神奇的遊樂園。暑假來臨前，小珍高興地跟我炫耀：「我們家要去墾丁！」我詢問過父母後，才知道這原來她是瞎掰的，問她墾丁在哪裡，她說不知道，但電視上有看過。對於童年階段的孩子來說，城鄉差異只是模糊的階級排序想像，隨著他們邁入成年，尤其經歷城鄉移動的工作或婚配經驗後，可能會烙印更為明顯的情緒傷痕，如我在他們的父母身上所看到。

勞工階級教養的城鄉差異

人們經常將城鄉不平等掛在嘴上，但究竟包含哪些具體的資源與機會差異？論者也經常把地理的邊緣化跟社經地位的弱勢混為一談，有可能造成政策的不彰或資源的錯置。[7] 透過城市邊緣與鄉下的勞工階級家庭處境的比較，我試圖釐清這些問題，指出以下三個面向的重要城鄉差異：父母的經濟機會與情緒安全、學校與市場提供的教育資源，以及社區空間與鄰里網絡。在某些生活面向上，都會區固然優於非都會區，但在某些方面，非都會區反而提供了孩子較為安全、自由的成長空間。

首先，我在低階勞工男性身上，普遍看到深淺不一的階級傷痕，非都會區的男性，許多更進一步地烙上了城鄉的傷痕。住在都市邊緣的工人父親，普遍有過「黑手變頭家」的夢想，在創業失敗後留下債務負擔，近年來的經濟衰退進一步威脅他們的經濟安全與男性自尊。進城打拚、又挫折返鄉的男性，在工作、婚配的過程與都市人互動時，更不時體驗到被貶抑為「鄉下人」的恥感。

新移民母親的生活經驗與工作機會也因城鄉而有所不同。移民身分造成的影響，主要是在地文化資本（如語言文字、在地知識）與社會資本（如沒有娘家、親戚朋友的依靠）的不足。都會區的新移民母親，更容易意識到自己因移民身分而受到差別待遇，因為匿名性高的都市生活更明顯地彰顯出她們在社會與文化資本上的劣勢。她們在找工作的過程中，以及在學校裡和中產階級家長互動時，清楚地感受到被排除或歧視。相對起來，非都會區的本國人，教育程度與文化資本也偏低，對新住民母親的社會排除較不明顯；緊密的親族與社區網絡有助於新住民的社會與文化融入，但也可能成為夫家監看或包庇家暴的媒介，讓新住民配偶更加孤單無援。

其次，下一代的教育資源上確實存在明顯的城鄉差異。城市提供安親班等市場教育資源，讓一些勞工階級家庭得以採取「外包培育流動力」的教育策略。尤其是都會新移民母親，邊緣化的移民位置往往激勵她們對下一代投注更多的期望，加上都會環境裡可及的教育外包資源，讓她們容易傾向採取「外包培育流動力」的教養策略。

在非都會區，由於市場教育資源不可及，家長不得不傾向「順其自然造化」的教養方式，他們更加依賴學校扮演多重的功能，提供課後輔導、課外活動等學習資源。相對於城市邊緣的學校，偏鄉學校的硬體資源其實更豐富，但由於教學人力的限制與不穩定，多僅能提供學童基本的教育。

最後，在居住空間與社區網絡上，城市反而為勞工階級孩子帶來較大的風險與不安全。由於缺乏安全玩耍的公共空間、可信並互助的鄰里關係，都市孩子的活動多被局限在室內。在他們的身上，我最明顯地感受到拉蘿所說的「局限感」，包括金錢、空間、身體的局限感。都市父母多認為「外面」充斥著交通意外、兒童拐騙等風險，中產階級小孩還可以在社區保全看顧下的庭園裡嬉戲，住在公寓裡的勞工階級孩子大多被限制在室內活動。如果小孩人數有限，又缺乏大人的互動陪伴，孩子經常仰賴「電視保姆」與「電腦玩伴」來打發時間[8]，語言溝通的能力發展相對比較有限。鄉下孩子的課外活動與肢體語言則不同，他們在小班教學中踴躍發言，下課後在戶外空間中自由活動。

對於被進城經驗烙印情緒傷痕的家長來說，城市生活的資源競爭、地位競逐本身就是孩子成長過程中的風險來源，在鄉下撫養孩子便是他們的保安策略。鄉下地區的新移民家庭，由於市場教育資源的局限，也傾向於「順其自然造化」。在人際關係單純、鄰里連帶緊密的社區裡，孩子得以野放式的自然成長，這是都市小孩再也享受不到的自由空間。在非典型家庭常見的偏鄉小校裡，來自單親、跨國婚姻家庭的孩子，也能免於被烙上「不正常家庭」的汙名。

PART 4

總結與改變

結論
不安的親職

經常有人問我，從社會學的角度，研究親職與教養可以教我們什麼？讓我先說，本書不會教你該如何養兒育女的標準答案。在前面章節中，我們看到不同的教養風格，其中沒有好壞對錯，因為每個家庭的資源與條件不同，適合的教養方式也有所不同。

社會學可以教給我們的，是指出教養焦慮背後結構性的文化或制度困境，將個別家庭的教養經驗放在更大的歷史、社會與全球脈絡中來思考；同時，探討父母們想要孩子永保安康的教養策略，為何經常導致非預期的後果，反而讓我們感到更不安全。

我希望透過訴說故事、分享經驗，讓我們多一點同理心來體察不同家長身處的結構位置的差異，也提醒自己放下一些「標準童年」、「理想親職」的包袱，或許能成為比較怡然、放鬆的父母。

階級化的保安策略

本書的核心問題是階級經驗如何影響父母對益品與風險的看法，從而形塑出不同的教養策略與風格。階級位置相近的父母，由於家庭、教育及職場等經驗，衍生出類似的秉性、生命機會與意識形態，傾向偏好共享的教養腳本，也採取類似的保安策略。然而，階級對於人們生活的影響並非決定性的，階級群體內部也存在著明顯差異。

為了避免將階級簡化為同質的群體，我援用布爾迪厄有關「場域」（field）或「社會空間」的概念，視不同親職風格的相互關係構成一個「親職場域」。場域好比一個市場或遊戲，其中的行動者持有特定的資本，彼此間相互競逐，但也遵守共享的規範目標或遊戲規則。[1]不同階級位置的家庭，可能對彼此投射羨慕、妒忌、排擠、不屑、擔憂、自卑等情緒。父母們也透過模仿、競爭、區辨等不同方式，相互影響彼此的教養風格。例如，中產階級家長透過雙語幼兒園、多元課外活動等消費選擇，來凸顯自己相對於中下階層的優勢，同時也模仿他們所嚮往的中上階層教養方式；菁英家長透過更細緻的方式，如「大學畢業才出國留學就太晚了」、「只瞭解美國文化還不夠，歐洲文化才是真正的品味」，來與其他家庭區辨高下秀異。

我用圖二的座標來呈現當代臺灣父母的親職場域。[2]縱軸代表父母**資本條件**的總量高低，其中包含經濟、文化、社會與象徵等不同類型資本的組合。橫軸則代表教養實作中首重的**益品**，右

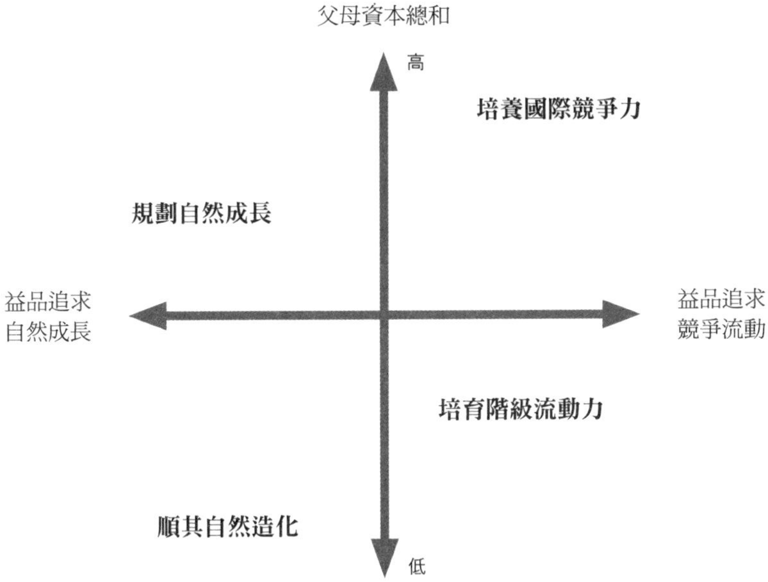

圖二　階級化的親職場域

端傾向「競爭流動」，以確保孩子未來的生存機會、教育成就與職業保障。左端追求「自然成長」，希望孩子按照自己的節奏來學習、依循個人的性向來發展，不以考試成績或學歷文憑為絕對目標。不同的家庭與教養者，根據其資本的多寡，以及偏好的教養益品，教養策略座落在這個場域地圖的不同方位，當然，這樣的位置不是固定的，隨著孩子年齡的成長、家庭處境的變化也經常有所移動。

我指認出這四個象限的典型教養風格並予以命名，但也請讀者理解，這並非意味臺灣父母可以直接被切割為四個界線分明的教養群體，只是基於分析所需，描繪四種親職實作的典型，也就是社會學所謂的「理念型」（ideal type）。大多數父母們橫跨多重象限、座落在此地圖的中間，權宜地混用不同的教養類型；在同一個家庭裡，父親與母親也可能因原生家庭背景或性別分工的差異，在親職場域中有不同的風格偏好。

第一象限（右上方）的典型是跨國中產階級，他們具備充分的經濟、文化與社會資本，得以利用國外進口的文化資源，甚至跨國流動的教育策略，為子女「培養國際競爭力」。對他們來說，孩子未來面對的主要風險是**國際人才競爭**，尤其是中國肉搏教育戰下成長的「狼性」年輕人。因此，他們追求西方教育理念的全人發展，透過外國遊學、雙語學校等「鋪路消費」，希望下一代能更自然地體現「世界人」的言行舉止品味，以轉化成為未來進行全球移動的人力資本，並凸顯創意、彈性、批判思考等「軟實力」。

對於財力相對有限、讓孩子接受國內教育或就讀公立學校的中產父母來說，「培養國際競爭力」雖讓他們心嚮往之，但只能選擇成本較低的方式來履行全球化的渴望。即便認同全人教育的理念，由於留學並非近期可及的目標，他們也擔心**國內教育競爭**潛在的不安全與風險。因此，許多家庭的保安策略還是偏重學校成績，或透過「全補教育」將多元學習轉化為客觀化的學習履歷。

在此同時，主流教養論述也強調「適性發展」、「放手，孩子會學到更多」等口號，讓中產階級父母也逐漸認可橫軸左端的「自然成長」為教養益品的正當性，朝向第二象限（左上方）移動。然而，由於教育制度改革的實質效果有限，明星學校與文憑主義的地位不減，在這樣的環境裡，中產階級家長雖嚮往「自然成長」的理念，也不免擔心孩子未來的經濟安全，因此多在橫軸兩端的益品間游移、拔河。

「規劃自然成長」的典型，是透過「島內移民」追求另類教育的家庭。他們視**主流教育體制或傳統教養觀念**，如強迫學習、威權文化等為孩子成長過程中的關鍵風險。基此，他們的教養目標不以高文憑、賺大錢等外部益品為首要目標，更重視內部益品，如快樂童年與身心靈平衡。然而，這樣的父母通常需具備一定的階級優勢，方能忽視階級同儕的質疑，全心規劃自然成長：他們或具備相當的文化資本，得以鞏固自己的教養理念，也有能力提供輔助教學；或有足夠的經濟資本，可以在孩子遭遇體制內升學困境時提供出路，例如安排出國念書，或有家族生意可讓孩子接班。

對於位在第四象限（右下方）的勞工階級家庭來說，孩子**無法成就階級流動、脫離勞工生涯**，是他們眼中最大的風險。雖然他們跟中產階級家長一樣尋求市場外包來栽培孩子，但因經濟資本與文化資源的限制，方式不盡相同。「培育階級流動力」的勞工階級父母缺乏足夠（被體制認可）的文化資本來參與孩子學習，只能竭盡有限的經濟資本，或試圖建立跨階級的社會資本，以轉換為下一代的流動機會。由於對改革中的教育體制或跨國的教育機會瞭解不多，他們更依賴學校體制與老師的介入。他們首重學業成績，相信考試是幫助下一代脫離「做工」生涯的有效捷徑，若要安排課外活動，也期待能被有效轉換為外部性的工具價值。本研究也發現，向上流動的中產階級，也就是父母本身沒有接受高等教育，但透過職涯取得社經地位流動，雖然經濟資本充裕，也傾向類似的務實保安策略。

位於第三象限（左下方）的勞工階級父母來說，他們親身經歷的**學習挫折與職場失敗**，反倒使他們想保護孩子免於直接面對的不安全，尤其是返鄉居住的單親父母，打拚與婚配的城市經驗在他們身上刻劃了**階級與城鄉交織的情緒傷痕**。這些勞工階級父母與左上方的中產階級，表面上看來同樣追求孩子的「自然成長」，但方式與邏輯大不相同。

首先，遷居鄉間的中產階級父母，透過人為努力，刻意營造出「自然」的環境，貌似「放手」的教養其實需要成人生活的大幅調整，尤其是母親以小孩為中心打造無壓、有機的家庭生活。當中產階級父母擔心孩子欠缺生活能力、成為「媽寶」的時候；勞工階級的孩子則在家長無暇照顧的狀況下，不得不學會獨立生活，尤其是生活在隔代教養或單親（父親監護）家庭的孩子，渴望成為日常生活中缺席的媽媽的寶貝。

其次，中產階級家長試圖透過西方教育理念的背書，來賦予「規劃自然成長」的教養方式一定的象徵資本。「順其自然造化」的勞工階級父母並沒有類似的象徵資本來認可他們的家庭生活方式，父母自身在藍領職場或農漁業養成的文化資本也不受體制認可。對於居住在城市邊緣、工時長的勞工階級家長來說，他們的親職實作很容易被學校貼上「教養無力」的汙名。相對而言，順其自然的教養方式在鄉下社區較為可行，雞犬相聞的社區連帶，讓他們的孩子可以野放式地自然成長，毋須面對都市環境潛藏的風險。

教養風格差異如何強化不平等的童年？

親職場域的分析強調，不同階級群體的教養風格，以及他們孩子的生命機會，其實被看不見的社會結構連結在一起。即便不同階級的父母彼此間鮮有機會互動。他們通常住在不同的社區，他們的孩子就讀於不同的學校，就連買菜、用餐、消費的空間，都少有交集。

每個家庭與孩子都不同，教養風格本來就形形色色，更重要的社會學問題在於：親職的社會差異，如何因為制度與文化的中介，被轉化成家庭資源與下一代生命機會的不平等？[3]本書指出以下兩個結構與制度因素的作用，其一是**鉅觀層次的全球化脈絡**，其二是**組織層次的教育的中介**，這兩個因素將不同階級、城鄉背景的家庭生活與親職實作連結起來，從而強化了不平等的童年。

屋簷下的全球化

全球化不僅涉及商品、資本與訊息等跨國流通，也影響家戶屋簷下的飲水點滴，包括人們對親職、教育、親密關係所懷抱的渴望與焦慮，以及可能調度的資源與機會。許多研究教養的西方學者僅考量單一社會框架內的階級關係，忽略了資本積累與階級劃界往往在跨文化、跨國度的場域中進行。[4]本書強調納入跨國的尺度進行分析，特別關注全球化如何從不同面向形塑了階級化的親職經驗與不平等童年。

首先，父母本身的跨國流動（或不流動）模塑了他們對孩子未來的想像，不論他們眼中的全球化意味著更豐沛的機會或更嚴酷的競爭。有過留學、外派等跨國經驗的父母，傾向認同「國際競爭力」做為重要的教養益品，認為西方教育與外語能力可為下一代提供重要的文化資本。尤其是工作與全球生產密切相關的專業管理階層，他們對於日益激烈的全球人才競爭特別敏感，因而側重全人發展等軟實力，傾向支持個人申請的大學錄取方式。相比之下，勞工階級、當地中產階級（如公務員、中小學老師），優先考慮智育成績，更傾向支持以標準化考試（如會考成績）來分配入學名額。

培養全球化子女的保安策略不只在亞洲中產階級家庭間流行，愈來愈多北美與歐洲父母也是如此，因為他們擔憂產業外移和在地經濟衰退可能把下一代「擠出中產階級之外」。[5]美國坊間便有不少教養書，呼籲父母們學習新的工具和知識，其書名標榜「無國界教養」（Parenting Without Borders）的智慧，讓「下一代在地球村中適得其所」（Raising Children to Be at Home in the World）。[6]在西歐與北美，有愈來愈多專業中產階級父母鼓勵孩子接受雙語教育，或是出國遊學、壯遊，以培養「跨國文化資本」。[7]隨著中國成為全球強權，美國菁英家庭對於中文學校、會講中文的保母的需求逐漸上升[8]，就連美國總統川普的孫女都能用中文說吉祥話與唱兒歌。

其次，社會不平等限制人們進行遷移或近用跨國資源的管道，且不均等地分配全球化所帶來的紅利與虧損。擴大的全球經濟以及跨國流動，同時衍生兩極化的跨國家戶型態與空間移動策略。

在社經地位階梯的高端，有些母親帶著孩子移民北美、遂行「教育出走」，父親留在臺灣打拚賺錢，成為穿越太平洋的「空中飛人」或「大雁家庭」。而為了支應日益昂貴的教養成本，兩岸分偶家庭的數量也日增：丈夫外派中國或頻繁進行商務飛行，而太太和小孩則為了教育或照顧長輩等原因留在臺灣。

階級階梯低端衍生的全球家庭則是跨國婚姻。資本外移和工作彈性化剝奪了臺灣勞工階級男性的工作機會與經濟安全，也促使他們前往越南、中國等地覓偶。新移民母親在少子化的年代為臺灣社會繁衍未來的主人翁，有些也在學前階段依賴母國的親戚網絡協力育兒，但她們經常被國家機構與主流媒體烙上「不合格母親」的汙名。

儘管不同社經地位的家庭都利用全球化的流動機會，來幫助他們成家、育兒，不同父母們所擁有的跨國文化與社會資本，並沒有同等的效力可以被轉換為下一代的文化資本或流動機會。由於地球村的權力階層，朝向北美或西歐的流動和聯繫被認為是較有品味或價值的文化資本，與其他地區的文化與社會連結則不然。東南亞新移民的母國語言與社會網絡，過去都被臺灣政府、學校與夫家輕忽、甚至視為負債，直到最近的新南向政策，才突然被看作國家部署經濟發展的重要資產。然而，這樣「以錢為本」的多元文化政策過於工具化，可能為「新二代」衍生標籤化等非預期的負面效應。

教育過程中的家庭優勢

教育體制是促進社會流動的「階級翻身之鑰」，還是鞏固不平等的「階級複製之鎖」？[9] 學校的日常運作，包括老師對家長的期待與要求、家長在學校的參與以及親師互動，是平衡或強化了學生的「家庭優勢」？[10]

近年來臺灣教育體制推動改革，以西方為鏡，引進鼓勵家長參與、入學管道多元化、申請甄試入學等方式，這些制度企圖促成學生的多元學習與校園的開放民主，但也可能無意中擴大教育機會與學習資源的家庭落差。

國家和學校等機構，在階級不平等的社會場域中扮演重要的節點。隨著中產階級家長團體的倡議，不論是學校課程對家長的期待，或是相關國家法令與管理（如兒童保護、親職教育、發展監看等），逐漸把「密集親職」和「兒童中心的家庭生活」視為理想的教養腳本。「全人教育」、「國際化」也成為主流教育體制崇尚（雖然未必落實）的學習目標。經濟和文化資本不足的父母，如果不能配合家長參與學校活動、協助孩子學習等中產階級規範，經常會被學校或國家認為是不適任或不盡責的父母。

中上階層父母積極參與校園事務，一方面將更多的家庭資源帶進學校，協助其孩子的學習或升學，但另一方面，由於階級優勢的家長發聲量大，老師必須集中精力符合他們的期許，相對漠視弱勢家庭與學生的需求。少子化的人口壓力讓學校經營倍感壓力，校方更重視會考成績、才藝競賽，強化拔尖競爭的主流價值。結果，「教育現場日益朝向『中產化』的趨勢，悖離了『把每個孩子帶起來』的目標。」[11] 側重中產階級價值的學校文化，不僅讓「自然長大」的教養方式變得有問題，也造成勞工階級父母的教養文化矛盾：當他們期盼孩子成就社會流動時，往往必須否定自身階級文化與身分的價值。

雖然本研究並未包含長期追蹤的資料，無法探究父母教養方式對子女未來社會流動機會的具體效應，但是，我們可以看到家庭教養在一定程度上影響子女的階級慣習養成。經濟學者沈暉智與林明仁利用財政部的稅務資料，發現親代的收入、資產愈高，教育支出也愈高，而子代愈容易就讀公立大學、頂尖大學。[12]

中產階級教養模式與當前教改論述之間的親近性，也間接限制了勞工階級的流動機會。例如，大學推甄的資料申請與口試過程，對資本文化高的家庭來說比較容易準備、甚至有競爭優勢。大學入學方式與選填志願的複雜化，也對弱勢家庭子女不利。值得注意的是，雖然家長的階級背景，可能強化不同學校之間的資源落差，但如果家庭優勢可以被轉化為學生集體的資源，也可能緩和同一個學校內部的階級不平等。

我指導的碩士生葉馥瑢，採取田野研究的方式，觀察兩所公立高中舉辦與甄試入學相關的輔導活動。[13] 其一是家長多數來自專業中產階級的明星高中，其二是家長社經地位偏低的社區高中。

在明星高中裡，多數家長是高學歷的專業者，其中不乏大學教授。學校輔導室積極動員這些家長，協助學生「模擬面試」。家長透過積極參與學校活動，形成了緊密凝聚的班級系統、經費與人力豐富的家長會。明星高中的校友，也提供關於大學科系的第一手資訊，並為該校累積了豐富的推甄資料庫，供學弟妹參考。特別值得注意的，整合進學校組織運作的家長資本與校友資本，可能嘉惠校內的經濟弱勢學生。

位於都市邊陲的社區高中，由於多數家長沒有念過大學，難以提供孩子關於大學科系的資訊，他們的學校參與、親師互動也相對薄弱。因為校內的文化資源與社會連帶有限，輔導室只好聘請校外甄選顧問機構的師資協助，但提供的資訊未必準確。在學校系統資源不足的情況下，往往是校內具有家庭優勢的學生，較積極地利用輔導室的諮詢得到協助，反而強化了該校內部的階級不平等。

中產階級很容易把不平等想成是「他們」的問題，不論是同情遠距相隔的偏鄉或都市邊緣的社區缺乏足夠的資源，或是批評窮人由於文化視野或生活習性的限制因而難以脫貧。這樣的思考讓我們迴避了面對以下事實：弱勢家庭的教養困境，其實跟中產階級教養孩子的方式息息相關，換言之，我們的花園，跟他們的廢墟，實是社會的一體兩面。社會不平等其實是人人參與打造的關係性構成，這樣的論點並不是要讓優勢階級感到罪惡，而是強調，跨越階級界線來建立同理、瞭解與結盟，對於打造一個理想的社會何等重要。

為何保安策略讓我們更不安全？

當今的世界讓人們更容易相互連結與跨域流動，但這樣的未來似乎也變得風險四伏和難以預測。父母們努力保障孩子們的安全，然而，他們的教養策略卻經常衍生非意圖的後果，甚至落入非預期的困境。例如，家長過多的規畫與介入，反而削弱孩子的創造力或自主性；立意良好的多元學習，變成追逐認證的多元補習；雖然想要孩子快樂長大，但焦慮感讓父母執著於僵固觀念，反而使得自然成長的規畫相當「不自然」。

焦慮的父母對子女生活的過度介入，也經常造成孩子心理健康的負面影響。臺灣的追蹤調查資料顯示，學習成就愈佳的學生，其身心症、焦慮抑鬱的狀況都更為明顯，反而是學習成就差的學生，心理健康狀況最佳。[14]相關研究也發現，來自高社經地位家庭的青少年，往往感受到父母較強的期望與壓力，對於心理健康造成壓力。[15]弔詭的是，親子間加強的情感連帶，反而有可能強化家長的「軟性權威」與對孩子的「情感勒索」，不僅壓抑了孩子自主發展的空間，也可能讓他們更不快樂。

為何這些保安策略，反而讓我們感到更不安全？我認為有兩個主要的原因，其一，臺灣社會發展呈現壓縮現代性的樣態，造成不同文化邏輯與制度場域的矛盾並置或相互衝突，其二，因為這些保安策略多是高度個人化、私有化的策略，強化新自由主義的親職觀點，或是偏重選擇的教養邏輯，這會讓我們看不見家庭之間結構處境的差異，並落入歸罪個人的陷阱。

臺灣社會的壓縮現代性

親職像是一個經驗透鏡，折射出臺灣社會發展經驗的特殊性。臺灣在短短數十年間經歷了快速的工業化、民主化與人口轉型。這個海島國家多舛的歷史命運，與殖民、冷戰等地緣政治緊密扣連，其出口導向的經濟與全球資本主義的風吹草動息息相關，在地社會與文化的生態也深受到全球變化與人群流動的影響。

臺灣父母在養育子女過程中所經歷的各種情緒，包括渴望、焦慮與矛盾，尤其顯示「壓縮現代性」的社會文化特性。其一，社會的集體時間與個人的生命時間高度壓縮，尤其是經歷代間階級流動的父母，回顧自己受限於經濟資源、課業壓力或文化桎梏的「失落童年」，渴望與上一世代的教養與教育方式進行斷裂。然而，由於托育資源的不足或缺乏信任，許多家庭還是依賴長輩的育兒協力，原生家庭的影響也不時透過內化的習性「上身」。其二，空間的壓縮讓全球化的教養與學習資源變得可及，尤其對具備經濟資源或跨國關係的中上階層家庭來說更是如此。但是，許多臺灣媒體與家長把西方、美日的教養與教育方式過度浪漫化，忽略它們與在地制度、環境的衝突，以及文化慣習改造的不易。

事實上，即便是資源豐富的中產階級父母，對於專家與媒體鼓吹的理想教養文化腳本，多數也感到難以落實。長工時的雙薪父母，在下班後有限的親子時間裡，總是掙扎著該板起臉督促孩子學習，還是帶著罪惡感一同發懶放空。許多父親勉勵自己成為「新好男人」，但卻必須花費絕大部分時間在工作上，才能負擔愈來愈昂貴的中產階級教養開銷。儘管父母們在家裡尊重孩子的自由和自主，多數學校和職場仍強調權威與服從。全球文化與在地制度之間的摩擦，讓父母感到進退維谷，以至於在親子互動的過程中，經常出現價值與行為的矛盾分歧。

臺灣社會中蔓延的教養焦慮，不僅讓個別父母感到不安全，在許多方面也增加了社會集體負擔的成本。儘管政府積極鼓吹生產報國，臺灣的生育率仍持續低迷。少子化趨勢也發生在香港、新加坡、南韓等其他東亞社會。當親職變成愈來愈辛苦、昂貴、困難的任務，年輕世代愈來愈遲疑是否要成為父母，甚至不想進入婚姻或伴侶關係。

高教育女性的處境尤其呈現了壓縮現代性的矛盾之處，一方面，社會相較於過去，更為鼓勵女性取得教育與事業的成就；另一方面，私領域的婚姻與家庭中，性別不平等的窠臼依然，職場與國家也未能提供充分的育兒支持，讓有小孩的職業婦女陷入兩頭煎熬的困境。

親職的邏輯：義務、選擇或照護？

在臺灣與其他華人社會，傳統的親職邏輯強調的是代間的**義務**或**責任**。社會道德與身分倫理規範人們有傳宗接代的任務，同時，子女有孝順父母的責任，法律甚至也象徵性地規定撫養的義務。即便許多中產階級父母體認到「養兒防老」的期待並不實際，但仍企盼孩子能順從自己的建議。當孩子的人生選擇不如父母期待時，父母經常強調自己的犧牲或讓孩子覺得虧欠來進行道德勸說，例如：「爸媽為你做了那麼多，你怎麼那麼自私！」、「你就不能體諒我們的辛苦，聽話一點嗎？」

經歷民主化浪潮衝擊的臺灣，當代主流教養論述的關鍵字慢慢出現轉變，除了義務與責任，也開始強調父母的**選擇**和孩子的**自主**。中產階級家長團體主張鬆綁國家對教育體系的管制，爭取公民權利來為自己的孩子選擇學校和教育方式。他們也鼓勵孩子發展個體性和自主性——這些個人特質在傳統文化與戒嚴體制中一度被壓抑，現在卻被認為是邁向跨國人才流動、構築世界人身分認同的重要文化特質。

西方學者用「新自由主義母職」或「新自由主義親職」來描述這種中上階級家長間愈來愈常見的態度，意思是說，家長努力爭取選擇權以實現對自己的子女最優化的教養方式，例如有權越區選擇公立學校，或拒絕國家施打他們認為存在風險的疫苗。[16] 這些父母崇尚的自由教養風格原本旨在將孩子培養成自主的個體，但在全球競爭焦慮的驅使下，自由教養經常與工具目標相結合，變成為全球資本主義生產出下一代善於自我管理的白領勞動者。[17]

即使是刻意拒絕競爭並擁抱自然成長的父母，他們的另類教養實作仍體現新自由主義親職的色彩。這些母親將自己視為「風險管理者」，企圖做出「正確選擇」，來保護家庭和孩子免於受到商業主義或其他社會毒素的傷害。這樣的「自然母職」，不僅要求個別母親為其孩子的健康與福祉負起責任，並且強調教育、飲食，甚至是否疫苗施打都應該由個別家長進行「選擇」，如此一來，將公眾的議題私人化，並忽略了不是所有家庭與家長都有同樣的能力與資源進行選擇。[18]

強調選擇的教養邏輯有什麼問題？

首先，新自由主義親職的修辭讓中產階級父母難以看穿組成社會生活的權力結構，同時掩飾了他們的「選擇」其實是來自階級優勢，因此方能有足夠的時間、文化資源和金錢來進行密集親職。強調選擇的親職觀，也將其他父母面對的結構性困境。化約為「親職失能」、「不當選擇」的個人挫敗。例如，大眾論述很容易把經濟窘境歸因為個人能力不足或品德不佳，指責他們「懶惰」、「不學好」，或將貧窮的代間世襲理解為不良視野的繼承，如「貧窮的思維」、「窮人的文化」。然而，他們每天被物質匱乏壓得喘不過氣，在認知頻寬持續塞車狀況下，很難進行周密的選擇、長遠的規畫。他們的孩子在成長過程中時時被否定，甚至被譏諷，階級的恥感也容易擊倒好不容易建立的信心。

勞工階級父母的教養保安策略之所以無法給他們帶來安全感，主要因為他們所認同的理想教養，與教育權威的看法多有出入。本書中的一些父母最重視孩子的品格與紀律，因而對孩子施予嚴格管教，然而，他們的管教行為在社工和國家官僚眼中等同於虐待兒童或不當管教。採用外包教育的勞工階級父母，由於需要延長工時來支付補習成本，無法時時陪伴孩子，反而被老師視為不適任。此外，他們要求孩子「守規矩」，在高等教育與專業白領勞動市場上逐漸強調個體性與口才的狀況下，反而可能讓孩子被扣分。

其次，即便是有能力、有資源的家庭，他們的日常家庭生活，也悖離選擇的教養邏輯。「選擇」這種說法，預設了教養的安排會遵循線性的軌跡，父母們蒐集充分的資訊、評估成本與效益、權衡各種選擇的利害得失，從而做出最大利益的選擇，或至少盡可能降低風險。與教養相關的龐大產業，也召喚父母做為消費者的角色、強化選擇的教養邏輯。市場販售的各種教育課程、親子活動、教養指南，撩動父母的欲望與焦慮，不論是補償自身錯過的機會，或是放大對風險與不安全的恐懼。

然而，活生生的教養過程鮮少循序漸進，不論教養風格或教育方式的選擇，我們從不可能蒐集充分資訊，利害得失難以評估，選擇的結果也無法預測。隨著孩子進入不同生命階段、家庭婚姻各種處境的變化，教養過程都會面對新的不確定性與挑戰。各種教養活動都不是父母單向的選擇，而是親子協商的結果；同時，也涉及眾多成員的協力合作，包括祖父母、老師、保母等其他共同參與孩子生活的照護成員，有時提供「神救援」，有時成了「豬隊友」。

安瑪莉．摩爾（Annamarie Mol）在討論理想的病患照護方式時，提出「照護的邏輯」來取代選擇的邏輯。這樣的觀點也非常適合用來描述教養的邏輯。當我們用「照護的邏輯」來理解教養時，意味著下面幾件事：[19]

- 在照護的互動過程中，我們不僅將孩子視為行動的主體、認可到每個孩子獨特的個性與需求，同時也要體認到，父母在教養關係中也是脆弱的，同樣是需要照護、滋養的對象。
- 照護的邏輯不在於強調父母的選擇與掌控，也不是全面配合孩子的需求，而要考量整個家庭團隊的互助與分工，同時要求每個成員都要認真看待彼此的貢獻。
- 什麼是好的教養目標？就是在家庭的資源、時間、能力等狀況允許下，實際可能達成的目標。這些目標不是預先規劃的，而是在行動中持續地尋找適當、可行的目標，這是持續協商、共同試驗、做伙修補的過程。

教養與教育的修補工作

要維護下一代的安康，不能只訴諸父母個別的努力與選擇，需要透過改善集體的生存環境，來協助我們照護孩子，也照護自己。臺灣社會在過去數十年來已有許多相關的教養與教育改革成果，我將針對四個坊間重要的倡議，提供一些思考與反省；同時也會提出一些政策、制度與行動的建議，呼籲如何共同進行教養與教育的修補工作，來促成跨階級的相互依存。

回到聯考才公平嗎？

教育改革的一個重要成果是大學入學管道的多元化。但近來質疑多元入學可能強化社會不平等的反對聲浪增高，有人甚至主張恢復聯考制度才能公平競爭。這樣的看法其實是個「科舉神話」，與實證發現相違。經濟學者駱明慶的「誰是臺大學生」研究引起許多社會關注，其中發現父母是公教人員、具有大學學歷，以及住在臺北首善之區的學生，進入臺灣大學的機會，遠遠高於其他競爭的同輩。[20] 但這項研究經常被輕忽的是，駱文分析根據的其實是教改前的入學資料，分析的樣本仍是透過聯考進入臺大的世代。也就是說，即便在聯考時代，具有家庭階級優勢的學生透過補習、好學區、家庭教育等方式，其實已普遍取得有利於競爭的教育資源。

包括臺大、政大、臺北、中山等多所大學運用其校務資料進行分析，都一致發現，考試分發最容易收到高所得地區的學生，繁星推薦較容易收到低所得地區的學生，個人申請則介乎兩者中間。[21] 葉高華老師進一步調查中山大學學生的社經背景資料發現：個人申請管道並未偏袒中上階層的學生（因為考試分發的狀況也差不多）；不論是個人申請還是考試分發，都容易收到高所得、高學歷者的子女，但繁星推薦入學的學生家長，在平均教育程度上仍明顯低於其他入學管道的家長。[22]

為了追求表面的「公平」而恢復聯考，有如英文諺語裡說，「倒洗澡水時順便倒掉了嬰兒。」

過去二十多年來的教育改革，雖有弊病疏漏，對於促進多元教學仍值得肯定。我肯定多元入學的道路方向，但受到目前的執行方式所限，讓我們走得不夠遠，無法落實真正的多元入學精神——也就是在申請入學管道、過程與方式上，積極考量到階級等社會不平等的差異與作用。

臺灣目前的申請入學制度，大多以科系為單位，變成激烈、不透明的「資訊戰」。不同於美國大學強調「通才教育」，大學前段不分系，招生以學校或學院為單位，並有獨立的招生辦公室統一收件審核。在臺灣，除了少數院校，學生以個別科系為申請對象。這樣的制度期待高中生在入學前即確定自身的興趣與方向，也要求他們在填寫志願前對眾多學科有一定瞭解，甚至針對個別校系量身訂作申請資料；而只能申請五個科系的規定，更逼著學生與家長必須評估風險、布局攻略。再者，由個別科系來執行招生時，教授在面試時傾向重視學生對於該科系的瞭解與認同，這些制度都提高了資訊的門檻或強化資訊的價值。

如果能降低申請入學的資訊門檻，改以校或院做為申請單位，可以大幅降低學生與家長的焦慮。大學前端不分系也能提高學習動機，不僅讓學生有時間緩衝來確認自己的生涯，避免因資訊不足而後悔念錯科系，也可激勵他們為了進入心目中的理想科系，必須「把大一當作高三來念」。我們也需積極地提供有效、可及的升學資訊，包括擴大輔導室的人事編制、平衡學校間的資源落差，讓學校成為弱勢學生的資訊堡壘。不僅追求「適才適性」的發展，也能積極考量學生間的差異處境，這才是落實多元入學的精神。

關注偏鄉、低收入戶就夠了嗎？

臺灣社會對於教育不平等的關注日增，升學管道上開放了繁星入學的管道，個別大學也有針對社經地位或族群身分的弱勢學生開放獨立的申請入學，例如，臺灣大學的「希望入學」、清華大學的「旭日計畫」都秉持類似的精神。此外，為了彌補教育資源的城鄉差距，立法院也在二〇一七年底通過《偏遠地區學校教育發展條例》，透過寬列經費、彈性運用人事及提高教師福利等措施，來彌補偏鄉地區教育資源的不足，以保障偏鄉學童的受教權益。

然而，這些制度與措施的焦點經常集中在邊緣的社會範疇，例如低收入戶、偏鄉。媒體在討論高教入學機會的不平等時，也經常用「低收入戶」做為測量指標，但低收入戶畢竟只占了臺灣人口中的一%。用上述這些邊緣範疇來理解不平等，不僅在測量上失準，對於促進教育平等的解方，參考價值有限。如果只是將援助資源投入遙遠的偏鄉、提供額外招生名額給低收入戶子女，這些政策無法涵括在城市周遭、較不可見的弱勢家庭與子女。

教育不平等其實是**連續性的分布**。如本書所呈現，都市邊陲的學校，也就是既非偏鄉、也不夠都會的社區，其實面臨的教養挑戰更為險峻。中研院學者黃敏雄以數學成績來測量學習表現，發現城鄉差異未如大眾想像般持續擴大，反而是城市、鄉鎮、鄉村內部的學習差異更為顯著。大多數成績落後的學生，其實並不在偏鄉或鄉村，反而分布在城市與鄉鎮。[23]

此外，地區不平等與社經地位的不平等不宜混為一談。「繁星推薦」的入學管道被教育部視為平衡教育落差的制度槓桿。然而，如社會學者葉高華指出，來自高所得地區未必都出身於高社經地位家庭，都市裡的弱勢人口，在數量上其實比鄉下還多。同理，低所得地區也不是只有低社經地位家庭。繁星推薦制度主要以百花齊放、地區平等為原則，依此管道入學的學生其實還是有一半來自高所得地區，此外，由於每校只能推薦至多兩名學生，通常還是鄉下的高社經家庭子女容易脫穎而出。以中山大學來說，都會區的中低社經家庭子女，由於難以擠進明星高中，反而在社區高中獲得出頭的機會，容易得到繁星推薦。但是鄉下的高社經家庭子女，還是比都會區的低社經子女更容易經由繁星管道入學。[24]

我認為用來測量高教入學平等的較合宜指標應該是「第一代大學生」，也就是沒有接受高等教育的父母，其子女是否有機會進入大學就讀。但要打破階級不平等的世襲，升學管道的改革只做了半套，之前與之後都同樣重要。弱勢生入學後若未能得到相應的配套與額外協助，如學習指導或經濟補助，往往容易感到適應不良、更加挫折，或忙於打工、苦背學貸。

本研究呈現，教育不平等的再製，遠從大學入學前就開始了，要彌補家庭資源的落差，中小學教育現場的改革尤為重要。如果持續強化拔尖競爭、文憑主義等主流價值，不僅忽略了不同資質孩子的發展，也強化對弱勢家庭的漠視與排除。過去臺灣社會將「能力分班」視為全然負面的做法，擔心孩子被編入「放牛班」而失去教育機會，其實，需要打破的是將「會考試」等同於「有能力」，而非全盤否定「因材施教」的必要性。對於不同學習需求與狀況的孩子，學校應該提供分流的教育內容與方式，包括及早介入的學前教育、補救教學、改革技職教育等多元做法。25

實驗教育不是萬靈丹

體制教育框限了孩子成長的單一模式，另類教育提供了多軌發展的可能，能為資質與個性不同的孩子，提供彈性、開放的學習環境，呈現臺灣社會的民主精神及對多元價值的重視。然而，如果我們期待另類教育成為解決各種教育問題的萬靈丹，仍然是同樣想法的鏡像翻轉。

首先，不是每個家庭都適合實驗教育。「規劃自然成長」這條教養道路，有賴一定的階級資本優勢，並需要職場、社區、教育制度等周邊環境的配合，才能讓投身其中的家長不致受到高度時間擠壓，並得到足夠的社會支持。

其二，另類教育無法快速複製，不是每個學校都適合如此轉型。由於沒有課本與教案，老師需具備豐富的另類教學經驗與熱忱，教學方式亦需考量學生個別差異，若非小班小校，實難有效運作。由於另類學校的老師多缺乏國家認可的教師證照，薪資福利不如編制內教師，因而容易出現流動頻繁、教員不足的現象，或是由家長兼任老師。期待公立教育以有限資源大量推廣另類教育，可能出現許多非預期的困難。

第三，不是每個孩子都適合自學或另類教育。有些孩子在這樣的環境裡，得以自由發揮個性與才能，或按照自己的節奏溫柔學習。但我也訪談了一些離開另類學校的家庭，有孩子覺得課堂過於散漫、無法深入學習而感到挫折，有孩子過於被動，始終對學術課程缺乏學習動機。

最後，有人主張將國家的教育補助改為發送「教育券」(educational voucher)，讓家長能有更多自由選擇學校，不論是私立、另類或實驗教育。也就是說，政府把原來直接投入公立學校的教育經費折算後，直接發放給家庭或學生，他們憑教育券可自由選擇公立或私立學校就讀，不再受學區的限制，教育券可以折抵學費，學校依據收到的教育券跟政府兌換教育經費。這樣的制度設計，呼應新自由主義的邏輯，把選擇權交給父母，許多中上階級家長從而離開公立教育體系，或是造成私校的發展方向過於討好家長消費者的偏好。[26]對整體社會來說，勢將擠壓公立學校的資源與發展，讓沒有機會或能力「選擇」的家長更加弱勢。如何在平價可及的教育環境裡，創造尊重孩子的個別差異與多元發展的學習空間，並讓不同階級背景的家庭都能享受到這樣的機會，仍是改革的關鍵。

做弱勢家庭的夥伴，而非指導員

近年來幾件重大兒童虐待的案件，引起社會震驚與人民憤怒，除了呼籲建立更周全而有效的通報系統，許多人也督促國家應該更積極地透過親職教育、家庭輔導等國家介入所謂「高風險家庭」或「脆弱家庭」。

我雖然支持國家提供弱勢家庭在教養上更多的協力支持，但對於現行親職教育的做法，也有不少疑慮。如我們在第五章所看到，親職教育內容中傳授的教養指南，經常不自覺地以特定家庭型態為「標準」，例如，預設家中有一位專職或至少時間充分的照顧者（通常是母親），假定照顧者可以用本地語言有效溝通或能充分瞭解學校的教材內容，或是以核心家庭為預設，忽略代間、夫妻間可能衍生的做法衝突。這樣的教養腳本連中產雙薪家庭都可能感到力有未逮，更遑論單親家庭、隔代教養、新移民等非典型家庭。

如果我們不改變大環境，提供弱勢家庭貼近其生活處境的實際助力，只要求個別父母提升親職知能，未必能促進孩子福祉。針對教養資源與風格的階級落差，如果只要求父母去上教養課程，學校叮嚀家長要「每天唸故事書給小孩聽」，這未必能幫助弱勢父母提升「親職知能」，反而可能加重父母的日常壓力，甚至在社會常規的監控下「製造」了問題家庭。

讓弱勢家庭得以培力的有效計畫，必須由專業人員，包括護理師、社工、諮商師等，與家庭建立「夥伴關係」，透過定期家庭訪視，在瞭解弱勢家庭的具體處境後，幫助個別家庭改善健康、教養、情緒等狀況。國外有不少方案，如家庭教練計畫（family coach program）都是採取類似的做法，由於成本不低，難以大規模推動，但確實可以看到具體的成效。[27]

學校在安排學習活動或要求家長參與時，也應該避免以中產階級、異性戀父母、全職母親為原型來設計，否則容易強化社會排除的烙印，或忽略不同家庭的處境與需要。比方說，有些中產階級家長希望孩子能延後到校、提早下課。然而，弱勢家庭孩子反而需要更多在校時間，但這段時間不只是接受制式的功課輔導，而是讓他們有機會接觸更多元的課外活動與學習刺激。

更進一步，我們應該檢視學校文化與教學內容如何過度向中產階級家庭需求、白領工作文化傾斜，系統化地忽略或貶低勞工階級的職業技能、文化價值，從而讓教育現場變成階級不平等的發動機，以及讓弱勢學童留下階級傷痕的競技場。事實上，中產階級家庭可以從勞工階級的教養經驗學到許多，重新檢視、盤點教養益品的先後順序。有些中產階級家庭過度重視成績等外部益品，反而輕忽人格、生活能力等內部益品。例如，父母幫忙孩子完成大部分生活事務，甚至作業報告、入學申請書；當孩子未能完成功課、忘東忘西時，家長跟老師求情議價，為了避免影響孩子的學習或成績，卻也剝奪了孩子面對責任與承擔後果的機會。

我們的教育現場需要認可更多元的價值與文化。職業與生涯的想像不應集中在「唯有讀書高」，國際化的想像不應局限在先進經濟國；勞工階級的技能與經驗、新移民父母的族群與文化背景，都是課堂上寶貴的學習資源。這不僅可以幫助來自弱勢群體或另類家庭的孩子對抗社會歧視、建立正面認同，對於所有的孩子來說，接觸更多元的價值、文化與生活方式，都能強化自我覺察、培養同理心、開拓視野、學習合作。

做孩子的園丁，而非木工師傅

美國心理學家高普尼克（Alison Gopnik）用「園丁」與「木匠」來比喻兩種不同的教養風格。在傳統的「自然成長」風格中，照顧孩子像照顧一座花園，定期澆花施肥，給予充分的日照與安全的環境，由於大自然、風土、天候都充滿不確定性，開花與結實令人驚喜，也難以避免蟲害等意外。

當今的教養腳本期待父母扮演的角色愈來愈接近木工師傅，木工師傅在意的是精確與條理，企圖降低混亂與不確定。[28]我們心中已有規劃的藍圖，細心打造手中的作品，雖然父母懷抱的藍圖未必相同，有人覺得椅子堅固牢靠最重要，有人期望沙發有符合國際規格的審美與設計感。木工師傅的教養觀，呼應了前面提到的「選擇的親職邏輯」，將教養視為一個線性過程，父母在過程中企圖透過最合適的選擇，降低孩子生活中的不確定與不安全。

木工師傅的教養觀，使得許多臺灣的家長與老師相信以下學習的迷思：「早點讀、學得多，比較好。」華人的補習教育、傳統私校的教學模式，一直採取類似的原則。暑假補習先上秋季班的內容，孩子到時就能顯得從容，三年課程要在兩年半教完，最後的學期就能反覆演練。我們對於孩子的學習，偏重可用分數或證照評量的知識與技能，忽略與日常生活、人際關係或公民素養連結的態度與能力。

這些學習方式有什麼問題？表面上的學習優勢，其實可能造成日後的學習遲鈍。重複聽講與反覆演練，讓學習變得無趣，容易磨損孩子對知識的好奇心。過早以成人的專業框架做為模仿的標竿，阻礙他們自由跨越不同知識領域的邊界，反而限制好奇、創造與探索的心靈空間。

當父母們把教養視為保安策略，對於不安全有兩個理解的盲點。其一，傾向過度放大日常生活裡的風險，反而降低了孩子的免疫力或適應力。其二，我們必須記得，不安全已成為當今世界的常態。科技產業日新月異、全球經濟快速變遷，讓「鐵飯碗」與「安穩工作」成為神話。當下的生活我們無法全面掌控，未來的世界也難以預見，父母不可能為孩子**避免**風險，甚至也很難管**理**風險，更重要的是，讓孩子有能力**適應**風險。

讓我們做孩子的園丁，而非木工師傅。高普尼克說得很好：「當一個好父母，並非把小孩變成聰明、快樂或成功的大人，而是養出一個健康、適應力強、有彈性的孩子，去面對難以預料卻必須面對的未來世界。」[29]當孩子想要往特定的方向發展時，我們可以幫他搭個小支架，讓他爬得更有力；當颱風來襲時，我們提供暫時的避風網，讓他能喘口氣。但是，讓我們擁抱菜園裡的不安全與不確定，因為這些挑戰都是讓孩子成長的必要養分，給予他們嘗試、摸索與跌倒的機會，才能逐步打造自己人生的藍圖。

協力拉拔所有的孩子長大

「拉拔一個孩子長大，需要整個村落的力量。」（It takes a village to raise a child.）這句非洲諺語描述的「同村共養」的理想，其實對臺灣社會來說並不遙遠、陌生，許多人都在阿嬤、阿姨等親族成員的呵護下長大，許多放學後父母無法看顧的孩子，都曾在巷口麵店、鄰居客廳裡得到安全的庇蔭。當今的鄰里街坊或許不再聲息相聞、人情綿密，然而，為了減輕焦慮的父母和辛苦謀生的家庭的負擔，國家需要扮演更積極的角色，提供平價可及的公共托育、落實勞動權益保障、督促職場落實家庭友善的政策，以及改造教育制度與學習文化。此外，我們也需要建立跨越階級藩籬的公民網絡，來創造更多的相互依存，而不是回頭依賴個人化的保安策略。

舉例來說，因為擔心學校午餐的食物安全，有些母親天天自製便當，職業婦女甚至摸黑起床煮菜，其實非常辛苦。相對於這樣個人化的保安策略，有時間、有能力的父母若能參與監督學校午餐的食物來源、菜色安排與衛生條件，這樣的參與方式能創造更公眾、集體的福祉，而能讓所有的學生，不只是自己的孩子，分享到健康、營養、安全的食物。

除了傳統的家長會組織，父母們為了安排孩子的課外活動，如棒球隊、足球隊、樂團等，也形成了家長相互支持的網絡，同時讓成人有機會重溫成長的歡樂，甚至彌補童年的匱乏。近來也有更多元的家長團體、公民組織開始動了起來。例如，有許多家長組織成立親子共學平臺，舉辦平價的課程研習、親子活動，也透過團購等方式來實踐倫理消費、推動友善環境的生活方式。為了捍衛孩子們「遊戲的權利」，有中產階級媽媽們在各地成立倡議組織，如「公園適性發展聯盟」、「還我特色公園行動聯盟」，她們自主研習遊具安全相關法規、參考國內外遊具設計、積極介入相關規劃方案、陳情遊說政府單位，在都市中打造更有創意、安全、友善的公共遊戲空間。這些「揪團養小孩」的支持網絡，也可能成為公民行動的組織基地，創造社會的公共利益。二〇一八年的選舉中，便有一群媽媽成立「歐巴桑聯盟」投入競選，將母職的經驗與敏感度，轉化為改造政治的熱情。二〇一九年組成的「多元教育家長協會」，倡議落實性別平等教育，推動更多元與包容的校園文化。

根據社會學者熊瑞梅的調查，相對於其他東亞社會，臺灣民眾更有機會建立跨階級的人際網絡，對於非正式組織，如社團與社區，也有更高的信心與支持，展現了豐沛的社會力。[30] 活絡的公民社會，包括社區、教會、民間團體與非政府組織，是促進階級團結、陪伴弱勢家庭的重要力量。我們可以結合在地的學生、志工，推動陪伴青少年的「大哥哥」、「大姐姐」導師方案（mentoring program），也可以運用公共圖書館、美術館、社區活動中心等公共資源，提供活潑多元的課外活動，讓全人發展的教育資源，不會成為優勢家庭才有能力消費的市場財。

給孩子：你的爸媽不是你的爸媽

最後，我有些話想要告訴年輕的讀者。

我在大學裡教書快二十年了。這些年來，我看過許多在原生家庭中受苦的孩子。許多人的傷痕並非因為父母缺席或失職，反而來自父母的期待太高、介入太多、瞭解太少。不論透過權威恫嚇、切斷金援或情感勒索的方式，父母希望孩子就讀他們眼中理想的科系、從事比較安穩的職業、打扮得更接近主流的性別角色、結交更符合家人期待的婚配人選。

如果這本書可能提供這些孩子一些慰藉或啟發，我希望你能從中看到父母的焦慮與掙扎。在某個意義下，他們也是結構下的受害者，他們難以看穿市場販賣給他們的恐懼、不易擺脫成長過程中內化的社會期待，不知不覺中把愛變成焦慮與控制。

為人父母者，需要提醒自己「你的孩子不是你的孩子」，為人子女者，也要記得「你的爸媽不是你的爸媽」。我不贊同父母理所當然地要求孩子承擔感恩或回報的義務，但我也不認為子女有把父母無條件的呵護與支持當成天經地義的權利。照護的邏輯同樣適用於親子間的互動，孩子需要認知父母也是脆弱的、他們也有自己的人生與困頓。在不同的生命階段中，我們摸索照護彼此的方式、尋求相互滋養的可能。

如果你是家裡的第一代大學生，你應該感到非常驕傲，因為你的努力突破了結構的限制，而在成長的過程中，你也受到學校老師及其他社會的善意支持。雖然你可能曾面對更多的不安全與挑戰，但是，這些經驗培養出的韌性與彈性，在未來都會成為你人生裡重要的養分。

如果你是優勢家庭出身的孩子，看完這本書或許會驚覺：「啊，原來父母為我做了這麼多！」我們視為個人天賦或努力的成就，其實有許多建立在家庭出身的優勢。當然，我相信你自己一定也很努力，但有很多像我們一樣努力的人，他們並沒有類似的機運，因而在遇到某個瓶頸時滑落了。請你記得，形式上的「公平」，並不是實質的平等。

對於所謂「人生勝利組」來說，菁英資源和階級優勢提供了社會流動的入場券，但這樣的位置也構成視野的阻礙，讓我們看不見人們差別的處境與際遇。透過閱讀這本書，我希望讀者們能產生的是「同理心」，而非「同情心」，不是同情不幸、可憐弱勢，而是能透過分析與比較，「看穿」結構與社會不平等的作用，進而反思自身的經驗。在生態多元的菜園裡成長，我們才能欣欣共榮。

所有的父母們都曾是個孩子，現下的孩子們，也許有一天你會成為父母，或者，你會用其他的方式來共同拉拔下一代的孩子。透過這些傷痕、這些領悟，期待我們能成為更好的照護者，滋養自己，也扶持他人。

附錄一

從「照豬養」到「照書養」

一九五二年的兒童節，國民政府流亡到臺灣甫三年，《聯合報》社論絲毫沒有慶祝節日的歡愉氣氛，反而充滿憂國憂民的沉重感懷。文中批評有些父母學習傳自歐美的教養模式，「不明真諦，徒學皮毛，以致從童年就養成驕佚頑劣的習性」，呼籲為父母者「能以驕縱，溺愛，姑息為戒，而不忽略基本的童年教育」。文末更不忘呼籲反攻大陸的神聖使命：[1]

> 我們以萬分沉痛的心情，懷念大陸上的億萬兒童！他們在朱毛匪幫的血腥魔掌下，不祇已失去父母的慈愛，家庭的溫暖：和安心讀書的機會，而且被匪幫驅使成為鬥爭的工具……我們今日在復興基地的臺灣慶祝兒童節，必須不要忘記他們，並積極努力，加緊準備，早日反攻

> 大陸，拯救魔掌下的同胞和兒童！

到了一九八七年，臺灣歷經了民主化、政治解嚴，以及工業化、經濟起飛，慶祝兒童節的方式與氛圍出現了明顯的轉變。坊間商家紛紛推出各式各樣吸引「小小消費者」的促銷活動，《聯合報》社論呼籲成人對純真童年不宜過度干預，尊重兒童做為主體的地位：

> 兒童節原是一個具有特殊意義的、率真純摯的日子，但非常不幸的，也流為一種形式主義，而且把它塑造為一個大人模式的節日。因而，今天我們慶祝兒童節，基本上是要把這個節日「回歸」給兒童，「回歸」到兒童教育與福利上去。兒童什麼都不是，兒童就是兒童，要把兒童看作兒童。兒童教育就是兒童教育，絕不應是大人要兒童納入怎樣模型的教育。[2]

慶祝兒童節論述的改變，呈現了臺灣社會對於「童年」看法的變化：兒童從「國家未來的主人翁」，成為消費、教育、福利的主體，臺灣也從一個提倡節育計畫、積極控制人口的農業社會，轉變為面臨少子化的「國安危機」。「童年」的社會意象在不同歷史階段的臺灣出現了怎樣的變化？不同時期的教養論述與相關政策，指認出教養的主要「益品」為何？孩童成長容易暴露的「風險」與「不安全」來自何處？在上述看法下，怎樣的家庭與家長容易被貼上「不適任父母」的標籤，成為專家批評與國家介入的主要對象？

「國家未來主人翁」：反共復國與家庭計畫

在充斥反共宣傳與政治動員的一九五〇年代，養育兒童旨在於培養為國服務的生力軍。兒童首先是國家的兒童，才是家庭的兒童，孩子對於父母的孝順並不能超越對於國家的忠誠。一九五二年的《豐年》雜誌主張兒童節的意義在於「培養健全的小國民來組成富強的國家」[3]，有位母親在兒子為國殉職後說：「讓兒子為救國的事業犧牲，完成兒子的志願，才算真的愛他。」這位「空軍之母」被讚賞是值得全國母親效法的賢妻良母。[4]

為了訓練孩子成為未來的民族鬥士，五〇年代的兒童教育鼓吹要「引導兒童進入嚴肅規律的實際生活」[5]和「訓練服從」。[6]當時的兒童經常扮演勞動者的角色，不論是家庭外的有酬工作，或是家庭內的無酬勞動。《豐年》刊登了「職業兒童」的照片，包括擦自行車、擦皮鞋、拉三輪車、送報。[7]童工的處境，雖然顯得不幸，但被標榜是理想的楷模，能夠「自食其力、苦心上進，將來必定非常傑出」。[8]

在一九五一至一九六五年間，支持反共臺灣發展的關鍵力量，是高達美金一．五億元的美國援助，其中最具影響力的是從一九五四年開始推行的家庭計畫。美國之所以提供臺灣慷慨的經濟援助，有著地緣政治的重要考量：臺灣的社會穩定與經濟發展可以鞏固其「自由中國」的地位，以及美國在冷戰時期的利益。當時的美國人口學家呼籲政策執行者必須有效地控制第三世界的人口，以免因為社會發展遲滯而變成共產主義蔓延的溫床。[9]然而，蔣介石政權在初期相當反對節育政策，因為，國民黨政府若同意美國政策對於人口過多的診斷，就意味著承認中華民國的統治領土僅限於臺灣、沒有可能「收復大陸」。[10]提倡家庭計畫者因此被保守人士戴上「共產黨同路人」的紅色小帽。在這樣的政治氛圍裡，家庭計畫初期以非常低調的方式來推動，小心地以「婦幼衛生」和「孕前衛生」的名義來遮掩掩節育的推廣。[11]

在這個物質資源與衛生條件不佳的年代，生太多與養不活都是家庭面對最直接的威脅。在一九五二年的臺灣，每一千個嬰兒中有近四十五個會在一歲內過世，到了一九六〇年仍有三十五個會早逝。[12]人類學家南西・舍柏—休斯（Nancy Scheper-Hughes）研究巴西貧窮鄉下的母親，由於嬰兒死亡率過高，在孩子出生後，暫時不取名字，也不登記出生或死亡紀錄，以延緩親子情感連結，避免養不活時的過度悲傷。[13]農業臺灣的許多父母在嬰孩出生的頭幾年也經常不報戶口，甚至不取全名，因為不確定孩子是否能存活下來。在嬰兒存活率不高的狀況下，父母在懷孕、初生的前幾年，往往不會在孩子身上投入太多的情感關注，以避免猝死後有太多的傷痛。

一九六〇年代是推動家庭計畫的黃金時期，在美國機構的技術與經濟支援下，臺灣政府有組織地推廣避孕與節育，「兩個孩子恰恰好、一個孩子不算少」等口號倡導小家庭與兒童照護的正面關聯。許多雜誌文章討論大家庭的不幸，標題如：「孩子要好、不要多」、「孩子太多不是福」、「孩子多、痛苦多」。家庭計畫的文化宣傳鼓吹一種「摩登家庭」的形象，呼籲家長提供有品質的兒童照顧，並提升孩子的教育水平，並強調這些目標僅有二或三個小孩的家庭才有可能達成。

時任美國新聞處主席的許伯樂（Robert Sheeks），提議透過雜誌在臺灣鄉村傳播訊息與知識，這個構想獲得美國國會的支持，於是在一九五一年，農復會和美國新聞處聯合成立了豐年出版社，發行第一期雙週刊。美國新聞處堅持《豐年》要用雙語方式出版（一頁中文，一頁日文），好讓當時日文比中文好的臺灣農民可以閱讀。[14] 事實上，國民黨政權為了去殖民化，一九四六年後便禁止任何日文出版的讀物，《豐年》在美國老大哥支持下方能例外地以日文出版。[15] 雜誌內容除了推廣現代化的農業知識，也包括現代化的育兒知識。在公衛專家的眼中，造成臺灣嬰兒死亡率偏高的因素並不只是因為貧窮家庭的衛生條件、或是當時未能有效控制的諸多傳染病，農村父母的知識不足、甚至有有害的傳統育兒方式也是重要原因。《豐年》呼籲農村父母要放棄迷信的傳統（如相信有麻疹的兒童不能吃麵，也不能剃頭），應帶生病的小孩去看醫生、注射疫苗，而不是使用收驚、喝符水等民俗療法。[16]

當時媒體關切的兒童問題，不是教育或行為管教，而是更基本的衛生與健康，例如，《聯合報》在一九六五年指出四樣「兒童通病」，包括愛吃泥土、吮大拇指、啃指甲與尿床。[17]「科學化」的育兒知識，集中於飲食營養、家庭衛生與人身安全三大方面。飲食上，呼籲父母注重孩子的營養均衡，尤其是增加蛋白質的攝取。媒體也教導父母培養孩童正確的衛生、睡眠習慣，如何選購適當的玩具、如何保護兒童的牙齒、如何幫孩子買鞋等。安全上，則提醒父母注意環境中的危險，如不要追鐵牛車、在田梗上跑、射飛鏢等。提醒父母注意的兒童風險逐年有所轉變，反映出家庭生活與農耕方式的現代化，從火、針線、刀剪、熱水等，擴大到農藥、塑膠袋、殺蟲劑、化妝品、電器。

美援計畫透過衛生所的基層網絡，進入社區舉行家庭訪問或舉辦小型講座。衛生所的家訪工作計畫，規定必須有一半以上的家庭位於偏遠地區。[18]護理師、助產士、家政指導員等基層人員幾乎清一色是女性，指導的對象也是家庭中的母親。換言之，家庭計畫與家政教育伴隨著「農村現代化」的目標，希望透過改造農村母親的生養行為，追求現代中產階級為典範的家庭生活。

然而，農村母親的具體生活內容，與中產階級婦女有明顯的差異。前者鎮日忙於農活、畜養，還要砍柴、煮飯、洗衣，甚至挑菜販賣、出外打工。鮮少有專職的家庭主婦，也不像城市裡的職業婦女，可以請到保姆、幫傭的協助。農村父母經常將小孩獨留在家，或將幼兒交給較大的孩子或祖父母照顧，甚至自己揹著孩子下田。[19]臺灣在日治後期即有「農忙托兒所」的發展，戰後多未持續運行，直到一九五五年才恢復補助辦理，主要是配合農忙季節的臨時托育，機構托兒並不普遍。一九六二年開始，國民政府向聯合國兒童基金會（UNICEF）申請到部分經費，才逐步發展村里托兒所，包括訓練人員。[20]托育措施的普及，不僅是為了改善兒童生活，也是為了釋放農村人力，為下一階段臺灣的經濟發展提供了廉價的婦女勞動力。

家庭計畫引起的爭議，反映出兩種定位臺灣兒童的競逐看法。流亡到臺灣的國民黨政權，將兒童視為未來的戰鬥軍人，以協助其收復中國大陸；而美援支持的家庭計畫，則以實際治理的臺灣為範圍來評估人口控制，擔心人口過剩與貧窮問題，將促使下一代成為未來的共產黨。面對高嬰兒死亡率、衛生條件不佳等具體風險，這個階段首重的教養益品是「生得少」、「養得活」，讓孩子平安、健康地長大。低教育的農村家庭，被視為有問題的父母，成為節育避孕、衛生宣導、家政教育的主要對象。

「兒童劫」：戒嚴與工業化過程中的兒童保護

臺灣自一九六〇年代發展出口貿易，逐步打造「經濟奇蹟」，將臺灣從貧困帶往繁榮。隨著家庭計畫的推展、公共衛生的改善，臺灣兒童的出生率和死亡率明顯降低。總生育率由一九六〇年的五・六人，降至一九七〇年的四人、一九八〇年的二・五人。嬰兒死亡率也在一九七〇年降低到千分之十七，一九八〇年後更低於千分之十。[21]美援在一九六五年正式結束後，臺灣仍依賴許多國際非政府組織提供援助，然而，中華民國在一九七一年退出聯合國後，國際組織紛紛從臺灣退出，各項外援中止或逐步減少。兒童福利與資源受到莫大衝擊，改由臺灣政府全權編列預算與執行。一九七三年，也就是中華民國退出聯合國的兩年後，政府通過《兒童福利法》（之後合併更名為《兒童及少年福利與權益保障法》），以宣示聯合國兒童基金會撤出臺灣後，政府仍會持續投入兒童福利，但實際的保護措施與社福資源，在當時近乎闕如。[22]

在國家巨靈凌駕於個人生活的戒嚴時期，家庭教育與社會控制有密切關係。一九六七年政府開始積極推動「中華文化復興運動」，旨在與中國共產黨在同時推動的文化大革命分庭抗禮，以顯示中華民國為「正統中華文化」之代表，將政治宣示滲透到日常生活的道德管訓。一九七〇年代對於孩童的養育與照顧，主要集中在品德與行為的管教，旨在「培育成良好國民、為社會謀福」[23]。「國民生活須知」旨在培養有公德心的「現代公民」，例如出門不穿拖鞋睡衣、勿隨地大小便、乘車要讓座、路上撿到東西要交還失主或警察、打噴嚏要遮掩、流鼻涕要用衛生紙等等。《豐年》雜誌上也出現許多教導兒童儲蓄的文章，這是為了因應美援結束後國家發展所需的資金積累，政府在一九七〇年後推動「國民儲蓄運動」，在中小學倡導儲蓄習慣。

一九六〇年代中期開始，諸多雜誌文章批評時下的電影、書籍、漫畫充滿香豔或武俠內容，不宜兒童觀看，菸酒及不良場所等也不宜兒童涉足。[24]呼籲父母要為孩子選擇優良書籍、培養正當娛樂：「市面上有些灰、黃、打鬥、神怪的不良書刊或無聊的連環武俠圖畫，不宜孩子閱讀。」[25]「家長應告訴孩子不良書刊的壞處，多給孩子看科學、益智、民族英雄等振奮人心的故事。」[26]

這樣的兒童「保護」，意圖避免兒童暴露於「不良思想」、「不當內容」的危險，與戒嚴時期的圖書查禁政策有平行關係。國民黨政府查禁反動、左翼、附匪書刊，之後擴及「赤、黃、黑」三害書刊，包括一九五九年的暴雨專案，攻擊武俠小說是「共匪」、「附匪」作品。當時政府認為漫畫會影響兒童學習，以及誤導學生上山練劍，因此在一九六二年頒布《編印連環圖畫輔導辦法》（一九八七年始廢除），許多臺灣漫畫，甚至有圖的兒童讀物，因為沒有通過審查或無法支付審查費用（書價的四十倍）而無法正式出版。[27]

伴隨著都市中產階級的擴張，「科學持家」、「現代育兒」的論述，在一九七〇年代後透過國家、市場的力量逐步成長。當時的副總統謝東閔在一九七二年創辦「媽媽教室」，配合「社區發展工作」的政治動員，並由實踐專校編撰了十本一套的手冊。[28]一九七六年，臺灣第一本育兒雜誌《嬰兒與母親》發行，名譽發行人為被稱為臺灣婦產科之父的徐千田醫師，內容多由（男性）醫師的權威角度對懷孕保健、照顧新生兒等方面進行指導，替代了女人網絡間代代相傳的阿嬤育兒經。[29]

小學生的升學壓力在一九六八年推動九年義務教育後減輕許多，課後不再到老師家「惡性補習」，家庭內外的勞動義務也大幅減少，孩子因而有比較多的時間從事課外活動。組織性的課後活動到一九八〇年代成為較普遍的現象，除了依賴學校老師在課後提供補習的加強，市場規模的才藝班也在這個階段逐步成長。以英語學習來說，儘管在一九九〇年前尚無相關法令開放兒童英語補習班的設立，但在一九七七年便有報導指出臺北都會地區已有十幾家不顧禁令招生，幾家知名的連鎖兒童英語補習班（何嘉仁、佳音、科見）都在一九八〇年代初設立。[30]「不要讓孩子輸在起跑點」的說法開始出現，媒體描述兒童「才藝班趕場學習」，有如「發條兒童」。[31]

一九八〇年代的兒童節，出現日益增多的兒童消費報導，這個節日不再張貼國家口號，轉而浮現豐富商機。兒童開始成為市場的兒童，也就是「小小消費者」，媒體報導一方面召喚兒童的主體性來促進消費，例如遙控飛機的廣告宣稱要為孩子「尋找一片自己的天空」[32]，另一方面也視兒童為「缺乏選擇能力」、「需要保護的消費者」，呼籲社會注意玩具安全[33]，也號召父母在物質已經無虞匱乏的狀況下，應該更重視兒童藝文、文化學習、父母愛。

一九八四年兒童節的前夕，臺北市螢橋國小發生全國震驚的潑硫酸案。一名疑似有精神障礙的男士闖入教室，拿出一個裝滿硫酸的油漆罐，潑向正在上課的學童與老師，該男士隨後取出尖刀刺腹身亡。報端以「兒童劫」的標題來呼籲保護兒童安全的重要性。[34]一九八八年的陸正綁架案也被媒體大幅報導，這些備受矚目的新聞事件都強化家長的恐慌。

公共空間開始被視為充滿兒童風險之處，反映了社會生活與鄰里關係的結構變化。路上的車輛愈來愈多，馬路變成車禍頻生的「虎口」，孩子上學需要注意交通安全，才能「快快樂樂出門，平平安安回家」。都市化的趨勢讓鄰里關係變得疏離，「陌生人」變成需要提防的對象。許多父母開始接送小孩上下學，避免讓孩子走路回家，遭遇車禍、綁架的可能。學校與政府也耳提面命，甚至舉辦營隊，來訓練孩子面對公共場所潛藏的安全風險。都會地區的孩子，可以在戶外自由活動的空間因而大幅減少。

然而，即便孩子待在家中，也不被認為是絕對安全的。隨著女性就業、雙薪家庭的增加，變遷中的家庭形式如何影響兒童照顧，也引起許多討論。媒體使用「鑰匙兒童」、「空胃兒」（沒吃早餐）、「黃昏孤兒」等新興名詞來描述那些因為父母在外工作而疏於照顧的孩子。新聞報導宣稱，鑰匙兒童因為沒有父母的監護，容易成為綁架的對象，或滯留電動玩具店、成為問題青少年。「虐待兒童」的定義也逐漸擴大到包含疏忽、體罰，甚至「精神虐待」，如對孩子加諸太多學業表現或才藝發展的壓力。在臺灣快速工業化的數十年間，兒童保護企圖預防的風險，從不良腥羶文化與不當政治思想，轉變到公共場所潛藏的危險，甚至是家庭內部的忽略與壓力。兒童的脆弱性逐漸被放大，不僅是人身安全上的脆弱，也包括心理與情緒的脆弱。隨著「脆弱兒童」觀點逐漸普遍，社會菁英呼籲家長改變教養方式，並且要求國家介入教育的改革。

「現代兒童」與愛的教育

當夜晚來臨時，惡魔也活躍了起來，金錢魔、酒精魔、電腦魔、英文魔、鋼琴魔、提琴魔與漢堡魔等紛紛自山中出現，並呼喚出大邪神和怪獸，彼此共舞，然後，唸起魔咒，迷惑和控制了父母。這些惡魔，象徵著使傳統家庭蛻變到現代家庭的一種勢力，表達現代家庭盲從潮流而注定悲慘的命運……孩子們失去童年的歡愉，各個變成了電腦頭、提琴身，還背負著沉重的包袱，一支巨大的鑰匙伴隨著他們，成了鑰匙兒童，每天機械般的生活，使他們又饑又渴，卻得不到關懷與愛。[35]

上述場景是「環境劇團」在一九九〇年所製作的一齣舞臺劇，該劇體現了富裕社會中的黑暗童年。在一九九〇年代，所謂「現代兒童」或「新人類孩童症候群」的負面形象開始在媒體浮現，描述雙薪家庭中只有一或兩位的孩子，淪為物質主義和消費主義的受害者，例如以下這篇《中國時報》的報導：

現代人的親子溝通的「臍帶」，幾乎被切割得支離破碎。家長因為忙碌，無法深入孩子的童心世界，而只表達象徵性的關懷，這種蜻蜓點水式的關愛，促使家長自己也心懷愧疚，以致

> 不是在物質上刻意滿足孩子，就是在生活細節上過分地「代替服其勞」，使今日兒童變得重視享受、輕視勞動，有凡事坐享其成的心態……要改變孩子這些不良行為，最基本的，還是要從親子關係修正起。[36]

現代化被視為造成家庭疏離關係、孩子負面心理的風險源頭，而解決的根本出路在於改造親子關係與教養方式。一九八七年解嚴前後，臺灣的公民社會蓬勃發展，其中有許多人民團體與非政府組織致力於教育改革與親職教育，引進國外新興的教養理念或教育資源。例如，「信誼基金會」由旅日歸國的張杏如創辦，「毛毛蟲兒童哲學基金會」的楊茂秀博士，自一九八四年開始在臺灣推動兒童哲學教育。

影響教育改革甚巨的組織莫過於「人本教育基金會」(以下簡稱為人本)，一九八七成立協會，一九八九年轉立為基金會。人本教育的理念倡導者，批評主流學校文化承繼落後的中國傳統，以及學生必須服從教師的「封建權威」，主張建立「現代化的尊師重道關係」。[37]同時，人本也反對國民黨的威權統治，特別是政治審查和意識形態的控制。人本批評現有的教育課程，不但「摧毀了孩子的特殊天賦，更為社會塑造出一批批『規格統一如工廠產品』的國民」。[38]在追求民主化、挑戰威權的社會氛圍下，人本教育改革者主張學生在校應享有個人自由和民主權利的保障。

人本也積極投入親職教育的推廣，希望透過與家長的結盟來推動教育改革。與人本站在同一陣線的父母，主要是高學歷的中產階級，尤其是那些孩子在主流教育體系中受到處罰、排除或歧視的父母。自一九八八年五月起，人本在聯合報開始撰寫專欄「家庭與學校」，史英強調聯考與升學競爭不是「害了孩子」的禍首，要使「教育全面正常化」，必須改變父母的觀念與想法。[39]人本在全國各地開授親職教育課程，包含夜間課程和工作坊，教導家長如何成為「現代父母」，不只「學習聽孩子的需求」，也「學會如何『表達愛』」。[40]

呼應解嚴後的社會氛圍，「民主開明」的親子關係成為教養的新正統，「快樂童年」、「獨立思考」被看作重要的教養益品。兒童生活中面對的風險愈來愈多重且隱形，其中包括過重的課業壓力、權威的學校教育、不適任的父母教養。親職教育的推動者，視階級光譜的兩端為需要再教育的「不適任」家長。菁英家長被批評以物質財富過度保護其孩子，或是為了培養孩子的競爭力，給予過度壓力。勞工階級的父母可以陪伴小孩的時間卻有限，或是難以學習新的親職教養方式，以至於被批評無法跟上現代教養的步伐。

體罰過去被認為是父母管教子女紀律的一種正當方式，如中文諺語說「不打不成器」或「棒下出孝子」。臺灣的祖父母世代普遍使用體罰，如打手心、打屁股、罰跪等方式，親子關係強調地位尊卑，教育手段顯現出外控、他律的觀點，被學者稱之為「嚴酷教養」的教養傳統。[41]一九六〇、七〇年代的報紙已開始質疑家庭體罰的適當性，然而關切主要集中於這種手段並無法有效管教，反而會讓孩子與父母變得疏遠，呼籲「動口不動手」的處罰方式較能達到鼓勵學習的作用，這樣的說法具有當時流行的行為主義的色彩，例如下面這則報導：

> 對於孩子，不要用體罰。因此時期的孩子，自尊心很大，如果他功課不好，我們應當慢慢的來鼓勵他，你應該不厭其煩地鼓勵他，以求其進步，我想如此的方法，至終是會得到很好地效果，否則一遇到任性脾氣的孩子，使用體罰，不但教不好，而且還會變本加厲。愈發討厭書本了。[42]

一九九〇年代至今的相關論述則將重點從父母管教的效果轉變為孩子心智的保護，受到西方兒童心理學的影響，批評打罵教育即便可能有當下有效，但長期而言會「傷害」孩子的自尊心，造成孩子的「反叛、自我概念低落、自暴自棄」等負面心理效應。[43]換言之，體罰不再被看作「嚴格父母」的勤管嚴教，而是連結到不願學習新的育兒方式的「懶惰父母」。[44]

愛的教育（permissive parenting），這個自一九三〇年代以來在美國社會占據支配地位的育兒典範[45]，提供臺灣父母另類的文化模型。家庭生活的安排與養育孩子的方式變成以孩子的需求與滿足為中心，而不是考慮大人的需求與方便，然而，孩子的需求與滿足是什麼，父母要仰賴專家知識的詮釋方能有效瞭解。[46]因此，父母的角色從管教孩子的執行者，轉變為親職教育的接收者，父母需要學習新興觀念與方法，才能達成在劇烈變遷的社會中成功地撫養現代孩童的艱難任務。

在這個階段，兒童雖被看成需要保護的的脆弱幼苗，但兒童做為一個獨立於父母或國家的主體位置逐漸浮現。國家也通過許多重要的法令與制度，逐步確立兒童成為福利與權利主體的地位。兒童福利法雖然在一九七三年就已頒布，但要到一九九三年才通過有關保護受虐及受疏忽兒童的條文，包括制定通報、安置保護、監護權轉移等具體措施。一九九五年，《兒童及少年性交易防制條例》立法通過（後更名為《兒童及少年性剝削防制條例》），一九九八年，《家庭暴力防治法》擴及受虐待兒童之保護。一九九九年十一月兒童局正式成立，成為臺灣第一個中央兒童福利專責機關。

教育改革與實驗學校

教育改革與兒童人權在臺灣的推動，無疑受到西方教育理念的影響，然而，西方觀念與思想的引介與流通，相當程度基於臺灣社會在劇烈轉變的過程中，對於新興價值，包括家庭民主、代間平等、自由人權的嚮往。舉例來說，人本教育基金會在一九九〇年成立了「森林小學」，根據的典範是尼爾（A.S. Neil）在英國創辦的夏山學校。[47]這所全國第一的另類學校，吸引了不少嚮往自由教育風氣，又能負擔高額學費的進步家長，卻因為違反教育部尚未鬆綁的《私立學校法》，又興建於保護區違反《建築法》，引起許多社會爭議。當時的臺北市教育局長批評森小：「在教育思潮中屬於『浪漫派』的學校，的確給予兒童自由發展的空間，卻因為過於放任，錯失了孩子最寶貴的學習研究。」[48]西方教育理念與制度遭遇許多校長與老師的反彈，被批評只是移植未必適用於本土脈絡；體制內教育工作者也攻擊捧著海外博士學位的教改菁英，並不瞭解臺灣教育現場的實際狀況，規劃出的教育烏托邦其實建立在階級優勢之上。有一位學校老師在報紙投書，把人本的訴求比喻作「大學講壇上的柏拉圖」和「森林裡遠離俗世的貴族小學」。[49]

一九九四年四月十日動員的教育改造大遊行（又稱四一〇大遊行），集結了近十萬人上街，提出四項主要訴求：落實小班小校、廣設高中大學、推動教育現代化與制定教育基本法，希望減輕孩童的學習壓力，並提倡自由、人本和多元的教育。該行動向執政者展現了民間社會對於教育改革的熱切期盼，促成國家在同年底成立「行政院教育改革審議委員會」，由諾貝爾獎得主、中研院院長李遠哲率領，吸收許多改革派的意見，兩年後提出「總諮議報告書」。之後該審議委員會解散，改由行政院成立跨部會的「教改推動小組」，其後開放民編版的中小學教科書（一九九六），以學力測驗代替高中聯招（一九九八），公布《教育基本法》、鼓勵私人興學（一九九九）等。最重要的是，專科改制與新設大學，大幅提高了大專院校的錄取率；二〇〇二年開始實施大學多元入學方案，招生管道包含以申請、面試為機制的推薦甄試，讓入學競爭不再獨尊聯考。

中產階級家長持續推動教育體制的改革，除了保障家長參與、選擇教育的權利，也打開另類教育發展的制度空間。家長代表依法得出席校務會議和參與學校重要決策；透過「實驗教育三法」的修法，父母得以自由選擇適合孩子的教育方式，包括實驗學校、在家自學。[50]另類教育學校近年來在臺灣各地如雨後春筍般快速成長，在一九九二年時全國僅有一家實驗學校，到了二〇一八年已超過一百家，包括六十四家公辦公營、十家公辦民營、二十七家機構自學與三家私立學校。[51]其中，華德福是最受歡迎的系統，自從第一所華德福小學在臺設立後，至今已有超過二十家華德福學校，其中雖不乏學費不貲的私立學校與自學機構，但也有不少是政府補助的公辦學校（公營或民營）。[52]相較於主流學校多在少子化的趨勢中面臨招生不滿的危機，實驗學校因為吸引許多慕名而就讀的移居家庭，反而出現滿額、候補的情形。

臺灣的教改運動，雖然在教育鬆綁與人本教育的推動上有明顯的成果，但衍生了忽略社會正義的非意圖後果。社會學者何明修指出，人本教改推動者由於將抗爭目標定位在反對國家管制（教育是為了服務國家），不排斥以市場機制做為達成人本教育的手段，因此與主張自由放任的經濟學者結盟，提出「民間興學」、「發展私校特色」等方案來促成教育鬆綁。由於分配正義的議題在運動的訴求中被邊緣化，當國家接手教改成為官方宣示政策時，官員選擇了「便宜行事的新自由主義路線」，並未挑戰教育機會與資源的不平等分配，讓自由放任的市場措施加劇了階級不平等。[53]比方說，從教育解禁中獲益最多的，是有能力負擔昂貴學費、讓孩子就讀私立實驗學校的家庭。家長參與學校權利的擴大，只培力了特定的家長群體，特別是有全職媽媽的中產階級家庭。入學管道的開放，尤其是考量才藝表現、國際比賽等特殊資歷，可能對弱勢家庭孩子並不公平，多元入學被批評變成了「多錢入學」。

跟全世界的父母學教養

在少子化的年代，孩子成為更加珍貴的資產，也召喚父母投入更多的心力來保護與培育。親職教育不再是少數菁英父母的口號，而是透過國家、學校與媒體的推動，成為為人父母普遍相信有必要的學習。國家不再像戰後初期對個人與家庭進行強制、直接的管束，隨著新自由主義的發展，國家治理技術傾向透過制度與論述的誘導，期待個別公民負起責任來管理生活周遭的風險。[54]

相對於國家角色退隱到背景的監看，專家與媒體的影響力日趨重要，親職叢書與雜誌的銷售量大幅攀升，以因應焦慮不安、求知若渴的中產階級父母（尤其是母親）的需求，網路的普及更促進了育兒知識的快速傳播。社會學者曾凡慈用「發展律令」（developmental imperative）一詞來描述科學育兒與專家治理下的教養規範，課責家長要強化孩子的身心發展，以提升孩子當下與未來的福祉。[55]

教養書籍提供了一個經驗切片，讓我們考察怎樣的發展律令支配了當前的教養文化腳本。我們根據博客來網路書店二〇〇六至二〇一一年五年間的銷售排行榜進行統計分析，包括親職、教養為主題的暢銷書共九十二本[56]，我們將內容區分為以下五個類別：親職經驗、傳統教養、親子關係、人格培養，以及專家意見。

令人驚訝的是，「傳統教養」的暢銷書僅占兩成（十九本），指的是傳統華人父母較為關切的重點，包括智育能力的培養、發展「大腦潛能」、管教方法，或養出事業或學業成功孩子的國內外家長見證。[57]另外有十本書被歸類為「親職經驗」，作者多為在部落格上分享教養心得的母親（後成為親子作家），或是名人母親的教養札記。[58]

當代父母更熱衷閱讀的內容集中在如何培養良好的「親子關係」（二十三本），例如：與孩子溝通的「親子聊天術」、學習「零吼叫」、讚美孩子做為「親子教養最重要的一課」，透過說故事、看電影、一起下廚、闔家旅遊等「浪漫教養」方式，來建立親子互動與情感連結，這些書也呼籲不要強迫孩子、快樂學習的重要性。[59]

此外，有關孩子「人格培養」的書籍也受父母青睞（二十一本），強調培養孩子的品格特質、生活自理、獨立能力的重要性，父母應學習「放手讓孩子做」，以及重視孩子的生活教育（如做家事）。[60]

「專家意見」占據了臺灣的親子暢銷書籍的相當部分（二十四本），包括十本由教育專家、老師撰寫的教學經驗與心得，八本從醫療角度出發的科學育兒建議，以及四本對國外教育制度的介紹。專家的組成，也從早先階段的公共衛生、教育專家，進而轉變或擴展到小兒科醫生、心理諮商師，甚至精神科醫生。值得注意的是，這些從科學育兒角度論述的專家大多是男性，女性作者則更多分享個人的母職經驗與心得，即便在教養書這個以母親為主要讀者的領域，還是再現了知識權威的性別階序。[61]

不論書籍主題為何，臺灣的教養暢銷書明顯受到「國外思潮」的影響。九十二本書中有三分之一的書籍翻譯自英語或日語，有二十四本書是來自醫師、教師、科學家和教授的專家教養意見，另有十一本書是由旅居海外的臺灣父母所撰寫，介紹國外的教養觀點或教育經驗，或是自己孩子在國外求學、遊學的經驗。[62]

二〇一二年間野人出版社發行的一系列國際化育兒書籍，包括《德國媽媽這樣教自律》、《美國媽媽這樣教自信》、《日本媽媽這樣教負責》、《猶太媽媽這樣教思考》，在臺灣大為暢銷。[63]該系列叢書根據中國出版社編採撰寫的內容，由臺灣出版社重新潤寫、包裝出版。有趣的是，同系列叢書在中國銷售成績並不理想，反而在臺灣大為暢銷，彰顯了國外思潮對於臺灣教養論述的影響，以及臺灣父母面對日益競爭的全球化環境的焦慮。

當然，父母閱讀的親職書籍並不能等同於他們的親職理念或價值，更不能與養育子女的實際作為混為一談。暢銷親職書籍，反映出父母讀者所嚮往的理想規範、或好奇探究的新興知識，父母是否全盤接受、如何能有效履行，又是另外一個問題。更重要的是，會在博客來網頁上購書或訂購《親子天下》雜誌的讀者，往往具有階級、性別的偏誤，也就是以高教育的中產階級母親為主。雖然論述內容多使用中性的「家長」或「父母」為訴求，但其實絕大多數的教養工作仍落在母親肩上。

網路科技與社交媒體的發達，也讓「照臉書養」成為新的教養模式。根據學者林如萍在二〇一六年進行的調查，有七成以上的父母透過臉書「找到有用的教養資訊」或是「得到教養孩子的支持」，尤其是家有學齡前幼童者，更有超過八成五的人會透過臉書獲得教養資訊。相對於父親（六成），母親（八成）也更依賴社交科技媒體提供教養資訊或是母職支持網絡。該研究也跟美國的相關調查進行比較，發現臺灣的父母，相較於美國的父母，更認同使用數位科技有助教養孩子，但是也更擔心數位科技使用對子女可能造成的風險，臺灣配偶之間也較常在數位科技的使用上有不同的意見。[64]

社交媒體的使用也進一步強化了教養焦慮或母職焦慮。美國已有學者研究在社交平臺上「曬孩子」或「臉書曬娃」（sharenting）的現象，發現對自己要求愈高的新手媽媽愈愛發文，同時，這些認為自己必須「完美」的新手媽媽將臉友的「讚」或留言視為母職的重要評價指標，這些都讓母親更容易焦慮或憂鬱。[65]在臺灣，家長的Line群組，雖然便利資訊的流通與即時的互動，也往往成為相互模仿、評比的平臺，不僅變成家長（尤其是母親）的壓力來源，也經常造成家長、親師關係之間的緊張與衝突。

親職教育與高風險家庭

教養全球化的另一個影響，是基於保護兒童權利與福利，國家對親密關係與家庭生活進行監看與干預。仿效西方國家的類似做法，臺灣政府自一九九〇年代中後期開始推動家庭教育、輔導弱勢家庭、建立保護兒少體系。二〇〇四年發生數起震驚社會的兒童虐待案件，以及父母因貧窮所逼攜兒女燒炭自殺的社會新聞。監察院屢次提出對兒少機關的調查與糾正，對「家庭結構轉變」、「家庭照顧功能萎縮」表示憂心。除了強化兒虐通報系統，二〇〇五年後開始針對可能存在兒童風險的家庭處境預先介入，透過「高風險家庭」的監看網絡，來預防虐待、忽略或不當管教的發生。[66]

親職教育也在近十多年來逐步成為國家全面推動的政策。一九九六年，行政院的「教育改革總諮議報告書」中，將「強化家庭教育」列為終身學習社會之基礎主幹，並將制定《親職教育法》列為教育改革方案之優先推動項目。二〇〇三年正式施行《家庭教育法》，規定高中以下學校，每學年必須有四小時以上的家庭教育課程，各縣市教育局也應提供適婚男女至少四小時的婚前教育課程，以「培養正確的婚姻觀念、減少破碎家庭發生」。訂定此法的目的除了促進婚姻和諧，以降低日漸攀升的離婚率，另一個重點在於規範家長克盡教養責任、強化親職知能，以預防兒童虐待與青少年犯罪。二〇〇八年，當時的立委周守訓提案建議在《家庭教育法》中新增條款，要求子女在學校有重大違規的家長必須強制接受諮商與輔導，否則處以三千元到一萬五千元的罰鍰。這項提案得到教師團體的支持，但受到家長團體激烈批評，在立法院並未獲得通過。但二〇一一年仍修正了《家庭教育法》，改以「訪視」替代「罰鍰」。[67]這次修法也將「失婚教育」納入範圍，規定主管機關對於未婚的懷孕婦女，也應提供四小時的家庭教育課程。

國家對家庭輔導的積極介入，主要鎖定在社會弱勢家庭。[68]《兒童福利法》的一〇二條，要求虐待或忽略兒童的父母或其他照顧者必須接受四到五十小時的「親職教育輔導」。內政部在二〇〇五年進一步推動「高風險家庭關懷輔導處遇實施計畫」做為預防措施，包括社工、學校老師、保母、警察、大樓保全、移民署官員等人員，如果發現孩童處於高風險的家庭環境，都有通報的責任。「高風險家庭」的通報手冊描述以下可能的風險環境：一、家庭成員關係紊亂或家庭衝突。二、家中兒童少年之父母或主要照顧者從事特種行業或罹患精神疾病、酒癮藥癮並未就醫或未持續就醫。三、家中成員曾有自殺傾向或自殺紀錄者。四、因貧困、單親、隔代教養或其他不利因素。五、非自願性失業或重複失業者。六、負擔家計者死亡、出走、重病、入獄服刑等。

「高風險家庭」方案出臺之始便明確地定位為兒少保體系前端的「次級預防」，也就是說，它的服務對象是不符合兒少保護成案、但具有風險的特定「標的」家庭。因此，國家介入並不具備強制性，只能安排社工等專業人員進行關懷訪視，並且「辦理親職教育活動及增強父母或照顧者親職知能之服務」。學者批評此方案在實務層面的執行缺乏充分的制度資源，社工與非政府組織也認為「高風險」的界定過於模糊，以至於容易有錯誤通報、難以成案等情形。[69]

兒少保護案件的通報上也出現類似的情形。根據佘耕任的統計，二〇〇六到二〇一六年十年間，兒童虐待通報的案件人數成長將近三倍（二〇一〇年一年間便暴增九千件），然而最後成案的數量卻不增反減。這是由於地方政府與社工，受到監察院等單位的壓力，不得不採取所謂「卸責式」的浮濫通報策略。二〇一六年實際成案的兒少保護案件中，有超過兩成為「不當管教」的相關案件，社工在實務上要如何認定「身體虐待」與「不當管教」，有自由裁量的模糊空間。[70]佘漢儀的調查發現，階級與性別的偏見可能影響社工裁量的判斷，例如，社工容易將孩童受虐歸因為母親疏於照顧，因為預設育兒是母親的天職。低社經地位家庭的通報案例偏多，除了經濟資源與社區支持網絡的不足，也因為他們的家庭生活較容易被公共體系監控，當公權力介入時也較無力挑戰專業權威或保障自我權益。甚至，有心無力的低社經父母，必須被貼上「兒少疏忽」的必要標籤，才能換取公部門的相關協助。[71]

政府也建立了醫療的監看系統，及時偵測孩童的發展遲緩，來管理整體人口素質可能遭受的風險。一九九九年十一月內政部兒童局成立，開始辦理「發展遲緩兒童早期篩檢」，透過醫療院所、幼托園等多重管道，持續而密集地進行預檢。「早期療育」從身心障礙業務正式過渡為兒童福利業務，在每個地方縣市成立通報轉介中心與個案管理中心。現在幾乎所有年紀低於六歲的臺灣孩童都被整合進由幼稚園跟托育所的老師、小兒科醫師與護士、社工還有家長共同構成的監控網絡。

這些家父長式、立意良善的測量方法，可能在日常生活中產生社會標籤與歧視。衛生署二〇〇四年的「兒童發展聯合評估綜合報告書」中，將「心理社會環境」正式視為發展遲緩「病因」之一，除了兒童疏忽與虐待，包括照顧人力不足、過度保護、期待過高、刺激不足、親職技巧不足、親子關係緊張等都被認為是影響兒童發展的問題教養。根據曾凡慈的研究，許多早療研究或醫療人員會以「父母社經地位低」、「未成年父母」、「單親家庭」、「隔代教養」、「外籍配偶」等家庭特徵，做為預測孩子可能落入發展遲緩的指標。[72] 親職教育、家庭輔導等國家介入，雖然旨在保護弱勢兒童，卻可能間接造成了將弱勢或非典型家庭「問題化」的效果。

附錄二

受訪個案數量與特性分布

學校	私立小學	天龍國小	田園國小	河岸國小	海濱國小
受訪戶數	10	13	17	11	7
受訪人數	12	18	29	16	13
性別	母9 父3	母11 父6 祖父1	母17 父12	母11 父3 祖母2	母5 父5 祖母3
家庭型態	雙親10	雙親12 單親1	雙親17	雙親9 單親2	雙親3 單親4 隔代教養2
祖父母	同住2 核心家庭8	同住5 鄰居3 核心家庭5	鄰居1 核心家庭16	同住5 鄰居3 核心家庭3	同住8 核心家庭0
單薪／雙薪	全職母親9 雙薪家庭1	雙薪家庭9 全職母親3 單薪母親1	全職母親11 雙薪家庭6	雙薪家庭7 全職母親2 單薪父親2	雙薪家庭2 單薪父親2 單薪母親2 祖父母收入1
新移民母親	無	中國1	無	中國1 泰國1	中國1 越南1 柬埔寨1
大學／專及以上*	父10 母10	父10 母10	父16 母14	父2 母2**	無
高中職*		父3 母3**	父1*** 母2***	父6 母6	父3 母1
國中*		無	父1 母1**	父3 母3	父2 母2
小學*		無	無	無	父1 母3 不詳2****

* 教育程度的統計，包含該戶中未受訪或已離婚的父母成員，不含祖父母。

** 天龍國小有三戶（新移民母親單親、高中畢業；另外兩戶父母均為高中職）在統計中被界定為勞工階級，田園國小也有一戶（父母為國中畢業）被界定為勞工階級，河岸國小則有兩戶在統計被界定為中產階級（父母為大學或大專畢業）。

*** 有三戶田園國小家庭父母中僅有一位為高中職畢業，另一位為大學學歷，因此統計上列為中產階級。

**** 該家庭父親入獄、母親離婚，擔任主要照顧者的阿嬤是繼母，不確知父母的教育程度。

65 Schoppe-Sullivan et al. 2017。

66 佘耕任2017。

67 新增條文為「高中以下學校學生，如果有重大違規或特殊行為，校方應通知其家長或監護人，並提供家庭教育諮商或輔導課程；而被通知參加諮商、輔導課程者，若經書面通知三次以上仍沒有出席，主管機關可委託家庭教育中心等機構進行訪視。」

68 2002年1月行政院函請立法院審議《家庭教育法》草案時，其提案書說明立法理由為：「為使推動家庭教育之工作有其法律依據，並整合各級政府、民間團體、學校教育及專責機構之功能，積極提升國民家庭教育之知能，進而安定社會秩序，促進社會和諧。」當時的教育部長黃榮村在立法院舉出單親、原住民、隔代教養、離婚、家暴等統計數字的增長來說明家庭教育的重要：「之所以要制定家庭教育法，主要是因為資料顯示目前家庭功能不彰，有待好好發揮……至於少年刑事案件的犯罪原因，家庭因素占百分之五；少年暨兒童保護事件的保護原因中，也有百分之五十是家庭因素造成的。站在事先預防的觀點，如果能夠有效預防的話，應該可以大量減低家庭功能不彰所帶來的困擾，所以家庭教育法的存在有其必要性存在。」（資料來源：立法院公報，2002，第92卷第5期（3279）院會紀錄。出版日期：2002年1月15日。）

69 佘漢儀2014。

70 佘耕任（2017）的碩士論文訪談了多名兒少保社工，深入呈現他們的家庭背景（原生家庭是否有體罰）、組織脈絡（專業認同與官僚理性），以及家長的社經背景都會影響他們認定「不當管教」的成案決策。

71 佘漢儀2012：1、36、49。

72 曾凡慈（2010）的博士論文對於臺灣早期療育的論述轉變、立法過程有相當詳細的討論。

們的孩子為什麼變成小皇帝》，四本為養出成功子女的父母見證，如老比爾・蓋茲、瑪麗・安・麥欽（2010）《比爾・蓋茲是這樣教出來的》、梁旅珠（2011）《教出錄取哈佛、史丹佛七大名校女兒的教養祕笈》。

58 「親職經驗」作家如蔡穎卿、番紅花，名人的教養札記，如沈春華，由於探討主題比較廣泛，無法細分為後面的分類。

59 例如，陳安儀（2010）《窩心！父母最想知道的親子聊天術！》、Happy Mommy 親子工作坊、劉暢（2011）《親子教養最重要的一課：讚賞》、明橋大二（2008）《這樣說，教出令人稱羨的孩子》、郝愛德・朗寇（2008）《Cool學：「零吼叫」養出乖寶貝》、明橋大二（2011）《這樣讚美與責備，孩子知道你愛他》、張大光（2010）《不教孩子、只說故事：創意故事教養絕招》、李偉文（2008）《教養可以這麼浪漫》、謝淑美（2008）《荳芽・不上安親班》。

60 例如，洪蘭（2008）《通情達理：品格決定未來》、楊俐容（2013）《情緒教養，從家庭開始》、汪培珽（2011）《真的放手讓你飛》、番紅花（2011）《從陪伴到獨立的教養6堂課》、多娜・珍納特（2006）《六個步驟輕鬆教孩子把自己的事做好》。

61 我感謝一位匿名審查人對此的提醒。

62 例如，林奐均（2006）著、久居排行榜的《百歲醫師教我的育兒寶典》、作家簡媜（2007）所寫的《老師的十二樣見面禮——一個小男孩的美國遊學誌》、旅居芬蘭的陳之華（2013）寫的《沒有資優班，珍視每個孩子的芬蘭教育》。

63 臺灣的野人出版社將原稿重新包裝（改寫書名、整理標題）後出版，成績最佳的《德國媽媽這樣教自律》在臺銷售超過八萬本。看到臺灣銷售成績後，中國出版社向野人出版社購買書名與封面的設計，重新在中國發行，但銷售量仍不如臺灣。訪談野人出版社總編輯張瑩瑩，2014年11月6日。

64 林如萍（2016）調查臺灣家庭使用數位科技與社群媒體的經驗，並與美國資料進行比較，包括Pew Research Center委託的父母與社交媒體的相關調查（Duggan et al. 2015）以及西北大學媒體與人類發展中心執行的數位科技時代的教養調查（Wartella et al. 2013）。超過四成的臺灣受訪者認同使用數位科技有助教養孩子，美國不到三成；擔心子女使用手機／電腦上癮者，臺灣超過六成，美國不到四成；四分之一的臺灣受訪者表示，配偶在數位科技的使用上經常意見不同者，美國則為不到五分之一。

48　《聯合報》，1989，〈設立森林小學好不好？各說各話〉，胡玉立著。第14版，10月28日。

49　《聯合報》，1993，〈在閃避學生老大擲來的課本時教師不願成為驕傲的砲灰〉，林穆明著。第11版，4月3日。

50　1999年《教育基本法》第八條明訂:「國民教育階段內，家長負有輔導子女之責任；並得為其子女之最佳福祉，依法律選擇受教育之方式、型態及參與學校教育事務之權利。」1999年立法院修訂《國民教育法》，讓父母可以選擇在家自學。2014年11月立法院院會三讀通過《實驗教育》三法中的「學校型態實驗教育實施條例」、「高級中等以下教育階段非學校型態實驗教育實施條例」，未來在家自學將有法源依據，各中小學可自辦實驗教育。

51　根據《親子天下》2018年3月號公布的調查資料，全國共有一百七十七家機構與團體的實驗學校，此數字包含七十三個自學團體。

52　以最具規模的華德福中系統來說，先不論幼稚園，目前全國有一間小學（雲林潮厝）、三間九年制中小學（桃園仁美、臺中磊川、臺中豐樂／大地）與一間十二年制學校（宜蘭慈心）。其中，雲林潮厝為公辦公營，宜蘭慈心為公辦民營，其餘為私立學校。臺中磊川於2014年開始招收高中部。另外還有若干實驗班（雲林麥寮高中、雲林山峰國小）與家長共學方式興辦的自學團體（臺北史代納學校、新竹柯子湖／照海小學、臺中海聲／善美真中小學、高雄中崙國小）。

53　何明修2011。最明顯的例子是，410遊行當天，僅用「教育現代化」的口號來籠統地涵括關於資源重分配及社會不平等等議題，包括「落實原住民、殘障、工農子弟等族群之主體性教育」以及「大量提供無條件助學貸款」。

54　曾凡慈2010。

55　曾凡慈（2018）研究的是主要是嬰幼兒或早期童年，她歸納出的四個主要發展律令包括：情感依附、社會適應、大腦潛能與正常性。

56　此母數根據博客來網路上公布的「親子教養」類季排行榜的前二十名，扣除重複入榜、以及與教養較無直接相關的書籍（如兒童故事書）。

57　八本著重孩子的智育能力，如汪培珽（2007）《培養孩子的英文耳朵》、洪蘭（2009）《讓孩子的大腦動起來》，七本有關管教的方式，如湯姆斯．費朗（2013）《我數到3ㄛ！：三招讓你成功教出有規矩的孩子》、麥可．溫特霍夫（2011）《我

33 《聯合報》，1983，〈消費者之聲：兒童玩具不好玩〉。第12版，4月4日。

34 《聯合報》，1984，〈兒童「劫」〉。第05版，4月4日。

35 《聯合報》，1990，〈社會探微／保護兒童篇〉現代的孩子真可憐……電腦頭提琴身小小心靈被折磨〉，李怡男著。第15版，2月19日。

36 《中國時報》，1991，〈新人類孩童症候群〉，稅素芃著。5月27日。類似報導內容也見中國時報，1991，〈臺灣小霸王要什麼野？〉，汪詠黛著。11月28日。

37 《聯合報》，1988，〈現代「東家」道的傳人師生「定位」新的教育〉。第14版，9月29日。

38 《聯合報》，1988，〈老師，我不是壞孩子！〉，陳佩周著。第13版，5月5日。

39 《聯合報》，1988，〈聯考不是禍首〉，史英著。第13版，5月16日。

40 《聯合報》，1996，〈危險的教養關係爸媽請停止有害的愛爸媽須知愛需要知識與努力〉，曾清嫣著。第43版，10月13日。

41 吳齊殷、高美英1997；林文瑛、王震武1995。

42 《聯合報》，1965，〈怎樣提高孩童讀書的興趣〉，吳淑真著。第05版，10月25日。也見《聯合報》，1953，〈春風化雨·澤被後生〉，何瑟著。第04版，9月28日；《聯合報》，1971，〈瞭解與教育子女〉，鄭麗著。第09版，12月31日。

43 《親子天下》，2009，〈家庭篇—好規矩養成計畫〉，陳念怡著。第6期，6月。頁159-160。

44 《聯合報》，1976，〈不要體罰孩子〉，何麗美著。第06版，7月21日。

45 Stearns 2003。

46 Hays 1996：45。

47 尼爾的書（英文書名為Summerhill: A Radical Approach to Education），其實早在1965年就由旅居紐約的王克難翻譯成中文，在臺灣出版，初譯書名為《愛的學校—兒童教育新法》（立志出版），但此書當時乏人問津，出版社不久也倒閉。此書埋了二十年後才在日益活絡的臺灣民間社會中發芽長大，直到1984年才被重新校閱，由遠流出版《夏山學校》，此書非常暢銷，成為教改人士的聖經，至今再版超過三十次，坊間也出版了許多與夏山學校相關的書籍。這段翻譯始末參見賴慈芸部落格「翻譯偵探事務所」。網址：http://tysharon.blogspot.tw/2013/04/blog-post_6825.html（檢索日期：2014/11/25）。

14　在日本統治結束後，初級義務教育已經廣泛實行（1944年已達71%）（徐南號1993：109），但中文的不識字率（在六歲及以上人口當中）在1952年仍有42%（龍冠海1968：7）。

15　王文浴2011。

16　《豐年》，1956，〈兒童流行病百日咳〉。第6卷22期，11月16日；《豐年》，1955，〈疹後孩子的護理〉。第5卷13期，7月1日；《豐年》，1956，〈孩子不要剃光頭〉，蘭茜著。第6卷20期，10月16日；《豐年》，1956，〈當你的孩子有病的時候〉，應鎮清著。第6卷19期，10月1日。

17　《聯合報》，1965，〈如何應付兒童的幾樣通病〉，平丹著。第05版，3月15日。

18　郭文華1998。

19　《豐年》，1977，〈如何管教農村兒童？〉，禾官著。第27卷10期，5月16日。

20　莊韻親 2009。

21　資料出處同注12。

22　余漢儀 1991。

23　《臺灣婦女》，1977，〈家庭教育與父母職責〉，胡張瓊月著。第224期，5月。

24　1970年教育部通令禁止中小學生吸菸，公布「禁止青少年涉足妨害身心健康場所辦法實施細則」

25　《豐年》，1975，〈引導孩子閱讀有益書刊〉，楊照雄著。第25卷6期，3月16日。

26　《豐年》，1968，〈幫助孩子選故事書〉，正言著。第18卷11期，6月1日。

27　《聯合報》，1969，〈連環畫輔導株連無辜〉，何凡著。第09版，4月14日。

28　手冊內容包括「舒適的住宅」、「整潔的衣服」、「食物與營養」、「用電常識」、「家庭生活管理」、「家庭財務管理」、「等待嬰兒的誕生」、「嬰兒第一年」、「扶助孩子成長」、「家庭計畫的實施」等十冊。

29　李芳瑾2007：頁43-45。

30　簡郁芳2006。

31　《聯合報》，1982，〈發條兒童才藝班中趕場學習揠苗助長問題叢叢〉。第07版，12月27日。

32　《聯合報》，1981，〈快樂兒童節：尋找一片自己的天空，大家來玩模型飛機〉。第12版，4月4日。

26 根據Doepke and Zilibotti（2019：Kindle book 296-297），瑞典在1990年代開始發送教育券後，私立學校、獨立學校大幅增加，由於瑞典的社會平等、競爭不激烈，這些學校為了爭取家長偏好，多提供以遊戲為主的寬鬆課程，對於學生的學習成效造成負面的影響。

27 Ayton and Joss 2016。

28 Gopnik 2018。

29 同上：頁31。

30 熊瑞梅2014。臺灣民眾參與社團的比例雖遠低於日本、韓國（宗教團體除外），但對鄰居與社區支持的信心遠高於日韓。臺灣民眾雖然對政府的信任偏低，但對於非正式組織，如社團與社區充滿關懷與支持。

附錄一

1 《聯合報》，1952，〈重視兒童的教育撫養工作〉。第01版，4月4日。

2 《聯合報》，1987，〈回歸〉。第03版，4月4日。

3 《豐年》，1952，〈兒童節〉。第2卷7期，4月1日。

4 《豐年》，1952，〈空軍之母〉。第2卷10期，5月15日。

5 《豐年》，1952，〈中國童子軍〉。第2卷5期，3月1日。

6 《豐年》，1952，〈兒童服從問題〉。第2卷24期，12月15日。

7 《豐年》，1952，〈職業兒童〉。第2卷7期，4月1日。

8 《豐年》，1951，〈勤苦學生的副業〉。第1卷5期，9月15日。

9 Huang 2016。

10 蔡宏政2007。

11 陳肇男、孫得雄、李棟明2003。

12 根據衛生福利部資料，嬰兒死亡率（IMR）統計在1952年為44.71‰，1960年為34.99。網址：https://dep.mohw.gov.tw/DOS/lp-3457-113.html（檢索日期：2019/4/30）。

13 Scheper-Hughes 1993。

4 Hall 1992；Lamont 1992。

5 Nelson 2010。

6 Gross-Loh 2014; Tavangar 2009。

7 Calson et al. 2017；Weenink 2008。

8 Bellafante 2006。

9 教育社會學的重要文獻討論可參見黃庭康2018。

10 Lareau 2015。

11 李雪莉、簡永達2018：120-121。

12 沈暉智、林明仁2018。臺大學生的家戶所得中位數（約156萬）與所有註冊學生的家戶所得中位數（86萬）的差距將近兩倍，資產中位數的差異（1350萬）也遠大於所有註冊學生的中位數（530萬）。

13 葉馥瑢2016。

14 譚康榮2004。

15 Yi et al. 2009；范綱華2012。

16 Reich 2014。

17 Naftali 2009。

18 Mackendrick 2014；Reich 2014；梁莉芳 2018。

19 Mol 2018：116、137、163。我感謝吳嘉苓的贈書與推薦。

20 駱明慶 2002。

21 校務資料包括歷年新生入學時填寫的資料，由於其中沒有家庭背景與所得等資料，這些分析只能將學生戶籍地區分為「高所得」、「中所得」或「低所得」等地區，並以城鎮化程度來推估家庭社經地位（李浩仲等2016、陳婉琪2016、駱明慶2018）。

22 葉高華2018。

23 黃敏雄2015。也可參考研之有物，〈從資料分析，看見「社會不平等」的根源——家庭與學校教育〉。網址：http://research.sinica.edu.tw/math-education-huang-min-hsiung/（檢索日期：2018/12/18）。

24 葉高華2018。

25 參見許添明、葉珍玲2015；李雪莉、簡永達2018；曾世杰2018。

18 Kussero 2004。

第七章

1 Harvey 1989。

2 這樣的狀況與女性移工出國工作，面對孩子即外界指責其拋下孩子的敘事策略非常類似（Hondagneu-Sotelo1997, Parrenas 2001）。

3 Lan 2008；藍佩嘉2009。

4 唐文慧與王宏仁（2011）用「夫枷」與「國枷」來描述跨國婚姻的特殊家暴體制，受暴女性不僅遭受丈夫的暴力捆綁，還面對國家體制的結構性暴力；跨國婚姻中家庭暴力的發生，不單純是施暴丈夫個人的問題，也因為臺灣的國族論述與傳統性別分工強化了臺灣丈夫的男性優越感。

5 移民女性在日常生活中其實發展出各式的抵抗策略，來與父權家庭討價還價。有些人透過偷吃避孕藥、偷偷墮胎的方式來延緩夫家要求生小孩的壓力，或是要脅帶小孩離開臺灣、搬回娘家，來替自己爭取夫家中的地位與權力（沈倖如2003）。

6 八個孩子中，半數家裡有電腦，使用者為念國高中的表兄弟姐妹，或是較為年輕的父親。我們研究當時（2011年），平價智慧型手機還不是很普遍，現在海濱國小的孩子應該享有更多數位上網的管道。

7 結論章會討論到相關政策，如「繁星入學」計畫便經常將兩者混為一談。

8 陳如涵2010。

結論

1 Bourdieu 1990。

2 圖二與本節部分內容已發表於藍佩嘉2014。

3 Teo 2018。

第六章

1 寒暑假則會有校外業者提供比較多元的活動，如街舞、圍棋、畫畫、吉他、美術、太鼓、溜冰、直排輪、劍道、扯鈴等。

2 張建成、陳珊華2006。

3 肖索未、蔡永芳（2014）研究北京農民工家庭的育兒，反省到研究者多傾向用中產階級中心的「教育」觀點來理解兒童撫養，從而用負面的方式看待勞工家庭「將兒童活動嵌入家庭生活」之中的樣態：父母對家庭成員的需求互相協調，孩子的需求是家庭決策的一部分，但不是絕對的優先。

4 Bourdieu 1984

5 Gills 2005。

6 由於爸爸工作過於忙碌，也或許因為他不善言辭、不習慣與陌生人接觸，我們最終還是未能跟他約到正式訪問。

7 Pugh 2009，不過她並沒有提及成人對自己的消費。

8 Willis 2018。

9 鄭英傑2017。

10 Griffith and Smith 2007; Lareau 2003; Shih 2010。

11 石易平（Shih 2010）延伸文化社會學者有關「文化雜食」的討論來描述教養，原文為univore cultivation、omnivore cultivation。

12 Lareau 2000。

13 熊瑞梅（2014）比較東亞其他國家的調查資料發現，不分階級的臺灣民眾觸及的人脈多元而異質，其中認識高職業聲望位置者（如大學教授、律師、老師、人事主管）的比例，遠高於其他東亞國家。

14 Rondini 2016; Sennett and Cobb 1972。

15 謝宇修2018。向上流動的子女經常經歷Bourdieu所說的階級慣習的切割（habitus clivé），受制於先前慣習而在新的階級場域感到格格不入、疏離不自在、冒牌焦慮，甚至對於原生家庭感到罪惡感（Friedman 2014）。

16 Calarco 2018。

17 Reay 2017: 4452, Kindle。

22　林慧芬（2013）與楊賀凱（2009）的問卷調查都發現，父母的教育程度高低與其使用體罰的傾向沒有顯著的差異，其「體罰」的定義涵括罰站、罰跪。

23　張建成、陳珊華2006。

24　行為經濟學家從認知的角度分析貧窮的心理過程：由於認知頻寬有限，經濟資源的短缺會限制人們的注意力，進而影響其思考與自我控制（Bertrand at al. 2004）。中產階級面臨的認知資源限制，則來自時間的短缺，見第一章的討論。

25　在我們觀察中，不分父母都有實施體罰，但仍有某種程度的性別分工，多以父親為主要執行者。問卷調查研究發現，藍領職業的父親在教養價值上偏好服從、而非自主，然而在勞工階級的母親方面並沒有顯著影響，顯示母親的教養方式較為彈性（Shih and Yi 2013）。

26　根據內政統計通報，2016年全國離婚對數占有偶對數比率為10.13 ，夫妻雙方均原為本國籍者之比率（8.98 ），低於台外聯姻之比率（20.90 ）。其中，與中港澳聯姻者的離婚率為18.12 、與東南亞聯姻者為26.24 。但跨國婚姻的離婚率近十年已有下降，與中港澳聯姻者由25.70 下降至18.12；與東南亞聯姻者則由31.16 降至26.24 。網址：https://www.moi.gov.tw/stat/node.aspx?cate_sn=-1&belong_sn=5514&sn=6488（檢索日期：2019/4/30）。

27　Friedman 2015: 214, n6。

28　Lan 2018。

29　地方政府及非政府組織為新移民所開設的「生活適應」或職業培訓課程，通常包含中文課、中式料理、美容、基礎電腦技能的職業訓練，其他諸如政治權利、社群參與，以及創業技能等更廣泛的主題被排除在課程之外（Wang and Belanger 2008; Wu 2014）。Friedman（2015: 145）稱此預設為「依賴模型」（dependence model）。

30　吳秀照2004。

31　Kymlicka 2012: 11

32　「微歧視」（micro-aggression）指的是日常生活中有許多透過口語或非口語的方式，無論是有意或無意的，針對邊緣化的群體表達流露敵意或貶低。

13 邱琡雯2003。

14 受暴的新移民女性在與國家求助過程中面臨種種結構困境，不只因為她們缺乏人脈、語言與資訊，難以求援或舉證；專業人士，包括社工員、醫療專家、法官等，也經常帶著階級與國族的偏見（唐文慧、王宏仁2011）。

15 由於整體生育率下降，中小學生員的總數已經從九十四學年的278萬，下降到一〇六學年的180萬。其中，新二代子女的數量從600258人成長到181301人，比例也從2.17% 成長到10.07%。但就讀中小學的新二代人數其實是在一〇三學年度達到高峰，人數為212057人，比例占該年生員的10.31%。資料來源：教育部統計處，〈歷年校數,教師,職員,班級,學生及畢業生數（57—106學年度）〉、〈新住民子女就讀國中小人數統計（94—106 學年度）〉。網址：https://depart.moe.edu.tw/ed4500/cp.aspx?n=1B58E0B736635285&s=D04C74553DB60CAD（檢索日期：2018/12/18）

16 學者研究已駁斥移民母親生育子女比本國婦女數量偏高、品質偏弱的揣測。例如，楊靜利等（2012）發現，如果把結婚年數考慮進來，移民女性的生育率不但不高，還低於臺灣有偶婦女的生育水準。只是因為移民女性較早生育，本國有偶女性較晚生育，也有許多女性不進入婚姻或生育，因而彰顯出移民母親的相對生育率。其次，國民健康局的新生兒健康調查資料顯示，死產、體重過低、早產、剖腹生產、先天缺陷等現象的新生兒，本地母親發生的比例其實高於移民母親。

17 2005至2007年間，衛生署每年編列預算鼓勵移民母親少生，只要避孕與結紮，就可比照「優生保健措施減免或補助費用辦法」第四條，與患有精神疾病、有礙優生疾病與身心障礙、低收入戶家庭，同樣獲得政府的補貼（行政院衛生署國民健康局2005，引自楊靜利等2012）。

18 小布父母雖然賦予孩子現實感，例如在孩子面前談起家庭經濟困境、夫妻吵架時沒有隔離孩子，但仍然維持某些界線，例如不會讓孩子知道家裡的債務。

19 雖然也有少數勞工階級家庭配合幼稚園慶祝耶誕節，讓孩子在家裡掛襪子，假裝耶誕老人送的禮物，但大概進小學後就會停止相關儀式。

20 Pugh 2009。

21 林文瑛、王震武1995。

第五章

1 奇摩知識網，2011，〈小孩身上有傷.社會局要強制把孩子帶走…怎麼辦〉。網址：https://tw.knowledge.yahoo.com/question/question?qid=1511121702491（檢索日期：2014/11/03）。原貼文較長，引出段落經過刪剪。感謝佘耕任分享這段貼文。

2 2019年3月統計，勞動統計查詢網：http://statdb.mol.gov.tw/statis/jspProxy.aspx?sys=210&kind=21&type=1&funid=q13016&rdm=lpbijrlp（檢索日期：2019/4/30）。

3 臺灣的失業率在1993年僅有1.45%，2001年升高到4.57%、2009年5.85%。男性的失業率在2001年後明顯高於女性（2002年男5.91%、女4.1%；2009年男6.53%、女4.96%）。中華民國統計資訊網，就業失業統計資料查詢系統：http://win.dgbas.gov.tw/dgbas04/bc4/timeser/more_f.asp（檢索日期：2016/6/21）。

4 以2013年來說，有大學學歷的男性，在25-29歲群組中失業率高達8.4%，但30-34歲群組便降到4.09%、35-40歲更降到3.11%。然而對沒有高中學歷的男性來說，不分年齡層都偏高（25-29歲為8.16%，30-34歲為8.17%，35-40歲為6.17%），資料來源同上注。

5 柯志哲、張珮菁2014。

6 林宗弘2012。

7 夏傳位2008。

8 鄭雁馨2015。女性大約自1980年代開始，離婚斜率開始由正轉負，男性則在1990年代出現反轉。高中及以下教育程度者的十年婚姻存活率約七成五，但專科以上教育程度者則提升至近九成。

9 夏曉鵑2002。

10 根據2008年《外籍與大陸配偶生活需求調查報告》（內政部2009），進入跨國婚姻者多數為經濟弱勢的男性，平均工作月收入以2萬至未滿3萬最多（占31.5%），其次為3萬至未滿4萬（占27.5%）。職業上多為農工階級，尤其集中於以下三個職業類別：「技術工及有關工作人員」（23.8%）、「服務工作人員及售貨員」（18.5%）、「非技術工及體力工」（17.2%）。

11 王宏仁2001。

12 Constable 2005。

有效樣本1074份。《商業周刊》，2013，〈多元入學是資訊大戰不是金錢大戰〉，單小懿著。第1329期，5月13日，頁136。

4　《商業周刊》，2007，〈半數以上家用花在找天分〉，陳雅玲著。第1030期，8月20日，頁126、127。

5　《商業周刊》，2007，〈發展獨特性遠勝追求高分〉，陳雅玲、黃宥寧著。第1030期，8月20日，頁122。

6　《商業周刊》，2013，〈3歲就開打的集點人生！〉，黃亞琪著。第1329期，5月13日，頁138-144。

7　Lareau 2011。石易平（Shih 2010: 201）也有類似的觀察。

8　天龍國小的孩子也經常使喚我的研究助理做東做西：「幫我綁磁鐵」、「幫我檢查功課」。

9　Yu and Su 2006。

10　Lareau 2011的美國研究也有類似的發現。

第四章

1　Lareau 2011，也見本書第八、九章。

2　Cairns et al. 2013。

3　Bobel 2001；梁莉芳2018。

4　DeVault 1994。後續學者也指出，「食物工作」(foodwork）同時是高度階級化、種族化的日常實作（Brenton 2017；Wright et al, 2015）。

5　梁莉芳2018。

6　范代希（2017）也稱之為「另類科學母職」。

7　Apple 2006。

8　「前臺」、「後臺」的概念見Goffman 1956。

聯盟」(WASC)國際學校認證。

22 根據教育部統計，高中職應屆畢業生赴海外就讀人數，2010年約550人(占全體的0.22%)，2012年上升到858人，2015年達到1421人、2017年為1584人(比例上升到0.72)。教育部統計處，互動式圖表。網址：https://depart.moe.edu.tw/ed4500/cp.aspx?n=33DE8745316D5A90&s=709B1F3F5C6A5951(檢索日期：2018/8/31)。

23 教育部統計處，網址：http://www.edu.tw/pages/detail.aspx?Node=4075&Page=20046&Index=5&WID=31d75a44-efff-4c44-a075-15a9eb7aecdf(檢索日期：2015/1/30)。

24 《親子天下》，2014，〈私立中小學完全指南〉。第24期，3月20日。

25 吳曉樂(2018)的小說《上流兒童》就對這樣的經歷有很深刻的描繪。

26 Lan 2018。

27 Hays 1996。

28 楊巧玲、徐韶均2010。

29 Cornell(1998)指出全球化資本主義的脈絡強化以跨國公司外派菁英男性為典型，做為一種具有支配性的「霸權陽剛氣質」(hegemonic masculinity)，沈秀華(Shen 2005)延伸來討論臺商男性及其親密關係的跨國彈性分工，「世界人陽剛氣質」(cosmopolitan masculinity)的概念可參見Goh(2015)對新加坡菁英學校的研究。

30 藍佩嘉2009；Hondagneu-Sotelo and Avila 1997；Parrenas 2001。

第三章

1 這個概念與拉蘿(Lareau 2011)描述美國中產階級親職的「規劃協作」(concerted cultivation)很類似。曾凡慈(2010)有關兒童遲緩的親職研究中，也強調母親透過與相關醫療與教育人員、科技物的協作，來管理降低兒童發展過程中的風險。

2 詳見曾凡慈2018。

3 《商業周刊》委託世新大學民調中心進行「2013多元入學家長教育態度大調查」，

6 企業家蔡明忠的話，同上注，頁124。

7 特洛依董事長威廉梅特的話。《商業周刊》，2007，〈未來的一軍〉，陳雅玲著。第1006期，3月5日，頁77。

8 《商業周刊》，2011，〈教改賞飯吃補習班兩年竟多九倍〉，黃亞琪著。第1241期，9月5日，頁98。

9 《商業周刊》，2013，〈一次看懂12年國教遊戲規則〉，吳中傑著。第1336期，7月1日，頁76-82。

10 《商業周刊》，2013，〈多元入學是資訊大戰不是金錢大戰〉，單小懿著。第1329期，5月13日，頁128、134、136。引號內為王麗雲發言。

11 《商業周刊》，2007，〈未來的一軍〉，陳雅玲著。第1006期，3月5日，頁72-78。

12 《商業周刊》，2007，〈教育投資四個聰明策略〉，孫秀慧等著。第1030期，8月20日。

13 Pugh 2009。

14 Ong 1999。

15 “geese family” and “wild geese father”（Chee 2005；Lee and Koo 2006）。

16 《商業周刊》，2007，〈住最好的學區念免費公立學校〉，陳雅玲著。第1030期，8月20日，頁132。

17 《商業周刊》，2007，〈未來的一軍〉，陳雅玲著。第1006期，3月5日，頁77。

18 人才外流（brain drain）的觀點認為人力資本會從低薪國流到高薪國，造成母國的損失。人才迴流（brain circulation）則認為外流的移民可能透過跨國連帶，甚至回流（return migration）來促成母國的經濟發展，1990年代臺灣高科技產業的發展就是一個移民回流的典型例子。

19 Allison Pugh（2015）描述現今社會有如「風滾草社會」（tumbleweed society），工作與親密關係都愈來愈流動、彈性，也因此衍生高度不確定性與不安全感。

20 2006年康橋成立國中留學班，2007年宜蘭中道中學成立英語教育實驗班（外語部），2008年復興中學成立雙語部，2009年康橋雙語實驗高中成立，設國際留學班，2012年薇閣高中設國際教育實驗班。

21 例如申請成為「IB國際文憑組織」大學預科課程候選學校，或取得「西方教育

45 Streib 2015。

46 王舒芸（2014）在衛福部委託的調查報告中，分析「婦女婚育調查」的歷年資料發現，大學專科以上母親，45%送親屬照顧、36%自己照顧、20%送家戶外照顧。高中職母親有63%自己照顧，30%親屬照顧、7%送家戶外照顧，國中以下的女性則自己照顧比例最高（82%）。

47 勞動部國際統計，〈就業者平均每年工時〉。網址：http://statdb.mol.gov.tw/html/nat/105006表1.pdf（檢索日期：2018/8/31）。

48 行為經濟學家（Bertrand at al. 2004）進行實驗分析貧窮的心理過程，發現印度的農夫由於擔心作物收成，進而影響其思考與自我控制；這是因為人腦的認知資源有限，經濟資源的短缺，限制了他們的注意力。研究團隊進行的另一組實驗針對史丹福大學的研究生，在實驗情境中，他們面臨的不是金錢的貧窮，而是時間的貧窮，時間資源短缺也造成他們無法進行長期的思考。

49 Jessica Calarco（2018）透過在美國一所學校的田野觀察發現，中產階級家長傾向培養孩子將老師視為資源，積極爭取學習上的協助，由於學校老師對於學生的期待跟中產階級家庭文化「對齊」（alignment），讓中產階級孩子能夠「協商優勢」，得到超乎公平的待遇。

50 Weininger and Lareau 2009。

第二章

1 該建案的銷售單價為九十萬一坪，房子權狀多在五十到六十坪間，總價約在四千萬到六千萬之間。

2 Derne 2005；Koo 2016。

3 《商業周刊》，2011，〈王牌講師對兒子閉嘴解開教養僵局〉，尤子彥著。第1232期，7月4日，頁88-90。

4 Khan 2011。

5 《商業周刊》，2007，〈發展獨特性遠勝追求高分〉，陳雅玲、黃宥寧著。第1030期，8月20日，頁120。引號內引用美國芝加哥大學的調查。

為「目的理性」或「實質理性」，重視行為本身的意義與價值，不以成果或功效為考量。後者又稱為「手段理性」或「效率理性」，重視功利的目標，以效果極大化為考量。

37 《親子天下》，2008，〈玩出大能力〉，許芳菊著。第1期，8月，頁122。

38 《親子天下》，2014，〈品格力變學校招牌課程〉，第24期，3月。網址：http://www.parenting.com.tw/article/article.action?id=5057314（檢索日期：2014/11/25）。

39 教育部在2004年參考美國、英國、日本和新加坡，頒訂「品格與道德教育」（Character and Moral Education），詳見教育部品德教育資訊網，網址：http://ce.naer.edu.tw/policy.php（檢索日期：2014/11/25）。2013年，信義文化基金會、富邦文教基金會、時報文化出版公司與北一女、建中等高中聯名舉辦「品格青年國際高峰會」，將「核心品格」定調為「負責、尊重、創新與回饋」。來源：臺北市政府新聞稿，〈1020409-2013品格青年高峰會-陽明高中〉。網址：https://www.gov.taipei/News_Content.aspx?n=F0DDAF49B89E9413&sms=72544237BBE4C5F6&s=95C85A54E725DD9F（檢索日期：2018/12/6）。

40 《親子天下》，2009，〈家庭篇——李琪明：在雙倍挫折中等待〉，李宜蓁著。第6期，6月，頁171。

41 行政院主計處，2017，〈婦女婚育與就業調查報告〉。網址：https://ebook.dgbas.gov.tw/public/Data/771217174890V10W9I.pdf（檢索日期：2018/12/6）。

42 《商業周刊》，2007，〈半數以上家用花在找天分〉，陳雅玲著。第1030期，8月20日，頁127。

43 Shih and Yi 2013。

44 根據《101年家庭與生育調查報告》（衛福部國健署2016），20-49歲的已婚女性中，六成以上自認為是家務主要工作者，兩成三的人「和家人平均分攤」，僅有一成二為「協助者」。同年齡已婚男性中，六成七的人回答「太太是主要家務工作者」，擔任「協助者」僅一成七，「和家人平均分攤」者更不到百分之一。年齡愈大的受訪者，家務性別分工不均的比例愈高。《105年婦女婚育與就業調查》（行政院主計處2017，僅調查女性），15歲以上有偶女性平均每日無酬照顧時間為3.81小時，較其丈夫平均之1.13小時為長，其中，女性花在照顧子女平均每日3.37小時，其丈夫平均每日照顧子女時間僅1.41小時。

22 一方面，引導孩子參與規則的制定，激發正向行為；另一方面，提供真實的學習情境，讓孩子從體驗自己行為的合理後果，學會自我負責。陳念怡，〈家庭篇－好規矩養成計畫〉，《親子天下》第6期，頁159-160。

23 《親子天下》，2014，〈7～12歲幫助我，養成好習慣〉，李宜蓁著。第54期，3月，頁170。

24 Jane Nelson的說法，見《親子天下》，2009，〈家庭篇──好規矩養成計畫〉，陳念怡著。第6期，6月，頁159-160。

25 在此我受惠於石易平的建議。

26 《親子天下》，2014，〈收起精明，讓孩子自己管自己〉，張益勤著。第61期，10月，頁168。

27 《親子天下》，2013，〈正向教養養出不怕難的孩子〉，李宜蓁著。第51期，11月，頁156。

28 《親子天下》，2012，〈斷捨離三心法，父母學放手〉，李宜蓁著。第36期，6月，頁158。

29 同上。

30 方達文回憶，他一路念菁英學校，沒有體驗過自由的學習，很像被餵飽飽的「飼料雞」，學了很多不該學的東西，非常辛苦。《親子天下》，2012，〈老爸轉業，為小孩找自由〉，張瀞文著。第40期，10月，頁158。

31 《親子天下》，2010，〈找回動手體驗的歡樂童年〉，許芳菊著。第10期，2月，頁134-135。

32 見曾凡慈（2010）第四章中有關兒童遲緩的風險論述。

33 許淑菁的說法，見《親子天下》，2011，〈網路教養，父母的5個害怕〉，陳雅慧著。第30期，12月，頁147。

34 《親子天下》，2011，〈2-10歲把握管得動的黃金期〉，陳雅慧著。第30期，12月，頁153。《親子天下》，2011，〈監控但不侵犯孩子的網路世界〉，賓靜蓀著。第30期，12月，頁161。

35 《商業周刊》，2007，〈未來的一軍〉，陳雅玲著。第1006期，3月5日，頁72-78。

36 「價值理性」和「工具理性」的概念是由德國社會學家韋伯所提出來。前者又稱名的棉花糖實驗所強調的延遲性滿足（delayed gratification）很類似。

10 根據該刊公開資料，雜誌訂戶有8.5萬，臉書平臺的粉絲訂閱數有89萬。網址：https://topic.cw.com.tw/2014saleskit/index_files/saleskits/2015cp01.pdf（檢索日期：2018/10/9）。

11 《親子天下》，2013，〈孩子轉大人　父母換腦袋〉，賓靜蓀著。第48期，7月，頁152。

12 《親子天下》，2009，〈爸爸的神奇教養魔力〉，李宜蓁著。第7期，8月，頁173。

13 《親子天下》，2009，〈新世代父親的四大挑戰〉，許芳菊著。第7期，8月，頁134。

14 《親子天下》，2009，〈爸爸的神奇教養魔力〉，李宜蓁著。第7期，8月，頁173。

15 《親子天下》，2009，〈好爸爸的情緒教育〉，許芳菊著。第7期，8月，頁146。

16 《親子天下》，2014，〈3步驟拒做「怒吼媽」、「不准爸」〉，李宜蓁著。第54期，3月，頁163-164。

17 《親子天下》，2009，〈家庭篇——爸媽如何當好情緒教練〉，陳念怡著。第5期，4月，頁199。

18 《親子天下》，2009，〈家庭篇——好規矩養成計畫〉，陳念怡著。第6期，6月，頁162。《親子天下》，2014，〈科學教養術不讓小屁孩激怒你〉，李宜蓁著。第54期，3月，頁161。

19 Kast-Zahn 2015。

20 教育部在立法院說明：「本法係經研究德國、英國、美國、日本、香港、中國大陸等歐美亞洲各國之家庭教育政策及相關法令與措施，並結合我國傳統文化價值及家庭教育所擬具之草案。」立法院公報，2002，第92卷第5期（3279）院會紀錄。

21 有意思的是，《家庭教育法》中第二條使用了「子職教育」的說法（雖然法規英譯仍為 “filial education”），其立法理由對這一陌生名詞解釋如下：「子職教育係指子女或晚輩對於父母或其他長輩應有的態度與責任」，在《家庭教育法施行細則》中，也對「子職教育」有所解釋：「指增進子女本分之活動」。將「孝道教育」置換為「子職教育」，蘊含著將從屬於家庭權威的外加道德規範，轉化為較為中性的社會互動角色的倫理規範。

58　《中國時報》的家庭版創立於1987年，1999年停刊。《聯合報》的內容，我們透過聯合知識庫以關鍵字搜尋相關文章。

59　《豐年》為雙週刊，第一年免費發送，印刷份數高達16萬。1952年7月後改為訂閱，平均印刷份數為四萬（王文裕 2011）。《臺灣婦女》月刊由臺灣省婦女會出版，免費發送給圖書館、學校等組織會員。婦女會的成員多為本省級的菁英女性，四成具有大學學歷（吳雅琪2008）。

第一章

1　Bell 1976；Hays 1996。

2　較年輕世代的中產階級父母是否呈現不同的教養風格差異？根據《親子天下》81期專題（2016年8月）描述被稱為「草莓族」的Y世代（26-35歲）升格做父母後，傾向成為所謂的「無人機父母」，追求最大的陪伴、最少的控制，重視「做父母也做自己」，但也更傾向自己照顧子女。由於這些受訪父母是高度選擇性的樣本（該刊讀者的網路調查），孩子年紀也偏低，這樣的媒體觀察還需要更嚴謹的研究檢驗。

3　Bourdieu 1977。

4　例如約書亞．柯曼（2008）《是誰傷了父母？：傷心父母的療癒書》、留佩萱（2017）《童年會傷人》、周慕姿（2017）《情緒勒索：那些在伴侶、親子、職場間，最讓人窒息的相處》、崔佛．席維斯特（2018）《父母成長，孩子才會真正長大！》、加藤諦三（2018）《受傷的孩子和長不大的雙親：修復親子角色逆轉，療癒童年創傷》、喜法莉．薩貝瑞（2019）《覺醒父母：找回你和孩子的內在連結，成為孩子最佳的心靈成長夥伴》。

5　《親子天下》，2016，〈覺醒父母〉。第85期專題，12月1日。

6　Giddens 1984。

7　Kariya 2018。

8　Ehrenreich 1989。

9　Allison Pugh（2009）提出「象徵性剝奪」（symbolic deprivation）的概念，這跟著

道德責任。

49 Sennett and Cobb 1972。

50 Beverley Skeggs（1997）強調研究「階級的情緒政治」（emotional politics of class）的重要性，她批評布爾迪厄的理論較擅長於分析優勢階級如何透過象徵支配再製其優勢，相對起來，較少分析弱勢階級如何經歷弱勢——被支配、排除、邊緣化。雖然她的分析以英國勞工階級女性為主，她也提到，中產階級母親，尤其是職業婦女，也可能經歷類似的情緒困境，但她們的經驗仍被視為社會的常模（normalcy）。

51 布爾迪厄描述的資本的配置與相互關係形成了社會空間，也就是「場域」（field）的概念。

52 Weininger and Lareau 2009。

53 質性研究的抽樣原則不在於經驗代表性，更著重理論上的顯著意義（theoretical significance），以呈現社會趨勢的變化或行動意義的深描。比方說，田園國小的家長固然不是臺灣中產家長的常態或平均數，然而，另類教育在近年來的成長擴張，反映了中產階級對於新式教養腳本的渴望，具有理論上的重要意義。

54 另外根據王炎川（2008：78-79）的家長調查（問券回收269份），有70%的田園父親為大學及研究所學歷，母親的職業有三成為全職家管，三成為公教人員。父親（樣本83份）的職業有三成為軍公教、兩成五經商、兩成務工、其餘為醫療、服務、金融保險業。

55 由於大多數訪問執行於2011與2013年，這裡對照的是102年的臺北市政府主計處（2013）的家戶可支配所得調查資料，區分為五等分，最低20%的家庭年所得總額約66萬臺幣，最低40%約104萬，中位數收入為143萬，最高40%約190萬，最高20%為324萬。

56 Lareau 2011。

57 本研究的中產階級受訪者出生於1960年到1979年之間。高等教育的粗入學率在1976年僅15.4%、1985年為20.8%，逐步攀升到1995年的39.4%、2000年的56.1%，2010年則高達83.8%。資料來源：教育部統計處，性別統計指標彙總性資料，〈大專校院學生粗在學率－按性別與年別分〉。網址：https://depart.moe.edu.tw/ED4500/cp.aspx?n=DCD2BE18CFAF30D0（檢索日期：2018/12/6）。

2007。

40 「反思親職」的討論受到英國社會學者Margaret Archer的啟發，她批評布爾迪厄的結構主義導向，強調個人的反思與能動性中介了社會結構的影響，因而造成社會位置相近者可能衍生不同的行動傾向。不同於「慣習」的概念植基於重複的情境與持續的關係，「反思」與「內在對話」(internal conversation) 的進行容易發生在人們面對「結構、文化與生命經驗的不連續」之際 (Archer 2007: 47)。相近階級位置的家長，當然會因為個人生命史或個性特質等因素，衍生教養方式的差異。本文僅指認具有社會學意義的群體傾向，也就是在一定結構條件 (階級位置與資本組合) 的允許或限制下，行動者如何發揮能動性來進行反思、並且與既有慣習斷裂。

41 許嘉猷、黃毅志2002；蘇國賢2008。

42 拉蘿鮮少討論祖父母世代傳承下來的階級秉性，或是代間流動等階級軌跡的作用。相對於布爾迪厄描述的法國社會，美國的階級流動管道較為通暢，當代中產階級所傾向的「直升機父母」、「競爭性童年」等教養實作，其實與他們在原生家庭的經驗也多有出入 (Nelson 2010；Levey Friedman 2013)。

43 Nelson 2010；Sandelowski 1991。

44 Sayer (2008) 雖強調道德評價獨立於階級以外，也提到這些評價仍與階級有關：誰有能力與資源來界定什麼是雅的 (the posh)、善的 (the good)，仍是階級間象徵鬥爭的一部分。

45 Ong 1999。

46 Doepke and Zilibotti 2019。

47 Cooper (2014) 使用的概念是security project，我偏好使用security strategy，以避免被誤解為深思熟慮的理性行動，因為養育者的保安策略其實包含許多責任或目標衝突下的情緒掙扎，或是面對結構局限下的防衛式反應。我的另一本書 (Lan 2018) 比較臺灣與美國的移民家長，則用「全球保安策略」(global security strategy) 的概念來描述父母如何運用跨國移動及文化協商，來因應他們所指認出在地與全球脈絡中的不安全。

48 Teresa Kuan (2015) 引用「情緒工作」(Hochschild1983) 的概念來描述中國中產階級母親的教養投入，她尤其注意到中國母親深感必須為孩子提供「條件」的

16　黃哲斌2014。

17　《親子天下》，2016，〈覺醒父母〉。第85期專題，12月1日。

18　Hays 1996。即便強度母職意識形態在美國社會各階層都有影響，但母職勞動的實作與經驗卻因階級位置而有差異。

19　Senior 2017。

20　Apple 1995。

21　Turmel 2008；曾凡慈 2010。

22　Godpnik 2018。

23　曾凡慈 2018。

24　Murphy 2003。

25　Harvey 1989。

26　Lan 2014。

27　Kariya 2013、2018。

28　南韓學者Kyung-Sup Chang（2010）提出此概念。

29　《今周刊》，2013，〈狼性襲台！台灣羊只能剉咧等？〉。網址：http://www.businesstoday.com.tw/article-content-80396-102030（檢索日期：2018/12/4）。

30　Kang and Abelmann 2011；Shih 2010；Waters 2005。

31　夏曉鵑2002；范婕瀅2006；潘淑滿2015。

32　地理學家Doreen Massey（1994）提出「權力幾何學」（power geometry）的概念，描述不同社會位置的群體與個人與跨國的連結或流動有著不同的關係。

33　Kohn 1963。

34　象徵資本（symbolic capital）指具有能力或資格賦予事物或生活方式的正當性。

35　Bourdieu 1984；Bourdieu and Passeron 1977。

36　Lareau 2011。

37　吳明燁2016；Shih 2010。勞工階級教養也見陳如涵2010。

38　中產階級內部存在一些關鍵的分野，包括資產（管理者仰賴組織權威、專業者仰賴文化資本）、生產場域（物質場域或是象徵場域）以及僱用部分（公部門或私部門）（Power 2000）。

39　Reay, Crozier and James 2011。也可參考Irwin and Elley 2011、Vincent and Ball

不僅僱用童工變得違法，隨著義務教育的推廣，學生變成了不分階級的孩子的主要職業（Heywood2004：206）。

7 Viviana Zelizer（1994）認為1800年至1930年間是美國社會建構「現代兒童」的關鍵時期。她精闢地論證，這樣的觀點演變雖然受到近代經濟、職業和家庭結構眾多變動的影響，但童年被「神聖化」的文化過程有著獨立的影響力，並透過各類社會制度重新定義兒童的社會價值。

8 熊秉真2000。

9 葉光輝將子女為何盡孝的心理動機區分出兩種，一是權威孝道，子女盡孝是基於對父母權威的服從，以及追求社會集體的認同，二是互惠孝道，子女盡孝是基於長期的親密關係所衍生的自發性情感。臺灣的孝道運作基礎，逐漸從服從權威，轉移為情感互惠，女兒對父母的孝順，尤其如此（葉光輝2009）。

10 Giddens 1993。

11 一般多以總生育率（total fertility rate），也就是育齡婦女（15-49歲）平均生育子女數爲估算指標。中國民國統計資訊網，〈育齡婦女生育率〉，https://www.stat.gov.tw/ct.asp?xItem=15409&CtNode=3622&mp=4（檢索日期：2019/03/26）。

12 根據https://www.prb.org/wp-ontent/uploads/2018/08/2018_WPDS.pdf（檢索日期：2019/03/26）。

13 內政部戶政司全球資訊網，人口統計資料，〈縣市出生按生母五齡組（按發生）（96）〉、〈縣市結、離婚及結婚次數（按發生）（96）〉。網址：https://www.ris.gov.tw/app/portal/346（檢索日期：2018/11/29）。

14 比例為6.48%，計算方式為「已婚女性中生育子女數為0人者／已婚女性總計」。行政院主計總處，2017，《婦女婚育與就業調查報告》，〈15歲以上女性之生育子女數〉。網址：https://www.dgbas.gov.tw/ct.asp?xItem=41359&CtNode=3304&mp=1（檢索日期：2018/11/29）。

15 相較於十年前（2007年），近八成的育齡婦女是在26~29歲時生下第一胎，晚生的趨勢近年更為明顯。內政部戶政司全球資訊網，人口統計資料，〈婚育年齡及育兒數目變化（出生按登記）（60）〉，〈育齡婦女一般生育率、年齡別生育率、總生育率、毛繁殖率及淨繁殖率〉。網址：https://www.ris.gov.tw/app/portal/346（檢索日期：2018/11/29）。

注釋

導論

1　《今週刊》，2011，〈蘇治芬的教育實驗在古坑國中陣亡！〉。網址：http://www.businesstoday.com.tw/article/category/80392/post/201106300027/蘇治芬的教育實驗在坑國中陣亡！（檢索日期：2018/10/30）；中時電子報，2011，〈反「華德福教育」古坑國中家長怒罵跑鄉長〉。網址：https://www.youtube.com/watch?v=GDfDxRTh7Ww（檢索日期：2018/10/30）。

2　中央社，2018，〈古坑華德福實驗高中從愛出發吸引外地生搶讀〉。網址：https://www.msn.com/zh-tw/news/world/古坑華德福實驗高中-從愛出發吸引外地生搶讀/ar-AAvoUnK（檢索日期：2018/10/30）。

3　何小姐，2017，〈【台中吊嘎記】憑一張照片，就說我是虐童媽！？〉。網址：http://parentparticipatingeducation.blogspot.tw/2017/02/blog-post_28.html（檢索日期：2018/10/30）。

4　Prout and James 1997: 7。

5　Ariès 1962。但也有其他學者認為阿里葉對史料過度詮釋、推論邏輯錯誤，對於中古時代是否真的沒有童年意識、童年「出現」的關鍵時期有許多論戰。持平來說，中世紀並非沒有童年的概念，只是跟現代大不相同（Heywood 2004：24-32）。

6　農工階級的兒童，自古就扮演家庭裡的重要勞動力，不論是參與農作或在工坊當學徒。十八世紀工業化的列車加速啟動後，童工更成為紡織工廠裡的勞動資源，貧窮的父母生更多的孩子以增加家庭收入。童工的勞動剝削與不人道待遇，成為社會改革的重要議題，督促國家進行法治改革。英國逐步擴大工廠法的規模，1844年後規定孩子必須在校學習半天。美國也在1930年代實施相關法令，

Mothers' Foodwork." *Sociology of Health & Illness* 37(3):422-436.

Wu, Ellen D. 2014. *The Color of Success: Asian Americans and the Origins of the Model Minority*: Princeton, NJ.

Yi, Chin-Chun, Chyi-In Wu, Ying-Hwa Chang, and Ming-Yi Chang. 2009. "The Psychological Well-being of Taiwanese Youth: School versus Family Context from Early to Late Adolescence." *International Sociology* 24(3):397-429.

Yu, Wei Hsin, and Kuo Hsien Su. 2006. "Gender, Sibship Structure, and Educational Inequality in Taiwan: Son Preference Revisited." *Journal of Marriage and Family* 68(4): 1057-68.

Zelizer, Viviana. 1994. *Pricing the Priceless Child: The Changing Social Value of Children*. New Jersey, United States: Princeton University Press.

Activities in Taiwan." in *Demographic and Institutional Change in Global Families, International Sociological Association RC06(CFR) Seminar*. Taipei: Academia Sinica.

Skeggs, Beverley. 1997. *Formations of Class & Gender*. London: SAGE Publications Ltd.

Stearns, Peter N. 2003. *Anxious Parents: A History of Modern Childrearing In America*. New York: New York University Press.

Streib, Jessi, 2015, *The Power of the Past: Understanding Cross-Class Marriages*. New York: Oxford University Press.

Tavangar, Homa Sabet. 2009. *Growing Up Global: Raising Children to Be at Home in the World*. New York, United States: Random House USA Inc.

Teo, You Yenn. 2018. *This Is What Inequality Looks Like*. Singapore: Ethos Books.

Turmel, André. 2008. *A Historical Sociology of Childhood: Developmental Thinking, Categorization and Graphic Visualization*. New York: Cambridge University Press.

Vincent, Carol, and Stephen J. Ball. 2007. "'Making Up' the Middle-Class Child: Families, Activities and Class Dispositions." *Sociology* 41(6): 1061-1077.

Wang, Hong-Zen, and Daniele Belanger. 2008. "Taiwanizing Female Immigrant Spouses and Materializing Differential Citizenship." *Citizenship Studies* 12(1):91-106.

Wartella, Ellen, Vicky Rideout, Alexis R. Lauricella, and Sabrina L. Connell. 2013. "Parenting in the Age of Digital Technology: A National Survey." Northwestern University: Center on Media and Human Development, School of Communication.

Waters, Johanna L. 2005. "Transnational Family Strategies and Education in the Contemporary Chinese Diaspora." *Global Networks* 5(4):359-377.

Weenink, Don. 2008. "Cosmopolitanism as a Form of Capital. Parents Preparing Their Children for a Globalizing World." *Sociology* 6:1089-1106.

Weininger, Elliot B., and Annette Lareau. 2009. "Paradoxical Pathways: An Ethnographic Extension of Kohn's Findings on Class and Childrearing." *Journal of Marriage and Family* 71(3):680-695.

Willis, Paul. 1977. *Learning to Labor: How Working Class Kids Get Working Class Jobs*. New York: Columbia University Press.

Wright, Jan, JaneMaree Maher, and Claire Tanner. 2015. "Social Class, Anxieties and

Reay, Diane, Gill Crozier, and David James. 2011. *White Middle-Class Identities and Urban Schooling*. London: Palgrave Macmillan.

Reay, Diane. 2017. Miseducation: Inequality, Education and the Working Class. Bristol, UK: Policy Press.

Reich, Jennifer A. 2014. "Neoliberal Mothering and Vaccine Refusal: Imagined Gated Communities and the Privilege of Choice." *Gender and Society* 28(5):679-704.

Rondini, Ashley C. 2016. "Healing the Hidden Injuries of Class? Redemption Narratives, Aspirational Proxies, and Parents of Low-Income, First-Generation College Students." *Sociological Forum* 31(1): 96-116.

Sandelowski, Margarete. 1991. "Telling Stories: Narrative Approaches in Qualitative Research." *Journal of Nursing Scholarship* 23(3):161-166.

Sayer, Andrew著，陳妙芬、萬毓澤譯，2008，《階級的道德意義》(*The Moral Significance of Class*)。臺北：巨流。

Scheper-Hughes. Nancy. 1993, *Death without Weeping: The Violence of Everyday Life in Brazil*. Berkeley: University of California Press.

Schoppe-Sullivan, Sarah J., Jill E. Yavorsky, Mitchell K. Bartholomew, Jason M. Sullivan, Meghan A. Lee, Claire M. Kamp Dush, and Michael Glassmane. 2017. "Doing Gender Online: New Mothers' Psychological Characteristics, Facebook Use, and Depressive Symptoms." *Sex Roles* 76(5): 276-289.

Senior, Jennifer著，張瓊懿譯，2017，《你教育孩子？還是孩子教育你？》(*All Joy and No Fun: The Paradox of Modern Parenthood*)。臺北：行路出版。

Sennett, Richard, and Jonathan Cobb. 1972. *The Hidden Injuries of Class*. Cambridge, UK: Cambridge University Press.

Shen, Hsiu-Hua, 2005, "'The First Taiwanese Wives' and 'the Chinese Mistresses:' The International Division of Labour in Familial and Intimate Relations across the Taiwan Strait." *Global Networks* 5(4):419-437.

Shih, Yi-Ping. 2010. "Raising an International Child: Parenting, Class and Social Boundaries in Taiwan." in *Department of Sociology*: State University of New York at Buffalo.

Shih, Yi-Ping, and Chin-Chun Yi. 2013. "The Great Un-equalizer? Family and After School

Levey Friedman, Hilary. 2013. *Playing to Win: Raising Children in a Competitive Culture*. Berkeley: University of California Press.

MacKendrick, Norah. 2014. "More Work for Mother: Chemical Body Burdens as a Maternal Responsibility." *Gender & Society* 28(5):705-728.

Massey, Doreen. 1994. "A Global Sense of Place." Pp. 146-156 in *Space, Place, and Gender*, edited by Massey, Doreen. Cambridge: Polity Press.

Mol, Annemarie著，吳嘉苓、陳嘉新、黃于玲、謝新誼、蕭昭君譯，2018，《照護的邏輯：比賦予病患選擇更重要的事》(*The Logic of Care: Active patients and the limits of choice*)。臺北：左岸文化。

Murphy, Elizabeth. 2003. "Expertise and Forms of Knowledge in the Government of Families." *The Sociological Review* 51(4).

Naftali, Orna. 2009. "Empowering the Child: Children's Rights, Citizenship and the State in Contemporary China." *The China Journal* 61(61):79-104.

Nelson, Margaret K. 2010. *Parenting Out of Control: Anxious Parents in Uncertain Times*. New York: New York University Press.

Ong, Aihwa. 1999. *Flexible Citizenship: The Cultural Logics of Transnationality*. Durham: Duke University Press.

Parrenas, Rhacel Salazar. 2001. *Servants of Globalization: Women, Migration, and Domestic Work*. Palo Alto, United States: Stanford University Press.

Power, Sally. 2000. "Educational Pathways into the Middle Class(es)." *British Journal of Sociology of Education* 21(2):133-145.

Prout, Alan, and Allison James. 1997. "A New Paradigm for the Sociology of Childhood? Provenance, Promise and Problems." Pp. 7-33 in *Constructing and Reconstructing Childhood: Contemporary Issues in the Sociological Study of Childhood*, edited by Allison James and Alan Prout. London: Routledge.

Pugh, Allison. 2009, *Longing and Belonging: Parents, Children, and Consumer Culture*. Berkeley: University of California Press.

——. 2015. *The Tumbleweed Society: Working and Caring in an Age of Insecurity*. Oxford, United Kingdom: Oxford University Press.

Kohn, Melvin. 1963. "Social Class and Parent-Child Relationships: An Interpretation." *American Journal of Sociology* 68(4):471-480.

Koo, Hagen. 2016. "The Global Middle Class: How Is It Made, What Does It Represent?" *Globalizations* 13(4):440-453.

Kuan, Teresa. 2015. *Love's Uncertainty: The Politics and Ethics of Child Rearing in Contemporary China*. Berkerley, United States: University of California Press.

Kusserow, Adrie. 2014. *American Individualisms: Child Rearing and Social Class in Three Neighborhoods, Culture, Mind, and Society*. New York: Palgrave Macmillan.

Kymlicka, Will. 2012. "Neoliberal Multiculturalism?" Pp. 99-126 in *Social Resilience in the Neoliberal Era*, edited by Hall, Peter and Michèle Lamont. Cambridge: Cambridge University Press.

Lamont, Michèle, 1992, *Money, Morals and Manners: Culture of the French and the American Upper-Middle Class*. Chicago: The University of Chicago Press.

Lan, Pei-Chia. 2008. "Migrant Women's Bodies as Boundary Markers: Reproductive Crisis and Sexual Control in the New Ethnic Frontiers of Taiwan." *Signs: Journal of Women in Culture and Society* 33(4):833-861.

——. 2014. "Compressed Modernity and Glocal Entanglement: The Contested Transformation of Parenting Discourses in Post-war Taiwan." *Current Sociology* 62(4):531-49.

——. 2018. *Raising Global Families: Parenting, Immigration, and Class in Taiwan and the US*. Stanford: Stanford University Press.

Lareau, Annette. 2011. *Unequal Childhoods: Class, Race, and Family Life*. 2nd Edtion. Berkerley, United States: University of California Press.（中文請參考：Lareau, Annette著，宋爽、張旭譯，2018，《不平等的童年：階級、種族與家庭生活》（*Unequal Childhoods: Class, Race, and Family Life*）。北京：北京大學出版社。）

Lareau, Annette著，李怡慧譯，2015，《家庭優勢》（*Home Advantage: Social Class and Parental Intervention in Elementary Education*）。臺北：群學出版。

Lee, Yean-Ju, and Hagen Koo. 2006. "'Wild Geese Fathers' and A Globalised Family Strategy for Education in Korea." *International Development Planning Review* 28(4):533-553.

Hall, John R. 1992. "The Capital(s) of Cultures: A Nonholistic Approach to Status Situation, Class, Gender, and Ethnicity." in *Cultivating Differences: Symbolic Boundaries and the Making of Inequaluties*, edited by Lamont, Michèle and Marcel Fournier. Chicago: University of Chicago Press.

Harvey, David. 1989. *The Condition of Postmodernity: An Enquiry into the Origins of Cultural Change*. Oxford: Blackwell.

Hays, Sharon. 1996. *The Cultural Contracdition of Motherhood*. New Haven: Yale University Press.

Heywood, Colin著，黃煜文譯，2004，《孩子的歷史：從中世紀到現代的兒童與童年》（*A History of Childhood : Children and Childhood in the West from Medieval to Modern Times*）。臺北：麥田出版。

Hochschild, Arlie Russell. 1983. *The Managed Heart: Commercialization of Human Feeling*. Berkeley: University of California Press.

Hondagneu-Sotelo, Pierrette, and Ernestine Avila. 1997. ""I'm Here, but I'm There": The Meanings of Latina Transnational Motherhood." *Gender and Society* 11(5):548-571.

Irwin, Sarah, and Sharon Elley. 2011. "Concerted Cultivation? Parenting Values, Education and Class Diversity." *Sociology* 45(3):480-495.

Kang, Jiyeon, and Nancy Abelmann. 2011. "The Domestication of South Korean Pre-College Study Abroad in the First Decade of the Millennium." *Journal of Korean Studies* 16(1):89-118.

Kariya, Takehiko. 2013. *Educational Reform and Social Class in Japan: The Emerging Incentive Divide*. London, United Kingdom: Routledge.

——. 2018. "Meritocracy, Modernity, and the Completion of Catch-up: Some Problems and Paradoxes." Pp. 287-306 in *Japanese Education in a Global Age*, edited by A. Yonezawa, Y. Kitamura, B. Yamamoto, and T. Tokunaga. Singapore: Springer Verlag, Singapore.

Kast-Zahn, Annette著，陳素幸譯，2015，《每個孩子都能學好規矩》（*Jedes Kind kann Regeln lernen*）。臺北：親子天下。

Khan, Shamus Rahman. 2011. *Privilege: The Making of an Adolescent Elite at St. Paul's School*. New Jersey, United States: Princeton University Press.

Explains the Way We Raise Our Kids. New Jersey, United States: Princeton University Press.

Duggan, Maeve, Amanda Lenhart, Cliff Lampe, and Nicole B. Ellison. 2015. "Parents and Social Media." *Pew Research Center*.

Ehrenreich, Barbara. 1989. *Fear of Falling: The Inner Life of the Middle Class*. New York: HarperPerennial.

Friedman, Sam. 2014. "The Price of the Ticket: Rethinking the Experience of Social Mobility." *Sociology* 48(2): 352-68.

Friedman, Sara L. 2015. *Exceptional States: Chinese Immigrants and Taiwanese Sovereignty*. Berkeley: University of California Press.

Giddens, Anthony. 1984. *The Constitution of Society: Outline of the Theory of Structuration*. Oxford, United Kingdom: Polity Press.

——. 1993. *The Transformation of Intimacy: Sexuality, Love, and Eroticism in Modern Societies*. Palo Alto, United States: Stanford University Press.

Gillies, Val. 2005. "Raising the 'Meritocracy': Parenting and the Individualization of Social Class." Sociology 39(5):835-53.

Goffman, Erving. 1956. *The Presentation of Self in Everyday Life*. Edinburgh: University of Edinburgh.

Goh, Daniel P.S. 2015. "Elite Schools, Postcolonial Chineseness and Hegemonic Masculinities in Singapore." *British Journal of Sociology of Education* 36(1):137-155.

Gopnik, Alison著，林楸燕、黃書儀譯，2018，《教養是一種可怕的發明：解救現代直升機父母的親子關係人類學》(*The Gardener and the Carpenter: What the New Science of Child Development Tells Us About the Relationship Between Parents and Children*)。臺北：大寫出版。

Griffith, Alison I., and Dorothy E. Smith著，呂明蓁、林津如、唐文慧審訂譯本，2007，《母職任務與學校教育的拔河》(*Mothering For Schooling*)。臺北：高等教育出版社。

Gross-Loh, Christine. 2014. *Parenting Without Borders: Surprising Lessons Parents Around the World Can Teach Us*. United States: Penguin Putnam Inc.

Bourdieu, Pierre, and Jean-Claude Passeron. 1977. *Reproduction in Education, Society and Culture*. London: Sage.

Brenton, Joslyn, 2017. "The Limits of Intensive Feeding: Maternal Foodwork at the Intersections of Race, Class, and Gender." *Sociology of Health & Illness* 39(6):863-877.

Cairns, Kate, Josée Johnston, and Norah MacKendrick. 2013. "Feeding the 'Organic Child': Mothering Through Ethical Consumption." *Journal of Consumer Culture* 13(2):97-118.

Carlaco, Jessica. 2018. *Negotiating Opportunities: How the Middle Class Secures Advantages in School Paperback*. New York, United States: Oxford University Press.

Carlson, Sören, Jürgen Gerhards, and Silke Hans. 2017. "Educating Children in Times of Globalisation: Class-specific Child-rearing Practices and the Acquisition of Transnational Cultural Capital." *Sociology* 51(4):749-765.

Chang, Kyung-Sup, 2010, *South Korea under Compressed Modernity: Familial Political Economy in Transition*. London: Routledge.

Chang, Ming-Cheng, Ronald Freedman, and Te-Hsiung Sun. 1987. "Trends in Fertility, Family Size Preferences, and Family Planning Practices in Taiwan, 1961-85." *Studies in Family Planning* 18(6):320-37.

Chee, Maria W. L., 2005, *Taiwanese American Transnational Families: Women and Kin Work*. London, UK: Routledge.

Connell, R. W. 1998. "Masculinities and Globalization." *Men and Masculinities* 1(1):3-23.

Constable, Nicole. 2005. *Cross-Border Marriages: Gender and Mobility in Transnational Asia*. Philadelphia: University of Pennsylvania Press.

Cooper, Marianne. 2014. *Cut Adrift: Families in Insecure Times*. Berkeley: University of California Press.

Derne, Steve. 2005. "Globalization and the Making of a Transnational Middle Class: Implications for Class Analysis." in *Critical globalization studies*, edited by Appelbaum, Richard and William Robinson. London: Routledge.

DeVault, Marjorie L. 1994. *Feeding the Family: The Social Organization of Caring as Gendered Work*. Chicago, United States: The University of Chicago Press.

Doepke, Matthias, and Fabrizio Zillibotti. 2019. *Love, Money, and Parenting: How Economics*

27: 97-140。

譚康榮，2004，〈誰家小孩學習成就最高？哪群學生心理最不健康？「臺灣教育長期追蹤資料庫」的初步發現〉。《中央研究院學術諮詢總會通訊》13(1): 86-91。

蘇國賢，2008，〈臺灣的所得分配與社會流動之長期趨勢〉，收於王宏仁、李廣均、龔宜君編，《跨戒：流動與堅持的臺灣社會》，頁187-216。臺北：群學出版。

Apple, Rima. 1995. "Constructing Mothers: Scientific Motherhood in the Nineteenth and Twentieth Centuries." *Social History of Medicine* 8: 161-178.

——. 2006. *Perfect Motherhood: Science and Childrearing in America*. New Brunswick, NJ, United States: Rutgers University Press.

Archer, Margaret. 2007. *Making Our Way through the World: Human Reflexivity and Social Mobility*. Cambridge, UK: Cambridge University Press.

Ariès, Philippe. 1962. *Centuries of Childhood: A Social History of Family Life*. New York: Vintage Books.

Ayton, Darshini, and Nerida Joss. 2016. "Empowering Vulnerable Parents Through a Family Mentoring Program." *Australian Journal of Primary Health* 22(4): 320-26.

Bell, Daniel. 1976. *The Cultural Contradictions of Capitalism*. London, United Kingdom: Basic Books.

Bellafante, Ginia. 2006. "To Give Children an Edge, Au Pairs from China." *The New York Times*. Retrieved from: https://www.nytimes.com/2006/09/05/us/05aupair.html

Bertrand, Marianne, Sendhil Mullainathan, and Eldar Shafir. 2004. "A Behavioral-Economic View of Poverty." *American Economic Review* 94(2): 419-423.

Bobel, Chris. 2001. *Paradox of Natural Mothering*. Philadelphia PA, United States: Temple University Press.

Bourdieu, Pierre. 1977. *Outline of a Theory of Practice*. Cambridge: Cambridge University Press.

——. 1984. *Distinction: A Social Critique of the Judgment of Taste*. Cambridge: Harvard University Press.

——. 1990. "Social Space and Symbolic Power." Pp. 122-139 in *In Other Words: Essays Toward a Reflexive Sociology*. Stanford, CA: Stanford University Press.

171-195。
葉馥瑢，2016，《多元入學作為階級過程：學校組織介入與階級不平等》。臺北：國立臺灣大學社會學研究所碩士論文。
熊秉真，2000，《童年憶往：中國孩子的歷史》。臺北：麥田出版。
熊瑞梅，2014，〈社會資本與信任：東亞社會資本調查的反思〉。《臺灣社會學刊》54: 1-30。
臺北市政府主計處，2013，《臺北市家庭收支訪問調查報告》。
潘淑滿，2015，〈跨國／境照顧圈的形成與隱喻：（東南亞）婚姻移民的照顧與工作〉。《社區發展季刊》149: 213-231。
蔡宏政，2007，〈台灣人口政策的歷史形構〉。《臺灣社會學刊》39: 65-106。
衛福部國健署，2016，《101年家庭與生育調查報告》。臺北：衛生福利部國民健康署。
鄭英傑，2017，〈學做工還是怕做工？臺灣社會高學業成就勞動階級學生及其家長的反再製心態之分析〉。《教育研究集刊》63(4): 65-100。
鄭雁馨，2015，〈家庭行為的社會不平等：臺灣社會的新挑戰〉。《中央研究院週報》1510: 2-5。
鄭雁馨、許宸豪，2019，〈臺灣超低生育率的迷思與現實〉。網路文章刊於「巷仔口社會學」，網址：https://twstreetcorner.org/2019/03/31/chengyenhsinhsuchenhao/。
駱明慶，2002，〈誰是臺大學生？——性別、省籍與城鄉差〉。《經濟論文叢刊》30(1): 113-147。
——，2018，〈誰是臺大學生？（2001-2014）—多元入學的影響〉，《經濟論文叢刊》46(1): 47-95。
龍冠海，1968，《近二十年來臺灣五大城市人口動態與靜態之比較研究》。臺北：臺灣大學社會系。
謝宇修，2018，〈背離「階級」親緣：代間向上流動中的親子關係協商〉。國立臺灣大學社會科學院社會學系碩士論文計畫書。
簡郁芳，2006，《欲拒還迎的全球化：台灣兒童英語補習市場的發展歷程》。新竹：國立清華大學社會學研究所碩士論文。
藍佩嘉，2009，《跨國灰姑娘：當東南亞幫傭遇上臺灣新富家庭》。臺北：行人。
——，2014，〈做父母、做階級：親職敘事、教養實作與階級不平等〉。《臺灣社會學》

陳如涵，2010，《臺灣勞工階級的孩童照顧安排與養育風格》。臺北：國立臺灣大學社會學研究所碩士論文。

陳婉琪，2016，〈多元入學與選材機制：臺北大學學生表現之校務資料分析〉，國立臺北大學校務研究報告，引自〈教改路上，繁星點點，毋須抹滅〉，巷子口社會學網站：https://twstreetcorner.org/2019/05/07/chenwanchi-7/?fbclid=IwAR2h9QUwiKuUalo0TFrSndodas6BOjMh3jz1tu2hQbEHKKZ3Sn5aFV3B2w4（刊登日期：2019/5/7）。

陳肇男、孫得雄、李棟明，2003，《台灣的人口奇蹟：家庭計畫政策成功探源》。臺北：聯經出版。

曾世杰，2018，〈解決教育機會不均等的契機，並不在高等教育階段〉，《報導者》，9 月 12 日。網址：https://www.twreporter.org/a/opinion-education-opportunity-inequality-across-income-1（檢索日期：2018/12/18）。

曾凡慈，2010，《兒童發展的風險治理：發展遲緩、監管網絡與親職政治》。臺北：國立臺灣大學社會學研究所博士論文。

——，2018，〈發展律令：道德母職、密集勞動與風險協商〉。論文發表於「第九屆社會思想研討會：當代兒少研究的多元對話」，臺灣：輔仁大學，民國107年5月4日。

黃哲斌，2014，《父親這回事：我們的迷惘與驚奇》。臺北：圓神出版。

黃庭康，2018，《不平等的教育：批判教育社會學的九堂課》。臺北：群學出版。

黃敏雄，2015，〈學生數學表現的城鄉差異〉。《教育研究集刊》61(4): 33-61。

楊巧玲、徐韶均，2010，〈當父母，做性別：兼論階級與族群的作用〉。論文發表於「2010年臺灣社會學年會暨研討會」，臺北：臺灣社會學會。

楊賀凱，2009，〈父母社經地位對父母管教價值與方式的影響——檢證Kohn的理論在臺東國中生父母之適用性〉。《臺北市立教育大學學報》40(2): 145-180。

楊靜利、黃奕綺、蔡宏政、王香蘋，2012，〈臺灣外籍配偶與本籍配偶的生育數量與品質〉。《人文暨社會科學集刊》24(1): 83-120。

葉光輝，2009，〈華人孝道雙元模型研究的回顧與前瞻〉。《本土心理學研究》32: 101-146。

葉高華，2018，〈大學多元入學是否有利「家境好」的學生？〉。《臺灣社會學刊》64:

畫三。

邱琡雯，2003，〈越境者媒體：臺灣的外勞廣播節目〉。《新聞學研究》75: 73-102。

柯志哲、張珮青，2014，〈區隔的勞動市場？：探討臺灣典型與非典型工作者的工作流動與薪資差異〉。《臺灣社會學刊》55: 127-177。

范代希，2017，〈另類科學母職與順勢療法〉。《女學學誌：婦女與性別研究》41: 51-104。

范婕瀅，2006，《我不是來生孩子的：外籍配偶生殖化形象之探討》。臺北：世新大學社會發展研究所碩士論文。

范綱華，2012，〈父母教育期望對青少年憂鬱症狀影響機制的社會階層差異〉。論文發表於「2012年臺灣社會學會年會暨國科會專題研究成果發表會」，臺中：東海大學，民國101年11月24至25日。

唐文慧、王宏仁，2011，〈從「夫枷」到「國枷」：結構交織困境下的受暴越南婚移婦女〉。《臺灣社會學》21: 157-197。

夏傳位，2008，《塑膠鴉片一雙卡風暴刷出臺灣負債危機》。臺北：行人。

夏曉鵑，2002，《流離尋岸：資本國際化下的「外籍新娘」現象》。臺北：臺灣社會研究雜誌社。

徐南號，1993，《台灣教育史》。臺北：師大書苑。

張建成、陳珊華，2006，〈生涯管教與行為管教的階級差異：兼論家庭與學校文化的連續性〉。《教育研究集刊》52(1): 129-161。

梁莉芳，2018，〈養育「無汙染」的孩子：有機食品論述、風險管理與母職實作〉。《女學學誌：婦女與性別研究》42: 73-125。

莊韻親，2009，《當個怎樣的母親？戰後臺灣法律中的母職建構》。臺北：國立臺灣大學法律學研究所碩士論文。

許添明、葉珍玲，2015，〈城鄉學生學習落差現況、成因及政策建議〉。《臺東大學教育學報》26(2): 63-91。

許嘉猷、黃毅志，2002，〈跨越階級界限？：兼論「黑手變頭家」的實證研究結果及與歐美社會之一些比較〉。《臺灣社會學刊》27: 1-59。

郭文華，1998，〈美援下的衛生政策：一九六〇年代臺灣家庭計畫的探討〉。《臺灣社會研究季刊》32: 39-82。

從生態系統觀點及相關研究分析〉。《社區發展季刊》105: 159-175。
吳明燁，2016，《父母難為：臺灣青少年教養的社會學分析》。臺北：五南出版。
吳雅琪，2008，《臺灣婦女團體的長青樹——臺灣省婦女會（1946-2001）》。臺北：國立臺灣師範大學歷史所碩士論文。
吳齊殷、高美英，1997，〈嚴酷教養方式之代間傳承〉，收於張苙雲、呂玉瑕、王甫昌編，《九〇年代的臺灣社會：社會變遷基本調查研究系列二下冊》，頁215-247。臺北：中央研究院社會學研究所。
吳曉樂，2018，《上流兒童》。臺北：鏡文學。
李承宇，2013，〈新台灣之子 職訓局長：布局東南亞的資本〉。聯合新聞網，3月11日。
李芳瑾，2007，《誰的媽媽不「模範」？臺灣「理想母親」形象的論述建構》。臺中：東海大學社會學研究所碩士論文。
李雪莉、簡永達，2018，《廢墟少年：被遺忘的高風險家庭孩子們》。臺北：衛城出版。
李浩仲、李文傑、連賢明，2016，〈多「錢」入學？從政大學生組成看多元入學〉，《經濟論文》44(2): 207-250。
沈倖如，2003，《天堂之梯？——臺越跨國商品化婚姻中的權力與抵抗》。新竹：國立清華大學社會學研究所碩士論文。
沈暉智、林明仁，2018，〈論家戶所得與資產對子女教育之影響——以1993-1995出生世代及其父母稅務資料為例〉。《經濟論文叢刊》46(4)。
肖索未、蔡永芳，2014，〈兒童撫養與進城務工農民的社會文化調試〉。《開放時代》4: 183-193。
林文瑛、王震武，1995，〈中國父母的教養觀：嚴教觀或打罵觀？〉。《本土心理學研究》3: 2-92。
林如萍，2016，「數位科技及社群媒體使用與家人關係調查研究」未出版投影片。教育部委託研究計畫。
林宗弘，2012，〈臺灣的後工業化：階級結構的轉型與社會不平等，1992-2007〉，收於謝雨生、傅仰止編，《臺灣的社會變遷1985-2005：社會階層與勞動市場》，頁1-61。臺北：中央研究院社會學研究所。
林慧芬，2013，〈家庭型態變遷趨勢對幼兒家長教養望、教養態度與親職角色之影響〉。國家教育研究院研究計畫「家庭型態變遷趨勢對幼兒園教育之影響」子計

參考資料

內政部，2009，《外籍與大陸配偶生活需求調查報告》。臺灣：內政部入出國及移民署。
王文裕，2011，〈《豐年》雜誌與臺灣戰後初期的農業推廣（1951~1954）〉。《高雄師大學報》30(1): 1-22。
王宏仁，2001，〈社會階層化下的婚姻移民與國內勞動市場：以越南新娘為例〉。《臺灣社會研究季刊》41: 99-127。
王炎川，2008，《臺灣另類學校家長教育選擇權意識發展之研究——以宜蘭慈心華德福學校為例》。臺北：國立政治大學學校行政碩士在職專班碩士論文。
王舒芸，2014，《我國托育服務供給模式與收費機制之研究》。衛生福利部社會及家庭署103年度委託研究計畫。
行政院主計處，2017，《105年婦女婚育與就業調查》。臺北：行政院主計總處。
行政院衛生署國民健康局，2005，《新移民配偶照顧輔導基金醫療補助作業說明》。
何明修，2011，〈教育改革運動的政策回應〉，收於何明修、林秀幸編，《社會運動的年代——晚近二十年來的臺灣行動主義》頁172-211。臺北：群學出版。
佘耕任，2017，《管控誰的風險？臺灣兒少保護案件的實務成案標準》。臺北：國立臺灣大學社會學研究所碩士論文。
余漢儀，1991，〈我國青少年現況及少年福利法之探討〉。《人文及社會科學集刊》4(1): 87-136。
——，2012，《兒童及少年受暴問題之研究》，內政部家庭暴力暨性侵害防治委員會委託研究報告。
——，2014，〈臺灣兒少保護的變革：兼論高風險家庭服務方案的影響〉。《臺灣社會研究季刊》96: 137-173。
吳秀照，2004，〈東南亞外籍女性配偶對發展遲緩子女的教養環境與主體經驗初探—

Academic

春山學術　001

拚教養

——全球化、親職焦慮與不平等童年

Struggling to Raise Children: Globalization, Parental Anxieties and Unequal Childhoods

作　　者　藍佩嘉
總 編 輯　莊瑞琳
責任編輯　夏君佩
行銷企劃　甘彩蓉
封面設計　陳永忻
內文排版　宸遠彩藝
法律顧問　鵬耀法律事務所戴智權律師
出　　版　春山出版有限公司
地址：116臺北市文山區羅斯福路六段297號10樓
電話：(02)2931-8171
傳真：(02)8663-8233
總 經 銷　時報文化出版企業股份有限公司
電話：(02)23066842
地址：桃園市龜山區萬壽路二段351號
製　　版　瑞豐電腦製版印刷股份有限公司
印　　刷　搖籃本文化事業有限公司
初版一刷　2019年5月31日
初版十三刷　2024年3月18日
定　　價　460元

填寫本書線上回函卡

春山出版
Email　SpringHillPublishing@gmail.com
Facebook　www.facebook.com/springhillpublishing/

國家圖書館出版品預行編目(CIP)資料

拚教養：全球化、親職焦慮與不平等童年／藍佩嘉作. -- 初版. -- 臺北市：春山出版, 2019.06
面；　公分
ISBN 978-986-97359-4-0(平裝)

1. 親職教育　2. 子女教育

528.2　　108006357

Key in the Contemporary

當代之鑰